公共管理高级讲坛系列丛书

张成福 主编

本系列丛书既体现了公务员培训规定的有关要求，又结合了公务员培训工作开展的具体情况；既与大规模公务员培训安排相结合，又与公务员素质现状及需求相结合；既有理论概括，又有实践指导；既介绍了有关基础知识，又突出重点、核心与前沿问题；既能帮助初学者学习，又有助于有相当基础者的提升；既可作为公务员培训用书，又有助于公务员自我学习。

The New Mechanism of Social Management

社会管理新机制

孙柏瑛 等著

国家行政学院出版社

图书在版编目(CIP)数据

社会管理新机制/孙柏瑛等著．—北京 ：国家行政学院出版社，2015.4
ISBN 978-7-5150-1149-3

Ⅰ.①社… Ⅱ.①孙… Ⅲ.①社会管理-研究-中国 Ⅳ.①D63

中国版本图书馆 CIP 数据核字(2014)第 123659 号

书　　名 社会管理新机制
著　　者 孙柏瑛　等著
责任编辑 沈桂晴
出版发行 国家行政学院出版社
(北京市海淀区长春桥路 6 号　100089)
(010)68920640　68929037
http://cbs.nsa.gov.cn
编 辑 部 (101)68928764 68922648
经　　销 新华书店
印　　刷 北京京华虎彩印刷有限公司
版　　次 2015 年 4 月北京第 1 版
印　　次 2015 年 4 月北京第 1 次印刷
开　　本 787 毫米×1092 毫米　16 开
印　　张 22.25
字　　数 342 千字
书　　号 ISBN 978-7-5150-1149-3
定　　价 68.00 元

总 序

为推进干部教育培训工作科学化、制度化、规范化，培养造就高素质的干部队伍，在2005年4月27日公布、2006年1月1日起施行的《中华人民共和国公务员法》的基础上，中共中央于2006年3月30日发布了《干部教育培训工作条例（试行）》，作出了大规模培训干部、大幅度提高干部素质的战略部署。2007年1月14日，中共中央印发了《2006—2010年全国干部教育培训规划》，并发出通知，要求各地区各部门结合实际认真贯彻执行。2007年2月7日，国务院办公厅转发了人事部《"十一五"行政机关公务员培训纲要》。2008年12月2日，国家公务员局发布了《公务员培训规定（试行）》。2010年8月17日，中共中央办公厅印发了《2010—2020年干部教育培训改革纲要》。2011年3月21日，国务院办公厅转发了人力资源和社会保障部国家公务员局《2011—2015年行政机关公务员培训纲要》。依据这些法律法规和有关文件要求，我国公务员都要不断地接受多种多样的全面的培训，以不断提高整体素质和为人民服务的水平，努力造就一支政治坚定、业务精湛、作风过硬、人民满意的公务员队伍，为全面建设小康社会、构建和谐社会提供重要的政治保证、组织保证和人才保证。

按照以上规定的要求，我国公务员培训的主要任务是围绕公务员能力建设进行分类培训：初任培训着力提高新录用公务员适应职位要求、胜任本职工作的能力，任职培训着力提高晋升领导职务公务员的领导能力，专门业务培训着力提高公务员的业务工作能力，在职培训着力于公务员更新知识、开阔视野、提高素质。培训的重点是在加强政治理论培训的同时，围绕提高政府行政效能，加强公共管理核心内容培训，按照建设服务政府、责任政府、法治政府和廉洁政府的要求，根据不同地区和部门公务员队伍的特点，深入开展公共行政、依法行政、社会管理、公共服务、公共政策、廉洁从政、危机管理等教育培训工作。

为更好地配合公务员培训规定的贯彻落实，我们结合公务员队伍建设和培训工作实际，特地组织编写了“公共管理高级讲坛系列丛书”。

为了充分反映理论和实践的最新发展，避免一般教材的铺陈枯燥和体系结构，体现切实的可读性和启发性，最重要的是为了实现更新知识、开阔视野、提高素质和能力的公务员培训目标，本套丛书在诸多方面进行了创新性尝试，具有鲜明的特点。

第一，按照《干部教育培训工作条例（试行）》《公务员培训规定（试行）》《2010—2020年干部教育培训改革纲要》《2011—2015年行政机关公务员培训纲要》确定本系列丛书的构成。尤其是紧密结合这些规定中有关公务员核心内容培训、在职培训和专题培训等要求，在这套系列丛书中组织编写了《公共行政新视野》《法治政府新理念》《危机管理新思路》《社会管理新机制》四本著作。因此，本套丛书既适用于公务员培训中的核心内容培训、在职培训和专题培训，也适用于公务员的专门业务培训、任职培训与初任培训。

第二，该丛书的结构和内容符合《干部教育培训工作条例（试行）》《公务员培训规定（试行）》的要求。公务员培训追求更新知识、开阔视野、提高素质和能力，强调深入开展公共行政、公共服务、公共政策、依法行政、廉洁从政、危机管理等教育培训工作，这些有关公务员培训最本质的要求在这套系列丛书中得到了充分的反映。

第三，在丛书的具体内容设计上，以专题讲座而不是以传统教材注重体系的形式来安排每本书的内容。每本书不追求体系上的完整，更不是以严密的章节形式来进行写作。每本书分为若干专题，将以前用教材形式反映的主要内容变为相应的专题讲座，每一讲单独成文，每本书的所有专题讲座综合起来反映出一个大概的全貌。选取的专题都是公务员培训中需要学习的有关领域中最重要、最核心的问题，也是公务员培训中最需要学习的内容。

第四，注重理论联系实际，充分反映国内外理论研究的最新成果和国内外政府实践的最新发展。专题讲座是一种灵活的形式，非常有助于站在理论研究的最前沿而从理论上进行深入阐述，同时，又可以紧密结合实践全面解剖实际问题。所以，在本系列丛书中，既包括了最新的政府管理理论研究成果，也反映出最新的政府管理实践探索。

第五，强调学用一致，易读、易理解，又有深度。培训是手段是过程，其目的是使公务员通过培训更新知识、提高素质。本系列丛书是专题讲座的形式，既分析精当，又容易阅读、容易接受，可以很轻松地将丛书内容应用于工作实践，达到学用一致的实效。

第六，本系列丛书提供了进一步学习和研究的途径。除了学习丛书内容之外，丛书的每个专题讲座后还提供了进一步思考和深入阅读的重点文献。如果培训和学习的公务员能够完成这个步骤，就可以达到自己深入研究的目的，使自己成为公共管理实践所需要的专家。

第七，追求知识普及基础上的提高。从以上特点可以看出，本系列丛书并不是重点致力于公务员的知识普及，因为我国经过多年的公务员培训过程，加上现在公务员的基本素质和文化程度都比较高，以及以前已经出版多种知识普及性的公务员培训教材，而且现在很多大学已经把《公共管理学》开成了通识课，所以更新知识、提高素质和能力才是本系列丛书努力的方向。

第八，注重转变理念与培养思维方式。本系列丛书的最终目的是为了充分实现《干部教育培训工作条例(试行)》《公务员培训规定(试行)》的培训任务和培训目的，也就是运用本系列丛书，通过多种培训方式，使公务员的素质和能力真正得到提高。提高的表现从根本上讲，就是树立与建设中国特色社会主义相一致的科学发展观和新的理念，以及有助于更好地做好本职工作的思维方式。

总的来讲，本系列丛书既体现了公务员培训规定的有关要求，又结合了公务员培训工作开展的具体情况；既与大规模公务员培训安排相结合，又与公务员素质现状及需求相结合；既有理论概括，又有实践指导；既介绍了有关基础知识，又突出了重点、核心与前沿问题；既能帮助初学者学习，又有助于有相当基础者的提升；既可作为公务员培训用书，又有助于公务员自我学习。本系列丛书立意虽高，多位作者以及出版社也都尽了极大努力，但鉴于时间紧迫和主客观条件的限制，仍然存在诸多不足，期盼读者和专家不吝指正。同时，本系列丛书在写作过程中借鉴了许多已有研究成果，在此对相关作者表示感谢，并对注释时可能存在的疏漏深表歉意。

目录

第一讲　社会管理“四问”

第二讲　社会管理的价值追寻

第三讲　社会利益表达机制

第四讲　社会服务机制

第五讲　矛盾化解和调处机制

第六讲　政社合作机制

第七讲　社会管制机制

第八讲 社会稳定风险评估机制

第九讲 价值观与社会规范机制

第十讲 社会管理与政府能力建设

第一讲

社会管理“四问”

- ⊙为什么需要社会管理
- ⊙社会管理管理什么
- ⊙社会管理谁来管理
- ⊙社会管理怎么管理

历史其实是与社会变革相适应的；国家的命运也直接与它变革过程中所扮演的角色相关。

——［英］卡尔·波兰尼：《大转型：我们时代的政治经济起源》

一切等级制度，不论是政治的还是法人的，都遇到了压力，并开始走向崩溃。庞大而呆板的科层组织力求通过规章制度和高压将一切东西控制在自己的范围之内，这种组织的基础已为如下的转变所削弱，即朝着以知识为基础的经济转变，而此种基于知识的经济为个体提供了获得信息的途径，由此而“授权”给了个体。

——［美］弗朗西斯·福山：《大分裂：人类本性与社会秩序的重建》

强调政府要向公民（或者顾客）提供公正、平等的服务，这大大强化了公共行政的精神……对社会的强调是一剂有效的强心针，它向公共政策的制定者和执行者传递了这样的信息，即成本和收益的公平分配问题与效率和经济问题同等重要。

——［美］乔治·弗雷德里克森：《公共行政的精神》

被高度关注的中国转型期社会管理

2011年被不少社会观察人士称为中国“社会管理创新元年”。

2011年2月19日上午，在中共中央党校“社会管理及其创新专题研讨班”的开班式上来自各省部委的党政主要领导，聆听胡锦涛的重要讲话。这次讲话涉及的基本问题是加强和创新转型时期中国的社会管理。讲话指出，中国社会处于发展的重要战略机遇期，同时也处于各种社会矛盾的凸显期，社会管理领域面对着诸多需要解决的矛盾和问题。这些问题关系到广大人民群众的根本利益，关系到和谐社会建设与国家长治久安。当前，我国社会管理体制与人民日趋增长的需求不相适应，与经济、社会协调发展的要求不相适应，加强和创新社会管理成为现阶段中国社会发展的重大任务，发挥着最大限度地激发社会活力、最大限度地增加和谐因素、最大限度地减少不和谐因素的重要作用。

讲话进一步指出，社会管理归根到底是对人的管理和服务，其基本任务包括协调社会关系、规范社会行为、解决社会问题、化解社会矛盾、促进社会公正、应对社会风险、保持社会稳定等。应对社会问题，社会管理应重点做好八项工作：第一，加强和完善社会管理格局，实现党委领导、政府负责、社会协同、公民参与社会管理新格局；第二，加强和完善党和政府主导的维护群众权益机制，形成利益协调机制、诉求表达机制、矛盾调处机制、权益保障机制；第三，加强和完善流动人口和特殊人群管理和服务，建立覆盖全国人口的国家人口基础信息库，建立健全实有人口动态管理机制，完善特殊人群管理和服务政策；第四，加强和完善基层社会管理和服务体系，把人力、财力、物力更多地投到基层，夯实基层组织，壮大基层力量，整合基层资源，强化城乡社区自治和服务功能，健全新型社区管理和服务体制；第五，加强和完善公共安全体系，健全食品药品安全监管机制，建立健全安全生产监管体制，完善社会治安防控体系与应急管理体制；第六，加强和完善非公有制经济组织、社会组织管理，明确非公有制经济组织管理和服务员工的社会责任，推动社会组织健康有序发展；第七，加强和完善信息网络管理，提高对虚拟社会的管理水平，健全网上舆论引导机制；第八，加强和完善思想道德建设，加强社会主义核心价值体系建设，增强全社会的法制意识，开展精神文明创建活动，增强社会诚信。①

同年5月，在胡锦涛主持的中央政治局会议上，政治局集体讨论研究了加强和创新社会管理事务。会议从战略高度强调了加强和创新社会管理的必要性和紧迫性，提出了“三事关”要点，即加强和创新社会管理事关巩固党的执政地位，事关国家长治久安，事关人民安居乐业。②会议认为，加强和创新社会管理必须改变以往陈旧的社会管理方式，转变管理模式，树立以人为本、服务优先、多方参与、共同治理、关口前移、源头治理、统筹兼顾、协商协调、依法管理、综合施策、科学管理、提高效能的管理原则。

不难看到高层对现阶段社会管理变革的高度关切。社会管理是一项综合、复杂、协同的系统工程，既涉及经济体制改革方向把握及收入分配调整，也涉及转型中社会利益格局安排及政治体制改革重点与次序、节奏选择；既依赖于顶层战略与统筹的设计、自上而下的改革推进，又仰仗于地方和基层的创新实践、自下而上的改革动力。寻求社会管理改革与创新之路是对新型社会管理制度、体制、机制的全方位探索过程，也是厘清观念、凝聚社会发展共识的过程。摆在我们面前的首要任务是认识当今中国社会管理的本质及其必要性，回应一系列互为条件的问题，如为什么需要社会管理？社会管理的目标指向是什么？社会管理管理什么？社会管理谁来管理？社会管理怎么管理？

一、为什么需要社会管理

这个提问回应两个基本问题：一是加强和创新社会管理的需求和

① 新华网．扎扎实实提高社会管理科学化水平．胡锦涛同志在中央党校省部级主要领导干部社会管理及其创新专题研讨班开班式上讲话．http：//news. xinhuanet. com/politics/2011－02/22/c_121107982. htm.

② 新华网．胡锦涛主持政治局会议，研究加强和创新社会管理问题．http：//news. xinhuanet. com/politics/2011－05/30/c_121475082. htm.

动力来源，即怎样的环境或压力促使高层领导者关注和倡导加强社会管理，并自上而下地强力推动创新？社会管理究竟应对并解决怎样的深层社会问题或矛盾？二是加强和创新社会管理的方向，即回应现实问题，社会管理力图在什么方面予以加强，又在什么方面实现创新？决定社会管理创新路径的基本依据、内在逻辑和话语体系究竟是什么？

概括地说，改革开放以来，在内有经济变革、外有全球化的双重驱动下，中国社会经历着经济、政治与行政、社会、文化价值等多领域的转型。从计划经济向市场经济体系的转型打破了原有的利益分配格局，分化了社会阶层，改变了社会结构，使得社会利益关系发生了巨大变化，产生了大量新的社会需求和社会问题，挑战着现存的社会治理体系。然而，由于对经济增长的高度重视而却缺乏对社会发展问题应有的关注，造成"蛋糕做大了"与"蛋糕如何分配"之间出现断裂，利益分配不公导致社会冲突加剧，而传统社会管理体制的不适应性与社会管理的滞后导致社会问题累积，威胁到政权的合法性基础，挑战着国家长治久安的能力。可以说，加强和创新社会管理是压力刺激—反应出击的行动选择，它力图通过社会管理体制的转换与变革，谋求解决社会问题，化解社会矛盾，并建设一个和谐幸福社会。可见，加强社会管理的动力一方面源自现阶段社会问题解决的需求与现有社会管理体制供给能力不足之间的内在矛盾，另一方面则来自民众对改变现状、推进改革、达成善治的诉求与期待。

（一）社会管理是适应市场经济体系运作规则的要求而推进的，它努力弥补市场的缺陷，保障市场与社会协调发展，实现社会公平正义

市场经济运转的基本逻辑是以价格为导向的资源配置、公平竞争、分散的决策主体与效率为本，市场经济倡导能力与成就本位，激发每个行为主体的积极性，崇尚效率优先，遵循机会均等和竞争创新的法则。市场经济提供了人类社会繁荣的组织制度基础。然而，市场经济存在着

不可避免的缺陷，导致贫富差距和一部分人的利益受损。首先，市场无法自动地供给保证民生基本需求和普惠的公共物品和服务。其次，市场奉行的竞争法则无法保障天赋能力缺失、处在弱势地位的人群的基本权利，支付能力的贫乏使弱势人群处于社会边缘，处于被排斥、贫困的状态之中。再次，在不完善的市场体系中，一旦市场为强势利益群体左右话语体系，缺乏公平正义的规则支撑，势必影响公共政策过程的公正性。如果市场与政治权力结为同盟，而没有民主法制制度和社会力量制约，那么，强势利益集团会扭曲市场公平竞争和法制秩序规则，绑架利益取向，从而损害公共利益。最后，市场存在机会主义及其逆向道德选择的行为，这些行为为了逐利，置法律于不顾，违背市场的伦理道德，侵害消费者的权益，挑战人类诚信的底线。

对此，英国著名经济学家卡尔·波兰尼在讨论社会与市场的关系时，给出了一个重要的结论：市场本应嵌入在社会关系中，依靠社会力量来维系。然而，主张"完全自我调节"的市场试图"脱嵌"于社会的规制，由此它变成了一个十分野蛮的力量，将人类和自然都物化为商品与工具，并诱发了生态环境破坏、牺牲劳动者权益、贫富悬殊等一系列困境。面对这些来自自由市场的冲击，社会要进行反抗和自我保护，捍卫应有的权益，牵制市场的恣意。它要求国家运用法律和各种监管手段来调控市场，保护社会权利。①

中国社会主义市场经济体系的确立呼唤与其相适配的社会管理体系，以保证经济与社会的协调发展。较之计划经济模式，市场经济发展带来一系列显著的社会变化。第一，市场锻造了权利主体。权利主体是独立的、自主自为的，他们根据自身的需求偏好和效用趋向分散地做出决策，并获得了一定的自由空间。第二，市场催生并显示了不断分化的利益诉求。权利主体的崛起释放出大量多样性、异质性的利益需求，要求保障自身的权益得以实现。与此同时，民

① ［英］卡尔·波兰尼．大转型：我们时代的政治经济起源．冯钢，刘阳译．杭州：浙江人民出版社，2007.

众的利益观念和维权意识迅速增长，形成向上的表达诉求的压力，这使得被压抑的利益以分化、多元、异质的结构形式显现出来。第三，市场经济衍生出一系列棘手的社会问题。“不完美”的市场具有其失败的一面，带来无法回避的问题，包括贫富差距拉大、强势资本的利益共盟与垄断、自然与共有资源的破坏、伪劣产品猖獗、逐利驱动下的伦理道德缺失等。这些问题一方面导致社会冲突和利益关系失衡，另一方面也损害了社会可持续发展的能力，给经济长期发展带来了危机。要消弭市场经济出现的问题，要求社会管理制度和政策同步跟进。

（二）社会管理是当今中国多重社会转型的产物，它回应了转型期解决各种社会问题和化解深层社会矛盾的急迫需要

应该说，加强和创新社会管理是政府面对诸多无法回避的问题和困境催生的产物。三十多年来，中国社会的快速发展让我们经历了目不暇接的各种转型：从计划经济到市场经济，从农业社会到工业社会，从同质社会到异质社会，从乡土中国到城镇化，从人情社会到法理社会，从“整体性社会”到原子化社会，以及信息社会、风险社会的到来，等等。[①] 按照孙立平的看法，改革以来，中国发生的最重要的社会变迁就是从“总体性社会”的转型。[②] 在以往的社会结构中，政府垄断了从物质到信息的全部资源，并控制了人们从经济到政治到文化的全部社会生活。在社会管理体制上，政府采用大包大揽、无所不能的全能管理方式，利用单位制和人民公社的组织体系，将社会置于国家的管控之下，社会高度依附于国家，丧失了自主自治能力，国家与社会高度重合。在这种管理体制下，个人的利益被压抑，所有资源由政府在垄断的基础上进行计划性分配，因而，社会生产和生活呈现出高度同质的特征。同时，政府是唯一的社会管理主体，各类社会服务的供给由政府包办。为

① 何增科．中国社会管理体制改革总论//何增科．中国社会管理体制改革路线图．北京：国家行政学院出版社，2009：1—45.

② 孙立平．转型与断裂：改革以来中国社会结构的变迁．北京：清华大学出版社，2004：1—23.

了实现既定目标，政府多采用高度行政化、一体化和运动式的手段进行管理和控制。社会转型不仅引发了大量新的、政府从未遇到过的问题，而且，转型打破了国家垄断的一元化统治模式，将社会与国家分离、国家重建和社会重建的重大任务提上改革日程。

社会转型带来若干新的社会问题，我们无从一一历数。仅以流动人口为例，工业化和城镇化进程，让历代生活在乡村的农民离开故土，从“熟人社会”进入“陌生人社会”，成为城市中的劳动大军。国家统计局最新监测统计的数据显示，2008 年至 2011 年四年间外出农民工数量逐年上升（见表 1-1）。2011 年农民工总数接近 2.53 亿，其中跨省外出和举家跨省外出的农民工总数达 1.58 亿，流入省内城市的 0.94 亿。这其中，有近 55%的外来务工人口进入地级市以上的大中型城市，二代农民工的规模也在同步增长。进城务工人员从业前六位的所属行业分别是制造业、建筑业、交通运输、仓储和邮政业、批发零售业、住宿餐饮业。近几年，农民工自营人员所占比例明显下降。农民工的收入状况因地区、行业、自营存在的差距而呈现差距。①

表 1-1　2012 年国家统计局发布的农民工数量

（单位：万人）

年份 人数	2008 年	2009 年	2010 年	2011 年
农民工总量	22 542	22 978	24 223	25 278
1. 外出农民工	14 041	14 533	15 335	15 863
（1）住户中外出农民工	11 182	11 567	12 264	12 584
（2）举家外出农民工	2 859	2 966	3 071	3 279
2. 本地农民工	8 501	8 445	8 888	9 415

以农民工群体为主体的大规模流动人口进城改变着原有的社会利益结构，也给政府的工作程式和秩序带来严峻的挑战。首先，在城乡“二元”结构和户籍制度的限制下，进入城市的农民流动人口囿于身份所限，无法享受与市民同等的公共服务和社会保障待遇，导致权利不平等。尽管农民工群体为城市建设作出了巨大贡献，但是他们的子女难以

① 国家统计局门户网站．http：//www.stats.gov.cn/tjfx/fxbg/t20120427_402801903.htm，2012-04-27.

得到上学的机会，没有固定的居所，没有就医看病的保障，各项保险参保水平低。2009年，笔者参与了国家发改委和加拿大城市联合会(FCM)“中国农民工权益保护”项目。我们的调查显示，雇主或单位为农民工缴纳养老保险、工伤保险、医疗保险、失业保险和生育保险“五险”的比例最高的达20%，为工伤保险，最低只有5%，为生育保险。农民工总体享有的福利水平堪忧。同时，劳动权益得不到保障。不签订劳动合同、欠薪、劳动时间过长、职场安全和健康保护等老大难问题依然严峻。① 其次，在农村出现数量庞大的留守老人、妇女和儿童队伍。大量青壮年农民工拥向城市，导致农村家庭空巢化。他们的生活缺乏依靠，劳动和家庭生活负担沉重，情感需求难以满足，无法得到社会保护。再次，相当一部分农民工生活在城市边缘的城乡接合部。这里残破、肮脏、治安混乱，缺乏基本生活条件保障。最后，农民工承受着城市的疏离和城市居民的社会排斥。农民工遭受到本地居民的歧视，他们体味到居民的冷漠乃至敌对情绪，身心处于飘零状态。流动人口的问题揭示了传统管理制度制造的“碎片化”、隔膜和对立及其带来的管理困境。

同样棘手的社会问题还以社会分配不公、利益高度分化和多样化、各种利益需求迅速增长、高风险预期加剧等形式表现出来。这些问题的累加迫切要求政府综合谋划社会管理的原则，设计社会管理的制度，整合社会管理资源。

（三）社会管理揭示出传统政府管理制度与社会需求增长的不适应性，它成为改革政府管理模式、建立良善社会治理结构的途径

社会管理领域出现诸多问题，归根到底是因为政府传统的管理观念和方式无法跟进并适应社会转型时期日益高涨的社会需求，经济与社会没有实现协调均衡的发展，以全面控制和垄断为导向的落后的社会管理

① 国家发改委、加拿大城市联合会．“中国农民工权益保护”项目总报告．2010-12.

体制成为市场繁荣和社会幸福的障碍物。因此，无论从社会发展的外在压力和动力，还是从政府在资源配置、影响民众生活上所起的决定性作用看，政府解放思想，打破桎梏，改革自身管理模式，建立善治的社会治理结构，都是明确社会管理根本目标和价值导向，厘清政府社会管理角色和功能，选择正确的社会管理行动策略的前提条件。没有政治体制的不断完善，没有政府组织的优先改革，社会管理变革就缺少坚实的基础和切实的保障。

专栏1-1

广东高官对社会管理与社会建设创新必要性的一席谈

省委书记汪洋： 北非和中东发生的社会动荡令人深思。这些国家并不是经济穷国，相反，这些国家都相对比较富裕，之所以出现社会动荡和政治危机，一个重要原因是民生问题和社会分配不公问题相当突出，群众的社会诉求得不到及时回应。可见，当经济社会发展到一定的水平后，社会成员的利益诉求呈现多样化、复杂化，社会政治参与、个人价值追求、精神生活需求等将会更加迫切。可以说，当今时代的社会建设任务比以往任何一个时候都要艰巨复杂，推动起来需要更加高超的智慧和勇气……我们的思维观念要从过去“依靠群众打天下”向现在“依靠群众治天下”转变，从过去“对社会管理控制”向现在“为社会和群众服务”转变，党委、政府对社会建设要从过去的“撑船”向现在的“掌舵”转变……要推动“万能政府”向“有限政府”转变，该放的权一定要创造条件，逐步下放，通过政府购买服务的方式，将原来由政府承担的社会管理和服务的一些职能转为由社会组织或其他机构承担。这需要一个过程，但必须明确这是一个方向。否则，经济总量越来越大，社会问题越来越多；作为上层建筑的政府，服务和管理方式不改革，将不堪重负，难以承受。

资料来源：《加强社会建设创新社会管理，为建设幸福广东作出新贡献》，http：//wenku. baidu. com/view/bb0a7fdfa58da0116c17492e. html，2011年7月13日

省长朱小丹：改革最大的阻力毫无疑问是来自多年高速增长过程当中形成的既得利益格局。而在政府行政体制改革和职能转变上，最大的阻力来自政府内部，来自内部那些与科学发展和市场经济发展不相适应的行政权力配属格局和逐步固化的部门权力利益格局……要健全社会管理机制，有两方面建设最为重要。一是社会组织的培育和建设，让社会组织能成为合格的承接者；二是推进基层社会管理机制改革。社会管理的根在基层、在城乡社区，根扎不下去，改革就不到位。“‘乌坎事件’的问题是不是在相当程度上出自基层社会管理机制的问题？就是说我们的基层社会管理机制的不健全、不完善会造成很多突出的社会问题。而基层社会管理机制方面的改革，如果不是动真格，不能到位，那么，即便解决了乌坎问题，可能又会冒出新的问题，恐怕还会出事。”“党的领导不动摇，群众自治不作假，依法办事不含糊。三句话虽短，但忽略一句都不行。”

资料来源：《广东省长：社会管理机制改革关键在基层》，http：//news. cntv. cn/china/20120309/122753. shtml，2012 年 3 月 9 日

省委副书记兼政法委书记朱明国：维稳要从“管控打压”向“服务管理”转变，变被动维稳为主动创稳。随着改革步入“深水区”，现实问题与历史问题相互叠加，经济问题与社会问题相互渗透，直接利益群体与非直接利益群体相互影响，多数人的合理诉求与少数人的不合理要求相互交织，滋生了大量影响社会平安稳定的消极因素。“乌坎事件能够从一个小小的村务问题演化为有国际影响的重大群体性事件，足以说明我省维稳面临的形势有多么严峻!”“要注重创新维稳理念，从被动的维稳转变为主动的创稳。”创建平安广东，要改变以往被动、刚性、静态、运动式的维稳，坚持与时俱进、革故鼎新，在转变管理理念上做文章，从保护人民群众的合法利益着手，着力实现“四个转变”，即由“头痛医头、脚痛医脚”的被动维稳向“标本兼治、综合治理”的主动创稳转变，由注重“事后控制”的静态维稳向注重“源头治理”的动态创稳转变，由“管控打压”为主的刚性维稳向“服务管理”为主的韧性创稳转变，由“扬汤止沸”的运动式维稳向“釜底抽薪”的制度性创稳转变。

资料来源：《创建平安广东要防止画饼充饥忽悠群众》，http：//news. sohu. com/20120810/n350294280. shtml，2012 年 8 月 10 日

社会工委专职副主任刘润华：推进社会领域改革，就是要厘清政府与社会，主要指政府与社会组织的关系，发挥社会自治在社会治理中的基础性作用，承认社会组织在新的社会治理结构中的主体地位。在计划经济条件下，政府是全能政府，对经济与社会实行全方位的管理。而在市场经济条件下，一方面，我们已经通过推进政企分开将大量具体的经济事务从政府职能中剥离；另一方面，我们还要推行政社分开，改变政府对社会服务大包大揽的局面，才能真正解决经济与社会“一条腿长，一条腿短”的问题，才能让政府自上而下的行政管理与社会自下而上的自我管理相结合，形成新的社会治理结构……人的自由度大大提高了，人们对公共事务的关注度也越来越高，人们想表达、想参与，但却处于一种流沙般的无序状态，种种社会矛盾随之而来，社会运行风险也随之增加，社会便迫切需要被再组织化。大家比较关注社会组织如何提供公共服务，其实，满足公民的“自组织”需求才是它们更重要的作用。应该创造条件，让老百姓能够比较容易地找到自己感兴趣的社会组织，或是与志同道合的人一起发起成立社会组织。我们要以组织的多样化来满足老百姓多样化的组织需求，通过培育发展社会组织，让社会组织在社会的再组织过程中发挥载体作用，把社会组织打造成为新的社会治理主体。

资料来源：《刘润华：政府应“自我革命”为社会组织让空间》，《南方日报》，2012年1月19日，http：//www.gdshjs.org/s/2012-01/19/content_36693155.html

对于经济社会发展需求与传统政府管理模式之间的内在紧张关系，大家有着比较一致的认识：首先，政府单向度自上而下的高度管理控制格局与增进社会活力、提升社会的创新能力之间存在着内在矛盾；其次，政府大包大揽、包打天下“独角戏”式的全能服务和管制方式与民众日益增长的多样化需求、与社会自治管理的动力之间存在着内在矛盾；再次，政府长期依赖的抑制、打压、被动、运动式的社会控制和“刚性”维稳方式与民众利益表达的诉求、经济社会权利实现和社会冲突及时化解之间存在着内在矛盾；最后，政府对社会组织的严格管控和耽于分权、赋权；与社会力量成长、依赖社会力量供给服务并发展其组织化利益表达和服务提供能力之间存在着内在矛盾。因而，为了使政府治理成为经济社会发展的保护者和促进者，而不是成为社会前进的桎梏，社会管理变革务求将国家重建、政府治理模式转换放在改革的首要位置，为国家与社会关系重构开辟必要的制度空间，提供基本的平台保证。

（四）社会管理是重建国家与社会关系、塑造政社合作的手段，它致力于推动社会建设，促进社会自治

人类历史发展经验告诉我们，人的独立自由程度越高，对民主权利和自治的诉求越高。随着信息化社会的发展，政府维持封闭、专断、统御统治方式的可能性就越低，社会压力对于政府改革的作用力就越大。正视来自社会的影响力，建构政府与社会合作的双赢管理格局，这或许是人们评价一个现代文明社会的标志性依据。在今天，社会管理的变革应该看作是一个双向互动的过程，即国家建设与社会建设是相生相伴、相互形塑、相互促进的，两者互为基础、互为条件。①

在今天，中国社会组织已经成为不可小视的重要力量。在汶川地震、微博打拐等实体空间和虚拟空间中一些重大事件的治理中，社会力量均显示了其张扬的公益精神和公共参与能力。伴随着人民公社撤销、单位制度瓦解、行政管理权限下移、住房制度改革、村民自治和城市草根民间组织兴起等一系列变化的出现，民间自发性、独立自主性的力量开始不断上升，在公共空间中活跃起来。根据民政部发布的2010年国家民政事业发展报告，截至2009年年底，全国共有社会组织43.1万个，比2008年增长4.1%。这些社会组织业务范围涉及科技、教育、文化、卫生、劳动、民政、体育、环保、法律服务、社会中介服务、工伤服务、农业专业经济等领域，吸纳从业人员544.7万人，比2008年增长14.5%；全国共有社团23.9万个，比2008年增长3.9%；共有民办

① 燕继荣．中国的社会自治//俞可平．中国治理评论（第1辑）．北京：中央编译出版社，2012：79—112.

非企业单位19万个，比2008年增长4.4%；共有基金会1 843个，比2008年增长15.4%。① 截至2008年，中国社区志愿者组织达43万多个，注册人数2 000多万，参加社区志愿者服务活动的人数累计达3 000多万人次。② 依照《中国民间组织报告（2011—2012）》数据统计，至2010年底，共有民间组织44.6万个，比2009年增加1.5万个，但年增长速度较2009年的4.1%降低了0.6个百分点，为3.5%。其中社会团体全年增加6 000个，增长率2.5%，增速较2009年降低了1.4%，但社团在农村发展、社会服务、文化、生态环境、宗教和职业从业等领域保持较高的增长水平；民办非企业单位增加了8 000个，较2009年增长了4.2%，为民间组织中数量增加最多的类型，其中教育类、社会服务类和卫生类最为活跃，均有增长；基金会增加357个，增长率为19.4%，为增速最快的类型，公募基金与非公募基金数量持平。③

这些事实昭示，来自社会的力量在不断发展壮大。社会自治组织不仅以自下而上的社会权利实现形式来制约政府的专断和资本的霸道，分享影响公共政策、改善公共福利的权力，而且作为介于国家与个人之间的中间力量，它一方面是民间利益联结和表达的纽带，另一方面也是弥补"市场失灵"与"政府失灵"而谋求的新型社会治理力量。民间力量的崛起如何进入社会治理的结构和管道之中，如何在表达诉求、传输利益、整合资源、提供服务、倡导责任、政社合作等方面发挥积极的作用，这正是中国社会管理创新努力探寻的改革发展之路。

二、社会管理管理什么

社会存在决定社会意识。这个提问试图回答以下基本问题，即应对前述转型期面对的诸多社会问题和矛盾，现阶段社会管理应在哪里予以

① 国家民政部.2009年国家民政事业发展报告.http：//cws.mca.gov.cn/article/tjbg/201006/20100600081422.shtml.

② 贺更行.城市社区建设//詹成付.基层政权和社区建设.中国社会出版社，2010：172—177.

③ 黄晓勇.中国民间组织报告（2011—2012）.北京：社会科学文献出版社，2012：2—7.

加强和创新。换句话说，社会管理的着力点和重心应放在哪些关键领域。这可能需要从现阶段社会管理承载的基本任务说起。

社会管理承担着一套组合的目标和使命。社会是一个庞大的由包括人、群体、组织在内的众多行动体组成的复杂的系统，它由相互交往、互动的个体和各类组织（家庭、家族、学校、企业、宗教、民间社团、政府）构成，依托一定的社会习俗、价值观、信仰等规范力量来维系个体与个体、个体与群体、群体与组织、组织与组织之间的社会互动关系。行动者之间形成的互动关系结构即是社会系统的基本结构或社会秩序，它确立了社会运行的制度、规则，以及行动者在社会生活中的权利义务关系。社会系统要维持生存、持续发展与有效性，因而它需要内在的存在条件和功能。美国社会学大师塔尔科特·帕森斯提出，在一般意义上，为谋求良性运行，社会系统具有四个基本功能，它们分别是：适应功能，社会系统能够适应环境的变化，并从环境中获取系统必要的资源以支持其存在和发展；目标达成功能，社会系统及其行动者能够制定和选择需要达成的目标，按照一定价值规范排序目标间的主次关系，并引导行动者达成目标；整合功能，社会系统通过制度、价值、信仰等规范，可以将系统中的各个部分动员、协调起来采取行动；潜在模式维持功能，社会系统能够维持共同体价值体系并不断将其制度化。同时，社会系统能够处置行动者的紧张关系，降低社会冲突，从而维系系统的运转。[①] 可见，社会是人们生存繁衍、共同生活、彼此互动、维系关系、自我管理的共同体。一个良性的社会系统体现为社会制度公平正义、行动者行动规范、社会成员生活幸福安康、社会关系和谐、共同价值信仰维护和社会秩序良好的景象。

由此观之，社会管理所追求的目标就是致力于通过社会功能的作用，建立一个良性循环的社会系统，塑造美好的社会共同体生活。显然这有赖于与其相关联的诸多制度和整体系统的支持，从经济到政治，到文化，到公民社会等。从前述中国社会面对的问题不难看

① ［美］塔尔科特·帕森斯．社会行动的结构．张明德等译．南京：译林出版社，2003.

出，加强和创新社会管理的意义就在于：为谋求与社会环境要求相适应，社会系统通过价值、制度和政策的改进和完善，调整社会关系，重建社会结构，力促社会阶层融合，从而达成系统与环境新的平衡。

这赋予当今社会管理以复杂、多面而艰巨的责任。面对中国社会问题的形势，依据社会发展的内在逻辑，加强和创新社会管理显示出如下强烈的诉求：协调社会利益关系，化解尖锐的社会矛盾，即以维护公民基本社会权利、保障民生和促进社会公平为起点，通过利益表达和社会协商机制，调整、平衡社会中的利益格局和利益差距，保护社会中的弱势群体福利，化解社会矛盾和冲突；规范社会行为，确立核心价值，即以塑造理性、宽容、友善、关爱的价值取向和社会互动规则为导向，形成激励与制约个人、群体、组织的行为规制，平衡社会行动者权利与利益关系；培育社会组织，发展自治力量，即以促进富有活力的社会为目标，通过系统、规范的法规与社会政策，运用合作治理工具，培育、规范和促进社会组织的发展，充分发挥社会组织在公益事业、公共服务、利益表达和输送中的作用，激励社会自治力量的成长；控制社会失范，维护社会秩序，即基于维护社会秩序的目标，对失范的行为及其可能带来的风险进行监测和控制，建立社会公共安全体系。为此，社会管理力求建立新型社会管理体系，实现其五类基本任务，即权利保障类、冲突控制类、行为规范类、寻求共治与自治类和政府自我改革类基本任务。

（一）创新利益表达、输送、整合和转换制度，保证公民权利与利益诉求能够表达，并通过显示公共利益的公共政策实现权利

当今中国社会出现最严峻的问题是在利益日趋分化和多元化背景下利益分配高度不公，利益分配机制严重扭曲，贫富差距拉大，一些阶层社会成员付出努力与报偿获得不对等，弱势群体的基本权利得不到保障，社会个体与集体行动的激励与约束标准和规则也随之扭曲。追根溯源，造成利益分配不公的重要原因是权力分配不公，而权力分配不公的

结果就是有权者的利益绑架了政策，处于无权地位的人群的利益无法被代表和表达，无法进入政策管道而被制度吸纳，其正当利益被剥夺可想而知。适逢权利意识觉醒，要求维护自身权益的呼声高涨，可原有的制度设计无法以组织化、有代表性地表达、显示和传输存在于社会底层的利益。不仅如此，一些现有制度强化了刚性维稳的方式，挤压利益的表达或阻断了利益传输的正常途径，使得权利没办法得到保障，这等于将社会需求的能量压制并聚积起来变成反抗的力量，严重威胁到政权存在的合法性。因而，创新社会管理最关键的任务之一是要建立利益表达的制度，让民众释放声音，提出观点，明示诉求。这样公共权力才能被监督和制约，这样公平正义才有实现的基础，这样社会利益才能协调与均衡，这样社会关系才能包容，这样公民的基本权利才能保障，这样政府治理才有弹性和韧性，这样政权才能长治久安。

（二）建立社会服务体系，完善社会保障制度，实现民生诉求，践行人文关怀精神，促使公共服务供给与民众日益增长的物质、文化需求相适应

社会管理不能简单地理解为政府运用行政强制手段控制社会的行为。相反，以造就社会和谐、追求民众生活幸福为终极目的的社会管理，其活动始终要围绕服务民生、提高福利展开。第二次世界大战以后，民生成为现代国家文明开泰、固国强基、人民安康之本，是社会文明进步的标志。政府透过社会服务的提供，实现社会各个阶层的基本民生保障，这不仅关乎民众福利状况及对社会秩序的潜在影响，更意味着在走向民主法治社会进程中保护公民经济、政治与社会的基本权利，是人本精神的具体体现。社会服务责任是社会管理所追寻目标的基础和载体，社会管理通过强化服务保障制度，建立并完善公平、普惠、包容的公共服务体系，来伸张国家的正义亲民立场，修复社会利益关系的紧张，提升公民的满意度，朝向人民幸福、社会祥和的目标前进。

案例 1－1

上海浦东新区潍坊新村街道为来沪务工人员打造“新家园”

随着上海浦东新区的快速发展，外来务工人员迅速增加。位于陆家嘴核心区的潍坊新村街道，流动人口占新区人口规模的四分之一左右，且职业、收入、文化差别较大，需求差异较大。针对“群租”带来的消防、治安、卫生、邻里冲突、财产安全隐患等种种负面状况，为解决来沪务工人员安居的“急难愁”问题，使其融入社区，共同营造稳定和谐的社区，街道协调各方力量，探索将闲置厂房改建成为来沪务工人员集中居住点。目前，已经建成“白领公寓”“蓝领宿舍”“灰领旅馆”三种模式的五处集中居住点，务工人员根据收入状况，进行选择居住。例如，“蓝领宿舍”每人每月的租金 100 元，就可以享有安全、卫生、管理规范的租住环境。原有厂区的下岗工人经过培训，成为集中居住区的物业管理人员。为了规范居住区的管理，街道还召集居住区内有雇主、务工人员共同参与的联席会议，一方面听取务工人员的需求，一方面举办法律、安全、文明知识教育讲座，同时，努力增强务工人员自主自治管理的意识。为外来务工人员提供基本生活服务的举措，获得了多赢的效果。“新家园”项目涉及的服务目前还在不断拓展。

资料来源：魏礼群主编《社会管理创新案例选编》（上册），北京：人民出版社 2011 年版，第 344—349 页

（三）直面社会冲突，建立并完善社会矛盾的化解与调处制度，斡旋、仲裁争议，谋求冲突问题有效解决

近年来，伴随着快速的社会转型、利益分配结构的变化、维权意识的提高和维系人们交往关系的观念变迁，在城市和乡村，各种形式的争议纠纷、矛盾冲突数量大规模上升，一些冲突的方式比较极端甚至惨烈，如北京因医患关系矛盾而发生的“徐文事件”。大量出现的矛盾冲突，一方面，表现出当前社会分化带来的利益错位，是社会发展进程中不可抗逆的；另一方面，表明现有制度回应问题、调解冲突、解决矛盾

的能力低下。在民间、行政和司法等各种解决争议的途径中，民众往往找不到经济、有效、便利、公信的途径来化解矛盾。应该看到，冲突是外显的深层矛盾，是识别、解决问题的入口。社会管理以化解矛盾作为解决当前诸多问题的重要途径，它力图实现三重目标：第一，化解当前最棘手的矛盾；第二，找到造成矛盾的源头，突出源头治理；第三，寻求破解矛盾难题的有效办法或机制。

案例 1-2

宁夏、江苏南通等地建立“大调解”机制，整合资源，化解基层社会矛盾

转型期也是利益冲突和社会矛盾的多发期。转型中体制的转型及其适应能力往往滞后于问题发生和出现本身，源头治理得不足就会依赖事后的协调和处置，以期有效化解矛盾。故此，地方政府十分关注后端解决问题和危机处理机制设计与实施，目的是在现有体制框架下拉升制度的弹性程度和容纳程度。各地政府纷纷探索快速把握、研判、处理问题，迅速、有效解决纷争的机制和方法。宁夏回族自治区和江苏省南通启动的“大调解”就是其中比较典型的案例。自 2003 年起，面对信访量的爆炸式增长，群体性事件数量迅速增加，宁夏、江苏南通等地党委和政府启动一些新机制予以应对，其中要回应的一个体制内问题就是如何在现有的人民调解、行政调解和司法调解制度基础上，克服其资源分割、各自为战的“碎片化”缺陷，整合调解力量，协同综合与专业资源，增强调解专业能力，从而快速、有效地解决通过信访和纠纷折射出来的矛盾。

宁夏回族自治区，着力在基层构建“三调联动”机制，将人民调解、行政调解和司法调解相互衔接联动。首先，在基层建立各类人民调解组织，建有个人调解工作室，聘请人民调解员，促成调解员专业化。其次，建立矛盾纠纷预警机制，通过“三调联动大接访”，获得并研判各类重大矛盾纠纷信息，进行预警。再次，建立协同联动的调解组织网络，实现矛

盾纠纷调解的一条龙服务，组建专业调解委员会调解特定专业性矛盾和重大疑难纠纷案件。最后，依托信息化建设，打造以乡镇、街道司法所为主体的综合服务平台，与县区司法局实现政府联网和上互联网，运用IP、TV、电话三网合一等工具，将解决问题的流程连接起来。

江苏南通则依托一综多专的大调解体系，不仅在纵向上建立以县为核心的三级调解组织体系，在矛盾多发的医患纠纷、拆迁纠纷、劳资纠纷、环保纠纷、消费纠纷、交通事故、土地流转纠纷等领域整合资源，形成一综多专、多方联动的调处机制，而且还推出社会矛盾纠纷调处中心与法院、公安局、检察院职能工作对接，推动调解逐步上升为政法部门执法办案的主体手段。公调对接实行县调处中心与县公安局、乡镇调处中心与派出所、村居调处站与警务站三个层面的对接，设立专业机构，安排专门场所，落实专职人员，以及规范矛盾纠纷移交的类型、程序和方法，真正实现无缝对接。

资料来源：国家司法部，《宁夏基层调解因地制宜，改革创新：村头地头街头炕头皆成矛盾尽头》，http：//www.moj.gov.cn/2008dfxx/2009－11/19/content_1183766.htm；《大调解的南通样本》，《光明日报》2011年1月20日；《江苏：南通形成一综多专的大调解体系》，http：//www.qjeda.com/cms/list！detail

（四）加强社会管制，监控并修正各类社会失范行为，评估潜在的风险，维护社会生产、生活的正常秩序

社会管理一方面为公民提供良好的公共服务，同时也依法对失范的社会行为进行有效的管制，以防范其给社会可能造成的消极影响。从某种意义上讲，对包括市场资本垄断、破坏生态环境、违背安全原则、践踏劳工权益、制售假冒伪劣、不恪守诚信、逆向道德选择等行为的遏制，就是对普通大众生活秩序的保障，是政府体现正义的一个重要组成部分。美国行政学大家罗森布鲁姆曾精辟地论述社会服务与社会管制的辩证关系，“尽管我们通常认为公共行政是在为公众提供公共服务，但公共行政管理者同样也对公众实施管制……政府对某人所提供的服务可能变为对其他人的管制，不难发现在政府许多规划中，服务和管制皆互

为一体。”[①] 社会管理强化社会管制的功能是其应有的含义。

（五）树立核心价值观，强化社会道德规范，以价值和信仰的力量维系人们在社会共同体中的互动关系

除了法律和政治制度，人类社会还需要依靠内在的精神力量来维系，这一力量来源于长期共同体生活的习惯、习俗，人们恪守的价值观和伦理道德，人们的信仰皈依等。市场经济的发展，激发了人们被压抑太久的逐利动力，利益获取成为人们核心的追求。然而，在社会生活中，我们没有同步完善市场交易的规则，没有很好地约束公共权力的介入和寻租，更缺失守卫人们内心精神家园和灵魂的信仰，故而，有些人为了追逐利益，丧失人伦，相互倾轧，精神日渐荒漠化。因而，社会管理不仅是物质层面的供给，更是精神层面的价值观念重建过程。但树立核心价值观，重塑人们的信仰，依然有赖于现实政策和制度设计所取向的标准和规则，要充分显示公平正义和权力的公共利益导向。归根到底，社会管理实现价值重建的基础，还是要格外重视公共治理制度的建设。

（六）孵化和培育社会组织，增进社会组织的能力，充分尊重来自民间的力量，建立平等、合作的政府与社会组织间的关系，实现社会共同治理

建立政社合作的公共治理体系是社会管理最为重要的任务之一。我们面对的形势和社会发展的趋势推动着社会组织成为治理的中坚力量，这成为一个潮流，不可抗拒。一方面，政府已经超负荷地承载了越来越多的管理事务，压力增大，人力、物力、财力均不堪重负，委托、分权、授权是必然的选择。为适应环境要求，政府势必要转身，收缩弱化某些职能，维持改进某些职能，增强扩展某些职能，重要的是寻求体现

---

① ［美］戴维·罗森布鲁姆，罗伯特·克拉夫丘克．公共行政学：管理、政治和法律的途径．张成福等译．北京：中国人民大学出版社，2002：15.

现代国家治理能力的职能、角色框架，这就是国家重建的意义所在；[①]另一方面，如前所述，社会组织发展呈现增长态势，无论是在实体社会还是在虚拟空间，民间社会都表现出参与公共事务管理、介入公共决策过程的意愿。发展政社合作，塑造新型的治理结构，建立互惠互信，共同应对社会风险，已经是社会管理获得创新的动力。

案例1-3

重庆巫溪县探索“三治”，实践地方包容式的共同治理

位于湖北、重庆、陕西三省交界的巫溪县是一个典型的欠发达贫困地区，隶属重庆，但距重庆主城有550公里，80%人口为农业人口，自然条件恶劣。近年来，在乡村治理中出现乱象，包括邪教组织抬头，封建迷信活动盛行；赌博猖獗，社会治安恶化；家族宗族势力控制当地，横行乡里，对基层行政公务大加干涉，或与不法官员勾结，控制有限资源，鱼肉乡里和百姓。与此同时，一方面，巫溪的基层组织处于瘫痪状态，另一方面，农业税费改革后，公共财政的转移支付跟进不到位，公共设施和社会事业资金无法保障，依赖于乡村集体经济，农村经济社会管理步履维艰。为了重建民众生活的家园，发挥党的基层组织的作用，巫溪县采取措施创新基层社会治理模式。其立足的目标是实现政府主导之下的“三治”，即“自治、共治、法治”的多元共生：用价值包容弥合分歧，以统一思想凝聚人心；用空间包容社会、融合社会，促进不同人群的和谐生活；用组织包容凝聚群众，对“熟人社会”进行动态管理；用文化包容传承历史，形成集体的认同。具体的行动措施：一是改进生活设施，改善生活环境，增进基本社区服务；二是建设“乐和家园”，从群众中推举代表，参与“乐和家园”，家园与基层党组织良性互动，在村支书的带领下，发展集体经济，帮助村民脱贫致富。同时，“乐和家园”通过开展文化娱乐活动，培育积极向上的道德情操；三是在乡村建立“和事堂”，运用农村总管、退休教师、退休干部、离任村

① 孙柏瑛．社会管理与国家能力建构．南京社会科学，2012（4）．

干部、致富能手、技术人员和镇政府司法干部的组合力量，专事调解农村的矛盾纠纷；用“公事账”公开关系村民利益的村公共事务，接纳村民参与管理、实施监督；用“善事簿”记录村民扶贫济困、乐善好施之事，弘扬中华民族传统美德。

资料来源：《把农民组织起来：关于新形势下巩固党在农村执政基础的思考》，载《人民论坛》，2009年9月29日

（七）改革政府行政管理体制，创新政府社会管理方式，塑造公正、开放、回应、廉洁、高效的政府组织体系

从全能的政府走向分权的政府，从无所不包到有所侧重，政府无论是从观念到体制机制，还是到行为方式，都要经历一次重大的洗礼。要从习惯于对资源全面控制和缺少社会监督的工作模式，转换成为存在各种质询、质疑、牵制的工作状态，心理嬗变的艰难可想而知。但是，如果政府不作为先行者首先变革，一方面，政府就难以适应社会发展的挑战，难以成为发展潮流的引领者和驾驭者；另一方面，越不想改变现状，择机采取积极的改革措施，政府就会越被动，未能解决的滞后问题就会给政府带来更大的风险。因而，对于社会管理创新而言，不仅是推进管理能力，更重要的是推进政府变革。社会管理呼唤政府重新认识自身的应然职能，社会管理促使政府明确自身的角色定位。

三、社会管理谁来管理

这个提问试图回答承担社会管理任务的主体是谁的问题。它要解决的是：第一，在新形势下，社会管理如何从控制型单一主体走向分权型的多元主体间的互动合作；第二，在多元主体参与社会管理的过程中，主体间的地位、作用、角色以及角色关系又是怎样的。再深入一步问：这些主体介入社会管理过程的动力是什么，他们需要怎样的法定权力、资源和能力才能进入管理并发挥作用，他们之间会形成怎样的关系模式，决定关系模式的因素是什么，以及一定的关系模式会怎样影响管理的成效。

毋庸置疑，社会管理过程及其结果依赖于众多形形色色的个体、群体和组织的集体行动努力，涉及企业、市场、政府和公民的参与，因而，它不折不扣地需要共同治理、协同合作的多中心结构。总体上看，社会管理的内涵指向了两个基本维度。第一，社会管理是指社会系统对人们社会生活中交往互动关系及其规则进行调整、规范的过程和行为总和。在这个意义上，社会管理就是社会的自我协调和管理。第二，社会管理还指政府出于社会良性发展的目的，运用法律、经济、行政等方面的政策手段，调整社会关系、规范社会行为、控制社会风险、维护社会秩序的行为总和。从这个意义上讲，社会管理亦是政府公共管理的重要组成部分。[①] 可见，社会管理可以看作是来自社会的力量与来自国家的力量共同发力的行动。

2004 年 9 月中旬，党的十六届四中全会做出《中共中央关于加强党的执政能力建设的决定》，首次提出“党委领导、政府负责、社会协同、公民参与”这一创新社会管理体制的目标和原则。2006 年 10 月召开的党的十六届六中全会报告——《构建社会主义和谐社会若干重大问题决定》就建设中国特色的社会管理新格局的“十六字方针”进行了阐述。从中可以看到，新时期的社会管理，党委、政府、社会和公民都是社会管理的主体，他们在社会管理过程中担当着一定的角色，履行着一定的职责，建立了某种关系形式，形成特定的管理秩序结构。管理主体通过联系、互动影响并改变着彼此的行为方式。2012 年 7 月，《学习时报》刊载了《社会管理谁来管理》一文，从主流公共行政理论变化发展的脉络，解读了社会管理中多元主体的基本功能及其作用的空间，提出了各个功能主体在社会管理中的着力点。[②] 诸多的论证都显示，通过政府与社会的良性互动，建立政府、社会、公民共治的社会治理模式是必然的选择，这基本上已经成为人们无可争议的共识。然而，接下来我们关注的关键问题是：在现有制度设计下，“十六字方针”将在社会管理实践

① 中国行政管理学会课题组研究报告：加快我国社会管理和公共服务改革的研究报告．中国行政管理，2005（2）.

② 胡颖廉．社会管理谁来管理．学习时报，2012－7－6.

行动中以怎样的组织形式和结构实现，党和政府通过怎样的制度安排为社会共治创造基础和条件，社会需要怎样的方式整合资源并自下而上推动改革、有序地参与社会管理。显然，这个问题涉及国家改革的价值朝向和目标模式。

（一）党委领导

在社会建设和社会管理格局的“十六字方针”中，党的领导是根本，这体现了社会建设的基本原则。党的领导在于引导社会建设和管理的根本方向，是思想、政治和组织的领导。党具有强大的意识形态力量，具有强大的组织优势，具有对各种资源强大的动员能力。居于执政党的地位，党的领导在社会建设和管理中承担全局的战略谋划、顶层的制度设计、社会的综合发展协调、社会重大利益的整合及社会力量的动员等重要功能。

随着市场经济建设、社会转型发展与改革不断深入，中国共产党的执政理念与执政方式也在发生变化，致力于从一个革命的政党转型为执政党，以形成与国家建设和人民群众要求相适应的执政能力。[①] 近年来，党中央强调增强各级党组织的学习能力，创新基层党组织建设，其意图是通过党的领导方式改革来加强新形势下党的领导，增加党执政的合法性基础。党在社会建设与社会管理中的领导过程，无疑也是党在新时期面对一系列社会转型回应问题和挑战的过程。

党在社会建设和管理中实现领导，需要党在发展中重新认识党的执政角色，创新党的执政方式，发扬党内民主，改善党组织管理。其中，界定并调整党与国家、党与社会之间的关系，明确党组织的角色，是党领导社会管理的基础。在党和国家的关系上，一方面，党从传统高度集中地以党代政、党政不分、以党治国的统治方式转型到党在思想、政治、组织上的领导，涉及党的权力与国家权力之间的匹配，即党向国家

① 王长江．中国共产党：从革命党向执政党的转变//俞可平．中国治理评论（第1辑）．北京：中央编译出版社，2012：46—69．

让渡权力，保证国家公共治理的实现；另一方面，权力相对集中在党的组织，需要有效的体制机制来防范权力向自我利益的蜕变，形成社会监督体系遏制权力腐败现象。在党和社会的关系上，党面对的核心问题是如何转变控制社会、包办一切社会诉求、单纯依靠政治动员的管理方式，向培育社会成长，增强公民参与能力的方向发展。故此，党领导社会建设和管理的关键是处理好政党与国家、政党与社会的关系问题，党的领导要为社会共治提供环境和制度保障。

在新时期，党对社会建设和社会管理领导的着力点有三个方面。第一，转变基层党的组织功能。加强基层党组织联系民众、利益传导、促进服务、学习创新的作用，将基层党组织建设、社区组织的服务与自治发展有机联系起来。第二，发展党内民主，扩大组织的开放程度。党内民主是完善党的领导所追求的目标，以此增强党的生命力。加强党内民主，意味着扩大党组织的开放性，加强和健全党在民主选举、决策、监督等方面的重要制度建设，使党的组织更有弹性和韧性，更具生机和活力。第三，改革社会管理组织机构。社会管理涉及服务、社会政策、安全、危机防范等方方面面的事务。目前，社会管理的主要事务管理由中央和各级政法委统领和部署。政法委在控制秩序、维护稳定方面表现出很大的优势，但是，其组织体系的性质及目标、功能导向使其与社会管理追求的终极价值有所出入，同时，与社会管理涵盖的任务也不一致，管理方式也亟待转变。2011 年 9 月，中办、国办发布关于将中央社会治安综合治理委员会（简称中央综治）更名为中央社会管理综合委员会的通知，增强了社会管理的机构和人员力量，工作重点转向前流动人口，社会组织管理与互联网等治理领域。可见，党领导社会建设和管理的关键是其组织管理及其方式创新的方向与途径。

（二）政府负责

在社会管理格局中，政府居于主导和负责的地位，这是由四个基本方面决定的。第一，政府是公共资源的掌握者，公共资源的分配通过政府公共政策实现，分配的方向则取决于政府对决策目标的识别和判断。

政府在权威性价值分配中所具有的话语主导地位，使得它不仅在对社会管理政策安排及优先次序排列上有不可替代的影响力，而且政府对社会管理价值的认知水平也与社会管理行动力和行动绩效密切相关。第二，中国公民社会正处于逐步成长的时期，权力从政府向社会转移、实现政府与社会共享要经历一个过程。目前，政府承担着培育社会力量的责任，在管理与服务供给中逐步建立与社会组织的伙伴关系。在这个进程中，政府担当引领和组织管理的角色，履行多方面的重要责任。第三，在涉及与社会管理密切相关的收入分配、监管、危机防范等一些管理领域中，事务本身的结构与性质及维护公平正义的需要，决定了政府必须发挥优先和优位的作用，成为管理最核心的主体。这就意味着，社会共治是基本原则，但在广泛的社会管理领域中，政府与社会的关系并不存在非此即彼的抽象的二元选择，其合作的组合方式可能受到多因素的影响，针对不同公共管理事务，各个主体联动的方式可能不同，作用的空间也可能不同。第四，如前所述，政府自身的改革也是社会管理推进的先导。没有政府管理观念、体制和行为方式的转变，社会管理的共治目标同样难以达成。

社会管理赋予政府以下的角色期待。

（1）宪法秩序的捍卫者。要求政府遵照宪法和法律的意志，建立法治的制度，维护宪法赋予的权利，规范政府按照法治的要求行事，实现公平正义。

（2）基本公共服务的供给者。回应民生要求，维护公民的社会权利，提供公民普惠的基本公共服务。

（3）利益关系的斡旋协调者。政府遏制损害公众权益的不正当利益，通过利益分配制度及中间调停人身份，化解社会矛盾，解决社会冲突。

（4）社会自治的培育者。发展公共空间，推动公民社会建设，培育社会组织，促进公民参与。

（5）社会风险的监管者。维护稳定、持续发展的社会秩序，防范或降低风险概率，快速回应突发性事件。

（6）改革创新的推动者。推进政府自身的制度、行为方式变革，发

的政府管理体制严重不相适应。表现为：社会管理的问题大量出现，如流动人口管理、社会治安管理、社会组织管理等，需要政府有效地解决。但政府组织机构设置却维持上下归口、条块分割、职能交杂、责任不清、被动应付的状态，应对问题的能力局限性大，出现了上级关注或民愤大的问题时往往采用“运动”“动员”方式解决问题，管理行为及其绩效具有短期化特征。

（2）解决社会管理问题的综合性管理方式要求与政府单一的事后控制与处置手段不相适应。社会管理需要“疏”与“控”、“事前”“事中”与“事后”、“政府”与“社会”多种方法的综合治理和有效匹配。疏导、事前、事中管理和社会组织发展是社会管理的重要途径。但在体制框架下，政府习惯于“消防员”式的事后处置，疏于前端的利益吸纳、服务体系、制度规范建设。这一路径依赖的缺陷导致民众对政府的不满，而且粗暴的管理方式往往是导致官民关系、干群关系紧张的一个重要原因。

（3）民众的服务需求或民生需要与政府服务供给方式之间不相适应。在现有的管理中，政府供给的服务、管理事项及其优先次序安排往往与民众对服务的需求不一致。政府往往习惯于在“党和政府代表人民群众根本利益”的抽象原则下，按照自己的判断、意志甚至偏好，单向地、一体化地推行服务项目，经常不考虑和评估民众具体需求的导向，导致服务供给方式缺乏人性化、多样化，这使得政府工作“费力不讨好”，供给效率和可持续性不足，民众满意度不高，政府行为招致抱怨。

（4）民众对政府服务品质的要求不断提高与政府狭小的权力授予不相适应。民众对物质精神生活的期望不断提高，对政府供给的服务品质要求不断增加，这需要政府能够传导民主的呼声，吸纳民众的利益要求，积极回应民众的期待。然而，目前政府运行依循“压力型”的“倒逼”责权不对等的政策传导模式，对民间要求反映不足，受制于分权和授权的空间局限，执行的弹性就更为有限。这不利于地方政府有的放矢地回应本地的问题，脱离实际，导致民众不满。

（5）回应环境变化中复杂社会管理事务治理的要求与政府无法厘清

什么该管、什么该放的角色地位不相适应。社会变迁导致日益复杂的社会问题，应对快速的变化，政府需要跟进角色转变。近年来，在改革中，政府管理经历了权力责任收放的循环，没有找到基本的平衡点。在政府内部，我国进行了中央地方、省县、县乡事权与财权关系的调整，在与市场、社会的关系上，政府采用了市场化机制供给基本公共服务。然而，政府间放权导致地方利益的驱动，市场化运作导致民众获得基本公共服务的权利受到侵害。民声的反弹和民怨的上升导致政府迅速收权，再度扩大政府管理的范围和权限，增强政府管理的力度。政府管理的事务不断增加，压力增大，加之管理方式没有根本性的转变，进一步加剧了资源约束状况下政府回应繁多复杂社会事务管理的能力缺陷。面对众多的管理事务，在压力型制度设计和政绩目标模式下，政府官员难免追求短期化、面上、事后、控制性的行为方式。

鉴于上述弊病，改变政府社会管理的工作方式是当务之急，对于提升民众对政府的满意度、提高政府的公信力意义重大。而且，管理方式的转变具有"倒逼"的作用，既能够通过方式转变改进公职人员的工作习惯和工作行为，又能够透过管理方式的缺陷检视体制机制，以机制创新促进方式转变。政府社会管理方式转变的方向聚焦于以下几方面。

（1）以人本、尊重、亲民、柔性的工作方式替代简单、漠视、生硬、粗暴的工作方式。社会管理不断加强了政府与民间社会的互动关系，而公职人员与民众日常的交往方式成为最直接代表政府态度、显示政府作风的标识。从一定程度上讲，摆正政府的角色，改变政府及其公职人员的工作作风，逐渐去除根深蒂固的"衙门"风气，以正确的方式做正确的事，对于有效履行社会管理职能具有先行作用。多年来，民众对官员存在的工作态度生硬、管理方式简单、对民众疾苦冷漠麻木、执法粗暴等问题微词颇多，由此引发的冲突不断，造成民众对政府总体形象的印象不佳，政府公信力下降。提高公职人员的职业素养，形成以人为本、尊重公民、亲和百姓、管理柔性化的工作方式是大势所趋，当然，这有赖于政府以公共利益为导向的制度建设的前提。

（2）以整体性政府思维促进政府协同、联动的社会管理机制。整体性政府理念源自对功能分割的组织组建方式的反思，认为以功能划分为原则的政府组织设计导致了“碎片化”和部门化利益林立的不良反应；日益精细的组织分化、叠床架屋、不断复制，导致协调和协作日趋困难，阻碍了政府对复杂社会问题的有效回应，结果往往是“按下葫芦浮起瓢”。英国学者佩里六世揭示了政府组织管理“碎片化”的种种问题：每个机构关注自己的偏好、项目间互相冲突、目标相互冲突、复制、沟通困难、狭隘地排斥、供给服务的偏差与不可实现等。① 为了适应当代社会问题所具有的连带性和多元利益相关主体介入的特质，进行整体性政府体制改组及协同、联动的工作方式成为必需。战略管理、政策联盟、弹性组织设计、团队管理、合作网络与伙伴关系等管理策略和工作方式将为社会管理提供多元政策工具创新。

（3）改进公共服务的供给方式，建立服务下沉、体现需求、符合人本、供给多样的社会服务体系。当前，社会管理有一个重要的逻辑，这就是，管理就是服务，“管理之中包含着服务”，“服务之中蕴含着管理”，两者不可分割。在公共服务制度缺失且社会矛盾尖锐的形势下，增强政府服务供给，实现民生诉求，建立完善的公共服务体系，对于提升政府合法性基础非常重要，是社会管理的一个“抓手”。鉴于政府传统服务供给方式集中垄断、单一，供给与需求背离，服务质量水准低下等问题，引入满足普惠公平，便捷可及，符合人本、个性化、多元供给目标的公共服务体系势在必行。为此，政府在工作方式上致力于应用新的服务工具，包括公共服务下沉，贴近居民供给服务，运用菜单式与个性化服务形式，保证供给与需求对接，通过服务外包与购买改进公共服务供给机制，形成政府、市场与社会供给的伙伴关系，以提高亲民导向的服务水平，改善服务品质。②

（4）采用新型官民互动方式，将愿景共享、信息分享，以及民主、斡旋、对话、协商引入社会管理过程。在信息化时代和一个日益趋向民

---

① Perry 6. Diana Leat, Kimberly Seltzer, and Gerry Stoker. *Toward Holistic Governance: The New Reform Agenda*. Houndmills: Palgrave, 2002. p. 37—39.

② 孙柏瑛．基层政府社会管理中的适应性变革．中国行政管理，2012（5）.

主治理的社会里，政府过度依赖单向性的控制工具或行政命令手段，不仅信息流动方式已经无法支撑传统的统治模式，而且会招致诸多的质疑和责难，疏离政府与民众的信任关系。政府转变与民众的交往互动方式直接关乎政府在民间的合法性基础。引导民众形成社会管理的共治格局是社会管理本身追求的目标，为此，调整政府的角色定位，创造更加平等、更有智慧的管理方式成为创新的一个着力点。政府将更多地运用双向交流的互动方法替代垂直单向的控制方式，这样，政府可以透过共享愿景、分享信息及公共政策制定与执行过程中意见征询、冲突斡旋、多方对话、民主协商、共识形成等方法来逐步确立“善治”的公共治理方式，实现民享、民权、民主的社会理想。

第二讲

社会管理的价值追寻

- ⊙有关社会管理的一些基本观念
- ⊙转型期我国社会管理的多元价值及其冲突
- ⊙现阶段我国社会管理寻求的基本精神及其实现途径

道可道，非常道。名可名，非常名。

——（春秋）老子：《道德经》

夫仁者，己欲立而立人，己欲达而达人。

——（春秋）孔子：《论语》之《雍也》

为了更充分地理解发展过程，需要对发展的目的进行考察和审视。把基本目标仅仅定为收入或财富最大化显然不恰当……经济增长本身不能理所当然地被看作目标。发展必须更加关注使我们生活得更充实和拥有更多的自由。扩展我们有理由珍视的那些自由，不仅能使我们生活更加丰富和不受局限，而且能使我们成为更加社会化的人，实施我们自己的选择，与我们生活在其中的世界交往并影响它。

——［印］阿玛蒂亚·森：《以自由看待发展》

一个充分的公共理论应当以宪法为基础，以一个完善的公民理论为基础，以符合集体的公共利益和新生的公共利益的体制为基础，以慈善和爱为基础。

——［美］戴维·约翰·法默尔：《公共行政的语言：官僚制、现代性和后现代性》

北京市西城区构建社会服务管理“全响应”机制

2012年，在党的十八大即将召开之际，位于首善之区的北京市西城区党委和政府推出了进一步创新社会服务管理体制机制，提升政府社会服务管理能力的举措，这套应用于基层政府管理的创新组合拳被用一个“全响应”的词语概括起来，成为具体落实西城区政府“三能一评”（履职能力、响应能力、创新能力和绩效评价目标），实现社会建设总体要求的机制。“全响应”以增强社会管理服务为主线，聚焦于改进和完善工作机制，凝聚民生工作强大合力；整合信息资源，搭建“全响应”服务管理支撑平台；健全系列“响应链”，扩大多元主体有序参与和共享；夯实基层基础工作，营造人文和谐的社会环境，全面构建以改善民生为重点的“全响应”社会服务管理工作体系，全力打造“活力、魅力、和谐”新西城的美好生活家园。

西城区“全响应”机制以民众需求导入为突破口，关注政府服务管理与民众需求之间的连接。据此，政府突出感知社情民意、构建“响应链”、加强社会领域党建、强化保障措施四个维度的工作重点，致力于形成响应民众需求的政府社会服务体系。① 感知民众“需求”，追踪民意诉求自然成为“响应”的第一步。“全响应”的第一措施就是全面感知社情民意，完善“需求导入”工作机制。此项工作的目标是建立“全覆盖的社情民意感知系统，及时了解、掌握社情民意，使工作更加贴近群众需求”。它内含四个基本工作制度：第一，依托基层各类组织，收集、整理和跟踪社情民意，进一步完善民生诉求的社会、街道和区三级工作网络。第二，建立社情民意定期发布、分析研究机制。第三，探索新时期群众诉求追踪的新途径，以协调联动的方式解决民生热点和重大民生问题。西城区概括了民生需求导向的“三民”工作机制，即“访民情、听民意、解民难”。第四，围绕“全响应”社会服务管理创新，运用信

① 北京市西城区社会建设工作领导小组办公室．西城区社会服务管理文件汇编．1—12.

息化平台进行资源整合，提高社会服务管理共享性、综合化、精细化的能力。在这个意义上，力求达成基层社会服务管理的“全覆盖、全感知、全时空、全参与、全联动”目标。

为了让“全响应”的管理思维落地，政府不仅力求感知到民众的愿望，绘制清晰的回应工作图谱，而且力求以行动响应民生的诉求。较之回应的概念，响应似乎更加关注意愿表达与意愿实现之间的首尾相接，重视行动能力及行动效果的考察。为此，组织系统建设及资源整合成为“全响应”的平台支撑。西城区运用既有的属地和专业组织资源，建立了一系列“响应链”。一是社区便民服务“响应链”，推进社区基本公共服务全覆盖。按照基本公共服务项目清单，完成基础服务设施建设，整合辖区公共服务、志愿互助、便民利民、特色服务等服务资源，建立十五个“一刻钟便民服务圈”。二是街道融通资源“响应链”。发挥街道统筹辖区的基础性作用，规范区职能部门和街道的权责关系，建立职能部门工作事项下街道社区的准入制度，对社区各类协管员进行规范管理，加强对派驻街道社区协管员队伍的统筹调配。三是部门协同合作“响应链”。建立社会建设工作领导小组联席会常态会商机制，搭建街道和相关职能部门对接民需、联动响应的平台。四是驻区单位资源共享“响应链”。借助人大、政协力量，发挥工商联、企业家联合会、青年联合会在资源共享方面的积极作用，整合辖区公共性、公益性和产业性资源，激励驻区机关、企事业单位和各类社会组织的优质资源与社区民众共享。五是社会组织公益服务“响应链”。整合公益资源，建立公益项目与街道、社区及驻区单位、社会组织的对接合作平台，完善西城区社会组织服务中心建设，促进关于组织孵化器模式的运作，探索“政社合作”“社社合作”的方法。六是专业社工优质服务“响应链”。建立规范化的社工人才人力资源招募开发运行机制，完成社工继续教育基地建设，完善“一街一站”职业社工岗位设置工作，完成全区域、多领域的社工岗位基本布局，推进职业社工与社区工作者互助工程，督促志愿者联合会开展培训活动，初步建立促进志愿者活动常态化的组织体系。

西城区委、区政府以加强党在社会领域的基层组织建设和完善民生服务的政策体系为“全响应”机制运行保驾护航，提供基层党建的组织保障，营造社会建设良好的政策空间和和谐的社会环境。

北京市西城区政府的基层社会服务管理“全响应”案例在很多方面引发我们的思考：西城区选择“全响应”管理形式或管理行动基于怎样的价值理念。这些理念是按照怎样的依据来设定、排序和建构的。价值理念遵从什么目标及谁的目标和意志。价值选择折射出政府怎样的行动逻辑，即政府活动的范围、边界、限度、方式、手段、监督等。现实的行动是否按照价值理念的逻辑展开并获得预期结果的。这些问题实际上都在考问一个核心的东西，这就是，我国社会管理的价值基础及其决定因素是什么。

一、有关社会管理的一些基本观念

瞬息万变、快速发展、异彩纷呈的社会，是我们人类生存与活动的栖息载体和公共空间。社会由生活在一起的诸多个体、群体及各类形形色色的组织构成，上自国家、政府、超大城市，下至家庭、宗族、村落。人们凭借这样大大小小的空间形成互动和交往，形成一定的社会关系与社会结构模式，这些模式又以正式的或非正式规则的形式调整并制约着社会生活中人们的行为和交往关系。尽管人们对社会概念有各种各样的解释，但是，在看待“社会”的本质时，都以“共同体”“共同利益”“集合”“联盟”等词汇来描绘。《辞海》将“社会”解读为“以一定的物质生产活动为基础而相互联系的人类生活共同体”。[①] 百度百科则在综合多家定义之后，认为“社会”在“现代意义上指为了共同利益、价值观和目标的人的联盟。社会是共同生活的人们通过各种各样社会关系联合起来的集合，其中形成社会最主要的社会关系包括家庭关系、共同文化及传统习俗。微观上，社会强调同伴的意味，并且延伸到为了共同利益而形成的自愿联盟。宏观上，社会就是由长期合作的社会成员通

① 夏征农．辞海．上海：上海辞书出版社，2000：4488.

过发展组织关系形成的团体，并形成了机构、国家等各类组织形式。”①

我们看到，维系一个社会需要具备一些特定的构件。一是具有一定人口的集合；二是以物质生产为基础；三是个体、群体、组织之间存在着交往互动关系；四是人们拥有社会共同体的生活，形成一定的共同体；五是依靠法律、政策、道德、社会惯例、文化习俗，社会规范得以实施，社会关系得以调整，达成社会秩序；六是社会具有一定的分层和一定的结构；七是基于共同的利益、目标或价值观，人们形成各种各样的团体或联盟，社会以组织的方式聚合。正如马克思和恩格斯所言，“社会这一名称始终标志着直接从生产和交往中发展起来的社会组织，这种社会组织在一切时代都构成国家的基础以及任何其他的观念的上层建筑的基础”。②

鉴于社会是人类共同生活的空间，人们自然对涉及社会交往规则的构建和社会秩序的维持等永恒的话题格外关注。前者涉及公共资源的分配及其排序、话语权的控制、社群成长与维系的激励，它关乎人们社会行动的准则与逻辑；后者则涉及面对日趋加速、层出不穷的社会变迁，社会共同体促成稳定、可持续发展乃至长治久安的基础和条件，它关乎社会调整、规范、控制、修复、矫治的机制和能力。由此，在社会演进与嬗变的进程中，基于一定的认识论立场，人类不断探索发展出不少的思想，提出了诸多的主义，形成了多样的观念和思路，正可谓“有道而道不同”。追问以及争议的问题集中在：社会的本体究竟是什么，社会共同体是怎样形成的，统治社会并获得秩序的权力从何而来，社会共同体的秩序是依靠什么力量或规范维系的，社会中的公共资源是按照怎样的顺序或规则被安排和分配的，社会变迁是如何发生的，国家与社会之间究竟是怎样的关系，公民在社会中的权利与责任是什么，社会权利和自由如何保障与伸张，国家统治与调集、动员社会资源的方式及其合法性的依据是什么，国家与社会的关系模式对于国家治理及其绩效意味着什么，政府活动的范围和边界在哪里，社会中阶层和组织间的关系和互

① 来源：http://baike.baidu.com/view/11175.htm.

② ［德］马克思，恩格斯．马克思恩格斯选集（第1卷）．北京：人民出版社，1995：130—131.

动模式是什么，等等。围绕这些问题，伴随着社会的变迁，人们形成了浩如烟海的思想，也进行着持续的探讨。

（一）社会契约思想

在近现代社会发展进程中，自启蒙运动以来，自然权利和社会契约的观念深入人心，成为现代国家治理理论，尤其是西方国家政治理论的主流思潮，为众多理论提供了哲学基础。社会契约思想就自然状态、人民主权、国家权力来源、法治精神、民主实质等问题阐述了其重要的观念。

（1）自然状态与国家起源。社会契约论的逻辑前提是假设在国家起源之前人和人生活的基本状态，以此论证公共权力是如何产生的，并阐释人类社会运行秩序的规则。在自然状态下，人是自由而平等的，他们拥有自然权利，这些权利包括生命权、财产权及不受任何上级权力约束的自然自由权。人类在理性支配之下共同生活，承担着共同的义务，理性指导人类采取适当的方法，决定自己的行动。如洛克所言，在自然状态中，自然法是由每个人行使的，人人都是自己案件的裁决者。

那么，国家为什么产生呢？这是因为人的本性使然。人的天性是自私的，本质上趋利避害且存在无限的欲望，导致人类围绕着利益、权利斗争不断，有些人不遵从自然法，用强力去剥夺他人的自由，因而使自然状态充满了战争，使得人的生命、自由、财产自然权利得不到保障。因此，人类需要发展出一套共同尺度来裁决人们之间的纠纷，这样，明文规定的法律成为共同规则，而公共权力作为法律的裁决者来调整关系，防范“人与人之间像狼与狼一样”，维护共同利益。于是，为了更好地保护财产安全和人身自由，人们共同订立契约，约定：大家放弃自己的部分权利并将它转交给一个人或由一些人组成的会议，这些人按照社会全体成员授权所代表的一致同意的规定，行使公共权力，裁决规则，维护安全，这样，以立法、行政、司法权行使表现国家（政府）的机构就形成了。

（2）天赋人权与主权在民。国家是人们基于同意、订立契约、出让权力的结果，但是，权力的根基还是来自于民，抑或说主权在民。自然权利学说昭示人民拥有的权利是天赋、与生俱来的，不可剥夺、不可侵犯的，这些权利是平等的。为了在公共权力必需和防止公共权力恣意妄为、出现专制之间取得平衡，社会契约的设计者们也煞费苦心地作出一系列规定，例如，将国家权力限制在政治活动领域，而经济领域作为自治的领域留给个人；通过宪政途径，伸张法律对于权力的限制和制约；政治权力架构设计上的分权和制衡；政府奉行“消极自由”观念等。

（3）契约与法治精神。人们是按照缔结的契约来进行和维系共同生活的，而法治是践行契约精神的工具，即依靠法治来调整统治者与被统治者的关系。鉴于政府的性质和目的，政府必须实行法治行政，一方面，必须以正式公布和有效的法律而不是临时的命令或为定义的决议进行统治，意味着政府依据明示的合理合法的承诺与规则来做出行为；另一方面，实行法治行政，政府的权力才能得到必要的限制，人民的生命、自由和财产权利才能得到有效的保障，因为法律存在的目的不是废除或限制自由，而是保护和扩大自由。① 在社会契约观念中，法治成为现代政府运行的基础。

（4）社会公正。人生而拥有不被剥夺的平等的权利。但是，在现实的世界里，人的能力非常不同，而且可供人们享有平等权利的资源又是稀缺的。社会制度设计要遵循怎样的原则来分配资源，以保证人们的基本权利，或者说消灭经济、社会的不平等呢？人们长久苦苦探求对社会公平正义的理解。将正义看作社会制度首要原则的罗尔斯提出了正义的两个原则。一是“自由优先原则”，即每个人都有同样的权利享有一组完全适当的平等的基本自由，而不影响其他任何人享有同样一组基本自由。二是“差异原则”和“机会均等原则”，即两种情况下允许存在社会与经济的不平等：首先，在机会均等的情况下，

① ［英］洛克．政府论（下卷）．叶启芳，瞿菊农译．北京：商务印书馆，1982：8.

由官职和地位造成的不平等；其次，这种不平等能够给社会中境况最差的成员带来最大的优惠。[①] 其中，机会均等原则优于差异原则。罗尔斯致力于构建公平正义统一的尺度，来建立人类社会分配正义的基础。尽管如此，但是由于人类社会生活的复杂性及价值的多元性，人们很难建构一个包罗万象的标准来衡定公平与正义，大家对功利和利益的看法不甚一致，公平正义是相对的，以至于我们在现实生活中就分配问题充满了利益的博弈和冲突。其实，有关利益分配争执的不仅仅是利益本身，而是利益背后的分配标准及其掌握的话语权。

案例 2－1

公正，我们如何选择

这是一个真实的故事。1848 年夏，四名英国船员被困在南大西洋的救生艇上，只有少量的食物，没有淡水。四名船员分别是船长、大副、船员和船舱男仆。男仆 17 岁，是个孤儿。前三天，他们按照定量分食了食品。第四天他们抓到一只海龟并依靠剩下的食品度日。食物断绝，之后八天，他们什么都没吃。男仆不顾劝阻，喝了海水，生病并快要死了。第十九天，船长建议抓阄决定是否杀死仆人，船员不同意。第二十天，船长决定杀死仆人，他让船员转过头，船长杀死了仆人，大家分享其血肉。船员摆脱了良心的谴责，获得了这可怕的施舍。又支撑了四天，救援终于来了。但回到英格兰后，他们三人被捕并接受了审判。船员成为污点证人，船长和大副则被判刑。如果你是法官，应该如何裁决？杀死仆人是道德的吗？怎样的标准代表公正的准则？

资料来源：[美] 迈克尔·桑德尔：《公正：该如何做是好?》，朱慧玲译，北京：中信出版社 2011 年版，第 35—37 页

然而，尽管社会契约论因倡导众生平等和人民主权而代表着人类启蒙思想史上的一大进步，也为现代政治制度设计提供了哲学基础，

① [美] 罗尔斯．正义论（修订版）．何怀宏，何包钢，廖申白译．北京：中国社会科学出版社，2009：56—57.

但是，因其理论预设和推论依据存在着争议，使得人们对社会契约论有关国家、社会、个人性质的解释也存有难以释怀的困惑和质疑。批判性思考主要集中在三点。其一，社会契约论以抽象的人性预设为出发点及其理论基础，以自由主义和个体主义为前提。它静态地考察人性以及个人的权利，忽视历史地、辩证地看待个人与社会、个人与国家的关系，割裂了其间的复杂联系，从而难免使理论的建构陷入片面化的境地。其二，社会契约论注重现实人的权利和利益，但缺少对时空变化和历时性的关怀，因而对代际问题和人类持续发展问题少有关照。其三，也是最重要的一点，卢梭一直所主张的社会契约论，极力倡导在契约基础上建立的民主国家以达成“公意”为本，然而，契约论以抽象的“公意”概念作为原则体现民主，而没有明确阐释谁代表公意以及公意如何达成、民主政治程序与机制等根本问题，造成实践中人民主权与现实民主运作间出现紧张甚至冲突，“公意”常常成为极权主义或暴民政治的托词。

（二）国家与社会关系理论

在近代政治发展进程中，形成了以西方为本位的国家与社会关系理论。作为一种分析政治现象的重要的理论范式，有关国家的性质、地位、合理性来源、政府的制度与功能，以及国家与社会的发展规律等关键的政治统治问题，被放置在国家与社会关系的框架下加以讨论和认识。这其中，基于不同的价值观念，人们对国家与社会关系性质的认知并不相同，纷争集中在对国家与社会关系是对立的还是统一的认识上，具体而言，表现为国家本位（国家中心主义）还是社会本位（社会中心主义）之争、国家为先还是社会为先之争、国家控制还是社会自治之争及国家自主性的得失等一系列复杂的问题上。

西方国家认知的国家与社会关系主体观念，与一定时期主流政治理论、政治实践及国家领导者选择的意识形态密切相关，随一个时代的变化而变化。但其秉承的基本逻辑，包括其假设前提和行为模式选择则具有了三个方面的特征，即社会在先、国家与社会分离、社会需要国家维系，[①] 由此推展出公共权力的性质、政府合法性的来源、政府功能的边界和限度等有关国家的观念。

(1) 社会在先，国家产生于社会。社会先于国家存在，是人类群居生活的场所，以利益为纽带连接起来。分工和人们相互交往中矛盾冲突使得社会失去应有的秩序，需要一种社会力量协调并整合各种利益，建立规范和秩序，于是产生于社会之中的公共权力形成了。国家脱胎于社会，并因权力和能力凌驾于社会，获得了自主性。但是，社会在先，国家产生于社会之后蕴涵着下列价值。第一，国家是社会发展到一定阶段的产物，是一个历史的现象。[②] 第二，国家因满足社会需求而存在，换句话说，国家存在的合理性来源于回应和达成社会的需求，国家公共权力的行使在于保障个人自由权利的实现。第三，国家所持有的公共权力来自于社会的让渡和同意，因而，国家权力受到社会力量的监督和制约。第四，经济关系和社会关系影响并制约了国家的建构。第五，在价值偏好上，社会的自主治理选择优于国家权力介入及其统治的选择。这构成西方以"社会中心主义"为出发点的社会国家观念。在这里，国家及其干预是消极的。

(2) 社会与国家二元分离，拥有各自的运行空间。西方本位的国家与社会关系理论暗含着国家与社会是分属的逻辑，两者分属不同的领域，具有不同的属性，存在着二元对立。这意味着，第一，国家与社会的构成形态不同。国家表现为拥有强制能力的整体性组织体系，如政府等公共权力机关，是普遍的公共利益的代表。而社会则表现为分散的个体和群体及多样性的社会组织，是分化的特殊利益的代表。第二，国家与社会主宰着不同的人类生活领域，存在各自的运行空间。国家存在于政治领域，政治统治是其最为本质的性质，属于上层建筑的范畴。而社会存在于经济生产活动和日常社会交往领域，以经济活动和经济关系为

---

① 时和兴．关系、限度、制度：政治发展过程中的国家与社会．北京：北京大学出版社，1996：9—20.

② ［德］恩格斯．家庭、私有制和国家的起源//马克思恩格斯选集（第4卷）．北京：人民出版社，1995（170）.

基础，具有利益的多元性和特殊性。第三，国家与社会有着不同的运行规则。国家行动的基本规则是公权和强制，“一切共同的规章都是以国家为中介的，都获得了政治形式”。[①] 而社会则是自在自为的，以权利和自治作为行动逻辑。第四，国家权力存在着异化。尽管国家产生于社会“母体”，但是国家以强权为后盾，致使其拥有强烈的自为性而超越、凌驾于社会之上，其权力会游离于社会，形成自身特殊的利益，权力逐渐产生异化。国家的自主性犹如“达摩克利斯之剑”，具有双重性和内在冲突：一方面，自主性有利于国家摆脱各种社会集团利益的羁绊和桎梏，以超然、客观、中立的态度执政，维持其公共性的立场；另一方面，自主性又使得国家不受社会控制，造成权力的蜕变和腐化的危险。第五，国家的力量与社会的力量应该是平衡的。

(3) 社会需要国家维系，但国家的权力及其干预具有限度。如前所述，社会离不开国家，因为社会需要国家承担维护公共利益和保证权利实现两个基本职能。然而，国家权力的延伸及其干预是有边界的。西方所倡导的国家与社会关系的基调有三个方面。第一，有限政府论，即政府所承担的职能是有范围的，实现职能的方式是受到制约的。第二，小政府，大社会，即政府的组织规模和行动范围应该严格限定，政府应更多地分权给社会，以促进成熟的市民社会发展。市场和社会能够自主解决的问题应该优先让市场和社会解决。第三，政府秉持消极自由的态度。政府的权力运行及其干预程度应该保持在较低水平上。尽管随着社会问题日益增多，西方国家“守夜人”式自由放任的传统已经备受诟病，但是，对国家强权的警惕使得西方世界恪守消极意义上的国家观念。

然而，在后发展非西方国家的现代化进程中，现实体现的国家与社会关系却并非如同西方本位预设的国家与社会关系那样，国家与社会之间呈现出复杂关系，有的是强国家—弱社会，有的则是弱国家—弱社会，甚至在一些国家并没有像西方那样随着资本主义的发展形成独立自

① 马克思，恩格斯．德意志意识形态//马克思恩格斯选集（第1卷）．北京：人民出版社，1995：132.

在的成熟的市民社会，一些国家社会民不聊生，国家积贫积弱。为了快速提振经济，使国家步入现代化强国的轨道，政府在经济社会发展中发挥了首要的作用。亚洲和拉美威权主义统治模式，使得人们重新认识国家的意义，审视后发展国家选择政治发展和调适国家与社会关系之路，随之不少人提出了“找回国家”的理论。[①] 这个理论在反思自由主义和“社会中心主义理论”问题的基础上，提出了重新认识非西方国家政府的作用和建构国家的意义等思想主旨。

（三）社群共同体观念

社会是人类生活的共同体，而维系社群共同体的关键是个体、群体、组织乃至国家之间的权利、利益、义务、责任的分配。为了维持共同体，除了国家权力的强制和利益调整之外，另一个重要的力量来自于社群基本构成元素——公民及其至善，后者在推进社会共同体形成及其自治中具有重要的价值。社群共同体观念包含如下思想内核。[②]

（1）强调社会共同体的优先性。共同体观念并不排斥和反对个人权利，但是它更为强调个体都生活并存在于各种社群组织和社群交往之中的事实。因此，它反对原子化的个人主义主张，认同共同体的优先性，尤其认同社群的公益在实现个人权利中的优先地位。因为，每个生活在特定社群中的个体都会经由社群规范和资格的认同才能获得个人的价值，社群是个人行为及其规范的前提和基础。

（2）追求普遍共同利益是社群共同体的至善。实现至善是社群共同体极力追寻的。在这里，至善的核心含义就是追求普遍的善，而这种善在现实生活中的表现形式就是公共利益。在共同体中，公共利益先于个人权利而存在，社群共同体就是公共利益安排下个人权利实现的中介。因而，公共利益或公益政治不仅具有优先性，而且也是人们达成至善必

---

① ［美］彼得·埃文斯，迪特里希·鲁施迈耶，西达·斯考克波．找回国家．方力维等译．北京：三联书店，2009.

② 孙柏瑛．当代地方治理：面向21世纪的挑战．北京：中国人民大学出版社，2004：97—104.

备的美德。个人责任和对社群的责任不是紧张对立的，而是一体的。对于公民个人而言，关注社群的精神不仅具有功利的意义，而且是人们社会生活的道德准则。埃特齐奥尼说，“在社群生活中，强有力的权利必须与强有力的责任相伴随……我们对权利抱有深深的期望，但是我们却没有与之相配套的关注我们权利的、与人们生活休戚相关的个人的和社会的责任。”①

（3）倡导公民美德是共同体的基本精神。社群共同体的运行需要依靠每一个公民的责任感和参与来维系，公民在社会生活中美德的张扬自然不可或缺。公民美德旨在倡导人们在交往过程和互动关系建立中，应该积极融入社群共同体的生活，认识到个体权利与公益政治之间的关联性，形成关注公共需求、理解公共利益的习惯。它强调，公民美德并非基于完全的利他主义和集体主义，但是应该在公共需求的背景下恰当地理解自我利益，而清晰自身在共同体中的位置和责任。在实践中，公民美德则体现为行动。首先，公民要获得共同体资格。公民资格不仅表现为权利的享有，更呼唤责任的担当。为此，融入社群共同体生活，建立归属感是必需的途径，而以积极的公民身份参与社群的决策和公共事务是通往融入的必由之路。正可谓，公民的参与和“自愿的合作可以创造出个人以及政府强制无法创造的价值”。②

二、转型期我国社会管理的多元价值及其冲突

中国正处于社会转型时期。对于公共治理而言，“转型”包含着太多的东西。首先，转型意味着环境变迁，社会结构发生剧烈变化，利益关系发生剧烈震荡，导致人们遭遇前所未有的问题和困惑。其次，转型意味着问题和困惑使得人们产生了不适应，以往的社会地位在变化，既得利益关系在变迁，权力和利益在重新分配并此消彼长，传统治理体制

---

① Etzioni, A. *Communitarian Solutions*: *What Communitarians Think*. The journal of State Government, Vol. 65, No. 1, 1992. pp. 9 - 10.

② ［美］罗伯特·帕特南．使民主运转起来．王列，赖海榕译．南昌：江西人民出版社，2001：215.

难以适应新形势的要求，社会心理也具有普遍的不适应性，人们承受着错位、挫折、焦虑、不信任等心理状态，既有价值规范作用能力降低，出现信仰危机。再次，转型意味着解决新问题没有现成的答案，需要在多重压力下不断探索，构成了对治理能力和智慧的考验；更为重要的是，转型还意味着面对各种问题，来自不同阶层、利益团体，秉持不同利益取向的人们对政策和治理目标持有不同的诉求和观念，围绕利益的争执和冲突显性化，呈现价值观的分化。在价值多样化的世界里，需求需要选择，共识需要凝聚。不难想见，转型期是一个国家社会发展进程中在各种价值冲突中选择发展目标和发展方式的过程，是抉择治理之“道”的过程。

从本质上说，转型期社会管理就是在利益结构及其关系出现重大变化的环境下以选择社会变革道路为核心目标的改革议程，它涉及国家与社会关系，政府管理变革，公平正义原则的确立，安全与福利制度的建立，社会组织发展等不同层面、不同公共领域重大问题的回应，关系到价值排序、改革次序和步骤的安排，对国家的未来发展方向意义深远。胡锦涛在党的十八大报告中说，“在改革开放三十多年一以贯之的接力探索中，我们坚定不移高举中国特色社会主义伟大旗帜，既不走封闭僵化的老路，也不走改旗易帜的邪路”。[①] 习近平2013年新年伊始在新进中央委员会的委员、候补委员学习贯彻党的十八大精神研讨班上的讲话中强调指出，道路问题是关系党的事业兴衰成败第一位的问题，道路就是党的生命。[②] 归根到底，是党、政府与社会制度安排和公共政策导向方向的选择。

处于转型期的中国，有关社会管理的价值观念存在纷争，亟待凝聚并获得共识。

（1）维权诉求与维稳诉求。在某种意义上说，维权与维稳是中国社会管理中一个极其纠结的问题。现阶段自下而上公民权利意识高涨，权

① 胡锦涛．坚定不移沿着中国特色社会主义道路前进，为全面建成小康社会而奋斗，2012-11-8. http://bt.xinhuanet.com/2012-11/19/c_113722546.htm.

② 习近平．改革开放前后历史不能相互否定．新京报，2013-01-06.

利表达与实现要求强烈、维权行动以及社会运动兴起，与传统自上而下、以单向行政强制和压制为主要手段的统治形式之间有着高度冲突。相伴而生的维权诉求与维稳诉求，不仅是引发诸多社会问题、冲突事件的归结点，也集中体现了现有管理控制模式转型和抉择政府改革道路遭遇的困境。从一般原则或长期目标看，维权与维稳应不存在内在的紧张，二者在逻辑上具有一致性，即谋求并保障公民基本权利是保证社会长治久安与政治稳定的基石，也是公共权力持有和运行的合法性基础。但是，从转型期中国社会结构变化状况及政治改革路径选择策略看，维权与维稳价值诉求之间却存在一定程度的紧张，即一方的目标或利益的实现可能会以降低或损害另一方的目标和利益为代价。从本质上说，维权与维稳的关系归根到底反映的是社会的机会、权力、利益、福祉乃至尊严和价值的划分与分配，显示国家权力的属性，并影响社会阶层的生活状态及社会关系的和谐程度。

维权的价值基础是公民本位及公民权利的实现，它凸显社会和公民权的中心地位与优先性安排。维权的动力来自于未被重视或满足的、自下而上的和多样分化的利益诉求，实现维权需要以政治民主、开放与透明政府和公共参与的基本制度为基础和条件，以组织化的公民利益表达过程及社会运动为手段。维权客观上对现有秩序提出了严峻挑战，它要求政府一方面回应社会需求，尊重公民的利益表达权利，以制度化的方式吸纳、整合利益诉求并将其转换为具有公共性的政策议程；另一方面要求政府以新的形式从事社会动员，重建国家与社会的关系，从而在转型过程中获得与时俱进的合法性基础。实现维权目标至少需要六个基本要件：一是法律明文规定受到保护的公民经济、社会与政治权利；二是国家政治合法性源自人民的同意和接纳；三是政府作为“公共性”的代表及其整合公共利益的制度能力；四是赋权于社会和公民，实现制度化的政治参与途径；五是公民权责的建立与公民组织成长及其自治能力；六是政府权力受到法制的约束，运作过程受到监督，政府行使的职能应是有限的。

维稳的价值则建立在对社会秩序本位的考量之上，将维持秩序、防范与杜绝失序看作是一个国家经济社会发展的核心条件，因而需要给予高度的关切。维稳的基本逻辑认定，判断一个良性运转的社会应避免并消除冲突，政府应尽力控制社会冲突与失序的出现。维稳观念的核心问题是如何界定秩序及稳定，即对秩序内涵的理解应该立足于追求可持续的、有机的社会安定团结，还是戒绝当下来自底层的利益表达力量、社会中异己的观点来维持表象机械的秩序稳固。因而，在转型期人们对政府试图稳定什么，以及选择实现稳定的手段表达了强烈的关切，抑或说，关注通过利益表达与制度化的利益聚合来应对矛盾、解决问题，谋求弹性的、持续的久安，还是采用封堵、压制利益释放或依从左右话语的强势权力来谋取秩序。无论如何，维权价值是指对自由权利的向往以及广泛政治参与的诉求，这挑战了既有的维稳思维逻辑，打乱了现有秩序结构的形态与节奏，造成矛盾冲突的增加，同时也带来了政府管理方式的严重不适应症。对此，选择何去何从，国家与社会如何携手共行成为一个大问题。

专栏 2－1

维稳行动中的弹压与安抚选择之困

当地方政府面对冲突事件时，传统的应对模式是封锁消息、弹压和层层瞒报。从中央到地方，有严格的问责、责任追究机制。如果有关事件消息封杀不力或又导致更大规模或更激烈的冲突连锁反应，自上而下的问责机制发挥作用，对涉事责任人进行政治、行政或法律的惩处，并威胁其个人职业生涯和仕途发展。因而，严防死守、软硬兼施、防止“出事”，往往成为地方官员的行动偏好，如截访中采用的五花八门的手段便是典型。然而，随着互联网的发展和公民权利意识的提高，信息通信迅捷，传播迅速，传统弹压手段所承受的反弹风险和舆论围剿风险不断加大，地方官员开始转而用一些柔性的手段来解决矛盾，对利益相关人采取经济性的恩惠、赎买等各种安抚方式，以求防止矛盾显性化、公开化。然而，为了表象稳定而不讲原则和无规则的安抚措施，给政府带来了一系列问题或新的麻烦：第一，促成“刁民”心理，让民众感觉到不闹事诉求就得不到满足，政府害怕民众闹事，只有闹事政府才管事，因而助长了“大闹大管、小闹小管、不闹不管”的现象；第二，让地方维稳的治理成本居高不下，费用不断攀升，大量的行政经费投入非正常的事务中；第三，造成地方官员注重事件后端应对和处置而轻视前端回应与解决问题，完善制度；第四，最为重要的是，无原则、无尺度的安抚损害了治理的价值基础，往往使得行为没有底线，从而对政府的合法性和诚信度造成十分不良的影响。

不少发展中国家在走向国家现代化进程中，在回应公民权利、国家与社会关系问题上遭遇到同样的两难困境。塞缪尔·亨廷顿等多位学者历经四年经验性研究，在《难以抉择：发展中国家的政治参与》一书中指出，发展中国家在现代化进程中，“政治参与、社会经济发展、社会—经济平等和政治稳定之间存在某些联系”。一方面，追求社会平等的诉求可能导致“参与爆炸”和平民运动的崛起，冲击传统的统治秩序；另一方面，政治力量的对抗以及对社会失序的担忧导致国家政权在专制主义、技术精英主义和平民主义等治理模式之间出现循环。可以看到的是，在政治转型的过程中，经济发展水平常常不会自动带来民主政治，反而会诱发甚至过渡到专制主义。① 奥唐奈分析了转型期的社会风险特征，“转型所带来的不确定性、风险，还有信息的缺乏会变成一种创造更多（不确定性的）选择、散播（被夸大的）希望，无数（最终很少被制度化的）扩大政治领域的实验，还有层出不穷的社会参与”，这往往加剧统治者选择的困惑。② 福山则在谈及发展中国家转型社会国家能力建构时，对政府的行动逻辑做出了判断，“经济改革需要紧缩开支，减少就业和其他形式的短期阵痛，这必然引发政治上的反对甚至对抗。因此，改革最好由压制社会诉求的专制主义政权来推动，或者由一个多少能摆脱或缓冲政治压力的技术官僚精英来领导……经济改革不可能向民

① ［美］塞缪尔·亨廷顿，琼·纳尔逊．难以抉择：发展中国家的政治参与．汪晓寿，吴志华，项继权译．北京：华夏出版社，1989：29，19—44.

② ［美］吉列尔莫·奥唐奈，［意］菲利普·施密特．威权统治的转型：关于不确定民主的试探性结论．景威，柴绍锦译．北京：新星出版社，2012：24.

主政治过渡，因为这会释放过去被压抑的，与改革目标相抵触的增加福利的要求。”①

维权诉求与维稳诉求内在的价值张力反映了全球化背景下处于社会转型时期国家治理模式变革中遭遇的观念冲突与现实挑战，这延续了国家与社会关系下社会本位还是国家本位的理论争论，也凸显了自下而上改革路径与自上而下改革路径是否能够兼容及怎么兼容的困惑。鉴于这一点，人们十分关注当今中国应对转型社会管理体制创新背后的逻辑，即究竟是揭示社会成长与自主管理诉求，还是导向国家管理作用加强与控制社会的驱动，或是寻求并实现国家与社会的合作与共治。基于对社会管理维权与维稳观念及其之间关系的思考，可进一步引申到对以下几组价值取向的追问。

（2）国家掌控与社会自治。国家掌控从国家本位与秩序优位的立场出发，强调政府在政治、经济、社会生活中所发挥的主导而积极的作用。其立论为：国家在公共生活中之所以如此重要，因为国家是实现至善的工具。国家以宪法为准则，是公共利益的代表者，能够聚合和整合偏私、分散、分化的社会利益，转换为具有“公共性”的政策议程；国家具有自主性，能够超越各种集团独特的利益，调整并泛化利益需求，是“客观、中立”的行动者；国家通过制度供给，运用激励、管制的公共政策工具，对社会行为进行支持、引导、规范和控制；社会发展的每一步无不伴随着国家治理制度的演进，等等。由此，强调国家作用的观念主张在国家目标引导下，强化行政工具对政治与社会事务的管理，对公共资源的控制与分配，对社会利益的吸纳与整合，对市场违规与社会失序的管制。国家掌控诉求具有自上而下强制执行的属性，力主政府权力集中，倡导命令—服从和行动统一原则，因之，政府需强化强制、提取、规范、分配、整合等多种功能。

社会自治观念则具有某些反国家的情结。其立论的基础遵循了社会

① ［美］弗朗西斯·福山．国家建构：21世纪的国家治理．黄胜强，许铭原译．北京：中国社会科学出版社，2007：27.

优先性的主张，认为国家是必要的“恶”，没有社会力量的发展及其制约，国家垄断的权力会剥夺公民的自由和权利。社会是具有原发动力的机体，它存在着自发的秩序。如果没有国家的深度介入，社会能够在一定的区域空间内自主治理一些公共事务，调整社群的关系，并使得公民意识到自身的义务和责任。社会自治从社会本位和自治优位的立场出发，秉持自由、市民社会至上和公民权责的观念，倡导发展公民及其组织的自治能力，主张在地方或社区层面上公民及其组织表达利益诉求，参与关系社区发展以及居民生活质量的公共决策过程，通过自助、互助和公益行动自主管理社区公共事务。社会自主管理具有自下而上发动和利益传导的属性，要求权力分散、信息分享和公共参与，期盼政府依照宪法治国，塑造开放、透明、负责、服务的组织；期盼社会能够对权力形成有效的监督和制约，防止公共权力的腐化和蜕变。

（3）扩大公权与赋权于民。转型期，伴随着社会矛盾的尖锐化，建设公平正义社会的规则体系的呼声日趋强烈。为此，政府社会管理事务得到前所未有的重视，这意味着社会管理职能将不断扩展和加强，社会管理事务数量增加、范围扩大、责任加重，以及社会管理权力同步扩张。那么，这些权力该如何分配与分享？权力分配的依据立足于什么标准？延续国家掌控与社会自治的理论主张，争论也进一步延伸到社会管理权力的分享与配置格局这个问题上。具体地说，社会管理创新之路的选择是扩大政府的公共权力还是赋权社会或还权于民，也就是说，在政府、市场、社会三个驱动轮之间应该建立怎样的权力分配与分享架构，才能在维持秩序与促进自由之间达成平衡。前者强调政府作为公共利益维护者角色实现公共目标的身份，倾向于以扩大公共权力并力图以提升国家治理能力为目标；后者强调公权不断扩张对公共空间形成的干扰以及对公民权利与自由造成的侵害，认同公民主权与积极的公民资格观念，主张赋予公民更多的自由权利。无论如何，任何一个角度的论点似乎都要回应公权力的作用和位置的问题，诸如公共权力应在哪些领域发挥作用，其边界在哪里，政府怎样实现其主导管理的角色，用什么方式来统领社会管理，以及如何看待社会的功能和作用，等等。

三、现阶段我国社会管理寻求的基本精神及其实现途径

现阶段社会管理遭遇的多元价值的冲突，折射出现实利益分配竞技场上的博弈以及社会阶层的不同诉求，同时，也构成了当下我国社会管理变革道路选择的场景。然而，回到传统国家计划与全面管控的统治模式下已是痴人说梦，而只有改革才能让中国谋求最大的红利。[①] 那么，基于进一步改革与发展的立场，在党和政府领导下，我国社会管理需要寻求和坚守怎样的基本价值，需凝聚怎样的共识才能动员、聚集社会创新的力量？

（一）公平正义是我国政府社会管理的根本价值追求

利益分配失衡是转型期我国社会管理面对的最大危机，而促进公平正义与包容性发展是现阶段社会管理的价值基石，应该说，构建一个公平正义的社会体系，让民众公平分配改革的成果是社会管理追求的根本目标。

当前，国人对社会管理的必要性持有的一个基本共识是，当今中国社会面对的最深刻的社会矛盾为分配不公、社会排斥以及由此引发的利益剥夺和失衡。分配不公的外在表现是利益分配不公，一部分社会群体无法获得与其付出或努力相一致的报偿，没有机会得到基本的福利保障，具有强烈的被剥夺感。而实质上，分配不公的根源在于权力的垄断与分配不公，权力分配不公势必导致机会分配不公和话语权强弱差距，从而使得一部分群体从根本上丧失保护自身权利的能力。因此，以改变利益结构失衡弊端为己任的社会管理，其当务之急就是要确立改革中政府努力实现公平正义的立场与准则。

如前所述，公平正义准则是一个十分复杂的标准，它具有一定相对性，[②] 随着时代的推移，人们对公平正义的判定会发生一些变化；站在

① 李克强：在国务院2012年11月21日召开全国综合配套改革试点工作座谈会上的讲话——政府要向市场和社会放权．中国新闻网，2012-11-22.

② 谢明．论社会公平正义．公共管理与政策评论，2012（1：41—45）.

不同利益立场上，认知公平正义的尺度也有所不同。即便如此，公平正义还是具有一系列“应然”的原则。其一，公平正义意味着公民基本权利享有平等并获得保障。基本权利平等这一准则旨在保证的是作为社会成员的人的基本尊严的平等，以使其得到自由发展的基本条件而不至于使人的尊严被践踏。其二，公平正义体现为机会的均等和法律面前拥有平等的地位。这意味着，社会中每一个成员应有平等的空间和机会获得自身的生存和发展，换句话说，对于每一个成员而言，在一定能力和禀赋的前提下，拥有资源的机会是均等的。机会均等要求具备两个条件：一是生存和发展机会的起点平等，二是实现机会过程中程序正义。其三，公平正义准则还要求以成就和贡献为导向的分配。它指明社会每一个成员对于社会的投入和产出应成为评价该成员贡献的标准，社会分配考量成员的实际贡献水平。①②

对于政府的社会管理而言，公平正义原则是必须捍卫的精神。从某种意义上说，如果市场以效率原则为本位，那么，政府则以推进公平正义原则的实现为本位。政府对于实现公平正义原则的重要性源自正义的本质要求和政府的应然角色。从正义角度看，公平正义本质上是人类在资源稀缺环境下所确立的分配规则或分配排序，它本身就是一个公共利益选择问题。公平正义不仅力图匡明社会资源分配（包括权力、权利、机会、话语、资财、福利等）的依据和条件，向全体社会成员昭示社会行为激励的导向和准则，而且，它也力图建立人类行动所依的伦理精神，将公平正义准则内化于人们心中，成为人们评判善恶、守望良知、捍卫底线的标尺。因而，公正乃是维系社会秩序之本。从政府的角色和功能看，政府是作为公共资源和价值的权威分配者的身份而存在的，它的使命和正当性来源就是在分配资源和调整复杂利益关系的过程中确立公平正义准则，建构合理的制度和政策框架激发正义行动，仲裁判定冲突，抑恶扬善。应该说，政府通过制度设计，运用公共政策之手采取的

① 吴忠民．社会公正论（第二版）．济南：山东人民出版社，2012.

② 杜凡．转型社会公正问题研究．北京：知识产权出版社，2012.

服务与管制等各类行动，目的就在于维护并实现社会的公平正义。

毫无疑问，推动公平正义原则拷问着政府所维护的公共利益的内涵与属性，涉及政府在多元利益结构中对公共利益界定、判断、分配和实现的标准和利益排序的依据，实际上它考验着政府履行“公共性”的制度基础及其能力。基于公正社会建设的“公共性”，对政府提出了以下要求。第一，超越自利性诱导与被既得利益集团绑架。政府不能也不应被某些既得利益俘获，屈从于强势利益集团的压力；也不能陷于自我利益的驱动，以政府的自利性需求为本位。第二，提供促进机会平等和包容发展的平台。政府致力于矫正机会分配的不公现象，为开放性、成就导向的社会流动建立制度基础。第三，服务于普惠的公共利益。公共服务是政府透过公共资源的分配，保证公众获得均等、普惠的基本社会权利的一个手段，是解决民生问题、调整利益、赋予平等机会的重要途径；第四，监管市场非法侵权行为，保障市场竞争的基本秩序与公民的基本权利。

实现公平正义原则，仰仗政府基本制度的确立和运行，依靠政府管理的制度化。一方面，需要优先界定政府自身权力运行的规则，约定政府权力行使的边界及其规则；另一方面，需要完善政府一系列基本的行政管理制度，凸显政府制度的“公共性”导向，诸如公共财政制度的重点转向，保障公共预算的支出结构及支出比例安排倾向于基本公共服务项目，突出建立和完善社会保障与安全网络，向弱势群体的基本福利保障倾斜，向农村地区及农村人口的社会保障倾斜。调整税收结构，保证中低收入人群在二次分配中收入水平增长。在人事管理方面，政府应开发公职人员公正性与公共服务的能力，注重公职人员伦理价值重塑、动机引导、能力塑造、综合素养训练，建立与现代政府治理结构相匹配的人事制度。

因此，作为人类社会发展的目标，我们所期待的公平正义的社会应该体现为：

- 这个社会尊重人性，让每个成员拥有人格与尊严保障，社会的公民拥有权利维护所必需的公共服务和福利供给；

- 这个社会为每个成员提供起点均等的制度环境；
- 这个社会按照成就和贡献的取向，赋予每个成员平等机会获得发展；
- 这个社会捍卫宪法的基本精神，保护实体的正义和程序的正义；
- 这个社会需要依法、公共、负责、公开、透明、诚信创新的政府，政府维护宪法的主张，提供保障公平正义准则的制度体系和政策及资源分配规则框架；
- 这个社会需要守则、竞争、具有良知、承担社会责任的市场组织体系；
- 这个社会需要具有责任、自觉、参与、合作、理性观念意识的市民社会及其公民个体和社会组织网络。

（二）政府社会管理促进公平正义实现的工具与策略

公平正义社会的实现需要社会与政府的共同努力，那么，政府依靠什么条件和力量来推进？具体而言，社会治理如何瞄准公平正义的价值，通过执政党、政府和社群的共同努力，缔造公共治理制度，来促进社会的良性发展？

1. 尊重法治、依法治理是政府社会管理的基本着力点

法治精神是现代社会治理的基本方式，是捍卫社会公平正义原则的基本工具。法治不仅是社会管理建章立制、框定规则的要求，而且也是采取管理行动、规制行为的依据。转型时期的中国社会，万象更新，从个人的行为方式，到组织的演化模式，再到国家治理的制度安排都处于过渡与调适状态，诸事物的交替以及规则的改弦势必导致行为的无序和观念的混乱。这个时期，国家治理特别需要制度化的规则体系以重建秩序、达成规范、维持公正。这其中要遵循的底线制度就是依法治理，建构法治国家与法治社会。社会管理呼唤法治，因为，法治至少在三个方面为政府良善的、走向公平正义的社会管理提供制度保障。

（1）法治是政府采取社会管理行动的前提条件。社会管理归根到底是对人的服务与管理，它赋予政府建立基本利益分配格局和裁量人与

人、阶层与阶层利益关系以满足大多数人需求的权力。从本质上说，社会管理的过程就是作为管理主导力量的政府运用公共权力对所涉及的社会事务进行处置的过程，法治制度的设计为政府的行动过程提供了底线保障。在这里，法治制度表达了平衡政府公权力与其义务之间关系，明确政府行动边界和程序，监督公共权力行使，防范权力恣意妄为的意义。只有在法治制度的框架下，政府遵照法律规定的条款和程序来执行管理，依法保护合法利益，惩治犯罪，抑恶扬善，社会管理才能建立权威合法性。而任何违背宪法和法律规则对人、对物实施强制的管理行为，势必加剧官民之间的矛盾冲突，造成更大的社会敌对。

（2）法治是实现社会公平正义准则及公民权利的基本保障。公平正义是法治的灵魂，而法治制度又是公平正义原则实现的现实载体。社会管理所追求的公平正义目标，社会管理所触及的利益关系调整依靠良好法治确立的规范来保驾护航。法治建构了保证机会均等、分配规则良善和裁决公正的底线规则，为人们社会生活权力、权利和利益关系的调整提供了行动依据。

（3）法治同样规范着公民资格并调整着社会管理主体间的关系。在社会管理中，公民社会具有三重不可分割的身份，构成公民资格的要件。一是国家宪法和法律规定的经济、社会、政治权利的享有者，是公共服务的受众；二是国家法律及秩序的遵从者，具有法定的公民义务；三是社会管理的参与者，是管理共同体的有机组成部分，与政府、市场、企业一道承担着合作治理、共同解决公共问题的责任。作为治理共同体的主体，公民需要拥有法定地位和受到法律保护参与的自由权利，获得法律认同的公民权；作为政府社会管理的合作伙伴，需要法治保证政府公共权力与社会权利间的平衡，形成平等互动的关系；作为公民，需要获得法定权利的同时恪守遵纪守法的义务，在权利与义务间保持平衡。

2. 发挥政府服务民生与管制秩序双轮驱动作用，有效平衡服务与管理的功能，是社会管理的基本路径

保障公民合法的社会权利、维护公民的基本民生服务需求与维护社会运转的秩序，监管社会失范行为是社会治理的“双轮驱动”，两者相辅相成，共同服务于社会良性发展的需要。前者透过基本公共服务供给来满足公民的生存需求和生活权利，使公民获得人的尊严和独立性；而后者则通过校正违法或越轨行为，防止任意的个人和群体对公共生活秩序的践踏，执行必要的规则以遏制潜在的风险发生。政府服务与管理存在辩证关系，对某些人或某些社会问题的管理就是对共同体其他人的服务和保护，如处罚交通违章。问题的关键在于政府实施管制基于的立场、追求的目标及执行的程序与方式。服务与管理在社会治理中都具有重要意义，不可偏废一方。

(1) 提高公共服务供给能力，增进民生水准，体现人本关怀，实现社会权利。社会管理归根到底是对人的服务和管理，最终的目的是为了促进人的全面而自由的发展。人拥有获得自由、独立、尊严的基本权利，而这些权利的取得首先源自人具有生存、发展的能力和条件，使其能够应对和抵抗生活中出现的风险。政府提供公共服务的目的就在于为社会成员提供基本的生活安全制度保障，昭彰人本关怀，从而促进人的发展。唯此，成员的社会权利才能得以保障，民众才能安居乐业，国家长治久安才有现实基础。加强公共服务是社会治理的必然要求。在当前社会矛盾凸显的情形下，政府公共服务供给应满足：一是建立推动起点和机会均等的基本公共服务体系，保障社会成员获得均等的发展机会；二是形成普惠和包容的就业、医疗、养老、社会救助等社会保障制度，使得社会成员获得基本的安全保障；三是保护弱势群体的权利和需求，根据正义原则，弱势群体应获得更多国家供给的维持其生存尊严的安全和服务保障，保证其拥有公民应有的身份和权利；四是改进公共服务供给机制，发展政府—市场—社会共治的复合型公共服务供给模式，以满足社会成员不断增长的且日趋个性化、差异化的服务需求。

(2) 增强政府社会管制的能力，改进社会管理的方式和手段。在当今快速变迁、复杂多样的社会里，秩序处于重构期，由经济增长模式、利益分配及角逐引发的冲突和纷争发生概率攀升，因而，社会治理对政府实施社会控制、增强管制力度的需求也在提升。社会管制是社会秩序控制不可或缺的手段，但以传统强调单向管控和强力弹压的方式看，这些手段断不能适应社会发展之潮流。改革管理方式的流弊，改变“管制过度与管制缺位并存”的局面，是政府提高管制能力的客观要求。首先，政府应优先厘清管制的主要领域及管制的依据，明确各级政府“有所为有所不为”的边界，并据此建立相应的规制法律体系；其次，建立横向和纵向的管制事务分权框架，按照管理事务的性质和符合公共利益原则，形成统分有机结合，合理划分治理责任和财政支出责任的管制模式；再次，创新社会管制的运行机制，建立以问题或管理事务为导向的联动性、整体性管制机制，在多头专业化的管制机构之间建立协同管理的途径，以提高政府的管理回应能力；最后，建立社会管制的监控标准，监测社会存在的风险，提高政府的预警和前瞻管理能力。总之，在转型过程中，国家的重建将政府管制能力增强推到极其重要的位置上。

3. 以维权促成维稳，政府需突破瓶颈，进一步推进政治体制改革，是社会管理达致社会利益均衡的内在要求

在利益诉求上升、利益博弈加剧且信息日趋开放的时代，政府以保护和实现公民权利为导向的维稳的思维将是谋求社会稳定和可持续发展的道路。这意味着，政府以往秉持的以社会绝对安定为追求的管治目标及由此选择压制冲突的管控方式已经难以为继，“刚性维稳”步履维艰，其内在的矛盾不仅挑战着政府的合法性基础，也损害着社会长治久安的能力。“刚性维稳”不仅无助于问题解决和矛盾化解，而且打压手段阻滞了正当合法利益的表达，堵塞了社会问题显示的通道，延迟了问题的解决，加剧了利益诉求者对政府的不满和抗争，从而可能导引更大、更深层的政治与信任危机。维持“刚性维稳”，政府需投入大量人力、物力、财力，这不仅考验政府维系绝对稳定的可持续能力，而且也消耗了政府本应放在基本制度建设和问题解决上的精力，游离了政府更应重视的工作重点。在一定程度上，“刚性维稳”强化了百姓以上访、抗争方式，政府以阻截、打压方式“对话”的路径依赖，最终致使政治稳定的底线遭到威胁。

因而，在公民权利意识不断高涨的今天，回应权利诉求的压力，充分认识维权与维稳的辩证关系殊为重要。也就是说，以维护权利实现维稳，以促进利益表达来实现利益的分享均衡，才能增强政权的弹性和韧性，才是达致国家长治久安之道。①通过维权获得维稳需要政府打破固守的逻辑，转换管理的思维模式，塑造以公民为本增进利益表达的制度环境。首先，重视公民身份的政治与法律意义，树立尊重并维护公民权的观念；其次，拓展民众的利益表达制度，在完善现有体制内利益表达制度的基础上，对一些体制外的利益表达方式，尤其是弱势群体的利益表达途径给予包容并逐步规范化、制度化，建立更加开放、多元的利益表达机制，拓展利益表达空间，增强利益表达的广泛性与代表性；再次，发展民间利益表达的组织基础和条件，依托有代表性、组织化的利益汇合与表达，显示民间的利益诉求，并影响政府公共政策的制定过程。

以维权谋求维稳的走向和格局势必要求党和国家透过政治制度的设计与创新来获得，因为，围绕争取权利的利益冲突背后归根结底是政治权力分配格局和话语权及其参与政治过程的可及性和可影响性安排的冲突。因而，改进各社会阶层政治权力的分享、政治权威性价值和资源的分配才是治理冲突的根本所在。这个政治改革方向直指政府开放、公开、放权、分享能力，强调打破既得利益垄断与封锁的勇气，无疑需要通过政治制度的设计才能完成。换句话说，维护公民所拥有的经济权利、社会权利最终需要其政治权利的保障。

4. 促进社会共治与参与式治理，是我国社会服务与管理发展的基本方向和道路

无论我们从政社合作或官民合作的国家与社会关系角度，还是从政府—市场—公民社会三元关系的角度来看待社会共治，塑造这个格局无疑是中国社会管理的一个必然的选择。两个基本因素决定了社会事务的管理必须采用多元与合作的治理结构，是政府、市场和公民共同的事业，任何一方都无法独善其身。一方面，社会管理的诸多事务往往牵涉

① 清华大学课题组．以利益表达制度化实现长治久安．http：//www.21ccom.net/plus/view.php? aid=9246.

到多个相关的利益主体，即便政府承担着提供、支付、协调等主要责任，但是管理完成需要多主体之间的互动与配合；另一方面，社会事务管理需要多种资源的介入和参与，包含社会资本涵盖的人力、物力、财力、人脉关系等。这意味着，社会管理仅仅依靠政府一家单打独斗是无能为力的，也是不可支撑的，寻求可持续的道路就必须谋求新型治理关系，在公共服务、社会管制、冲突化解、风险防范等管理事务上，寻求政府、市场、公民之间的合作途径，让民间的有生力量参与到公共事务的治理中来。

社会管理中政府与社会的合作共治不仅是一种管理理念，更是一种面对复杂社会问题获得创新的实际需要。促进社会共治，最需要破解的是政府对权力、资源的全面垄断和对以管控为核心的动员方式的过度依赖。因而，政府的分权与授权是建立政社合作，形成良性互动伙伴关系的首要条件。这一方面要求政府重新认识自身的角色以及在政社关系重建中的功能作用，建立政府与社会之间的基本信任。与此同时，在制度建设和管理方式改革中，改革对社会组织的准入规则，授予社会组织应然的法律地位；分享信息与扩大知情权，为社会组织参与服务供给提供更为宽松的环境和空间；采用多样化的政策工具，开启民间公益、慈善和志愿力量投入社区公共服务项目的领域，以服务供给的合作拉动民间组织的成长，发展、促进民间力量在社会事务管理领域中的影响能力；建立咨询、沟通、对话、协商机制，形成政府与民间互动的常态制度，逐步确立民间组织参与管理和合作共治的主体地位；监管民间组织的项目性质和财务支出，敦促其建立合法、公开、透明的组织制度，采用有效的问责措施，保证民间组织拥有诚信与合法性。

第三讲

社会利益表达机制

⊙利益表达是社会长治久安的基础
⊙利益表达制度的理论支撑
⊙利益表达渠道
⊙利益转换与整合机制

人们为之奋斗的一切，都同他们的利益有关。

——［德］马克思：《马克思恩格斯全集》（第一卷）

治民之要在乎因民之利而导之，顺民之意而能之。

——（清）王韬：《论权者谋·驱心篇》

利益综合对于决策过程具有重要意义。它能够成为一个重要的桥梁，把大批集团和个人分散的利益和资源同得到多数联盟支持的权威性政策的制定连接起来。

——［美］阿尔蒙德：《比较政治学：体系、过程和政策》

利益表达和利益整合视角下的“乌坎事件”

乌坎村，一个普通的农村，行政隶属于广东省汕尾市下辖陆丰市东海街道。但是，近期闹得沸沸扬扬的“乌坎事件”使这个普通农村家喻户晓。事情是这样的……

为了抗议村委会成员私下变卖土地，乌坎村部分村民代表走上了上访之路。此路走了两年，上访达十数次之多，结果不但问题仍没有丝毫解决，而且还致使乌坎村村民与地方政府，即汕尾市政府及其下辖之陆丰市政府发生了矛盾。2011 年 9 月 21 日，乌坎村三四千村民聚集在陆丰市政府大楼与派出所，不久获政府答复，可问题没有实质解决。之后，乌坎村又进行了多次示威，引发警民发生激烈打斗。随后，村民自发组织“乌坎村村民临时代表理事会”，负责示威等活动的组织事宜。在理事会的领导下，于 12 月 9 日起，村民每天在村内村委会附近的仙翁戏台前集会示威，并在游行通往陆丰市政府大楼前与警方爆发冲突，此后开始警民对峙局面。

汕尾市政府 12 月 9 日把乌坎村村民申诉定性为“在境外的某些机构、势力和媒体与乌坎村事件确实有一定关系，把问题炒得沸沸扬扬，无限放大”①，但村民表示这只是土地问题诉求。另外，当天中午，村民薛锦波等五人被刑事拘留，其中薛锦波在被关押了三天后死亡。②

12 月 20 日，政府官员先派代表进村内与村民代表临时理事会谈判，成为事件和平发展的转机，同时，由中共广东省委副书记朱明国牵头成立工作组处理此事，承认民选之“乌坎村村民临时代表理事会”的地位，对村民的过激行为不予追究，并称释放被拘留村民，尽快再度对薛锦波进行验尸确定死因。翌日晚上，双方撤除路障，村民结束每天举行

① 南方网：“9·21”陆丰乌坎村事件处置结果．http：//news. southcn. com/dishi/shanwei/content/2011－12/09/content_34742612. htm.

② 联合早报网．广东陆丰再爆冲突羁押村民离奇死．http：//www. zaobao. com. sg/wencui/2011/12/hongkong111212f. shtml.

之集会。其后两天村民欢迎朱明国进村，被捕的其中三人被释放，双方对峙局面结束。

综观“乌坎事件”的演变与进展过程，我们会发现一个明显的问题：我们缺乏制度化和有效的利益表达与利益整合机制。在以上事件中，上访本是我国合法的利益表达途径，而民众通过上访表达自身利益，却未得到当地政府很好的回应，致使理性的上访升级为过激的行动。正是这种机制的缺失，导致基层和弱势民众的利益诉求无法有效传达，更缺少有效合理的利益整合。

《人民日报》社论准确指出了利益表达的重要性：“把握了群众利益的诉求点，也就把握了问题解决的关键点”，“回顾近年来的诸多群体性事件，究其实质，大多源于群众利益诉求得不到疏解和满足。这提示我们，面对群众的利益诉求甚至是矛盾冲突，地方政府要有高度的大局意识”。[①] 我国当前处于社会转型期，经济社会在不断前行中不可避免地积累了一些矛盾，利益主体多元化、利益诉求多样化、利益冲突明显化。“乌坎事件”交织着个别利益和公共利益、短期利益和长远利益的冲突，“偶然性”的利益博弈背后存在着“必然性”动因。

“乌坎事件”告诉我们，社会管理得好不好，不在于是否存在矛盾冲突，而在于现有制度能否很好地容纳和化解矛盾冲突。在法治这个核心原则之下，如何实现民众合理地表达自己的利益是一个值得国家治理者深思的问题。

一、利益表达是社会长治久安的基础

（一）利益表达的内涵

利益是人类社会恒久的问题。人类社会从产生那一天开始，就伴随着人与人之间的矛盾与冲突。依据《布莱克维尔政治学百科全书》表述，“矛盾和冲突本身并不会彻底根除，冲突实际上会产生许多能使人

① 人民网：“乌坎转机”提示我们什么. http：//opinion. people. com. cn/GB/16677909. html.

类生活更有实际意义的东西，没有冲突社会就会呆滞，就会灭亡，关键在于社会必须对冲突进行适当调节，使冲突不以将会毁掉整个社会的暴力方式进行”。[①] 利益在本质上具有冲突性，这种冲突常常成为促进社会改革与发展的动力，但是，如果冲突的利益不能得到充分表达，就不能得到及时合理的调节，也就可能造成毁灭性的社会后果。

一些知名政治学者给出了利益表达的学理定义。例如，美国政治学家阿尔蒙德指出："当某个集团或个人提出一项政治要求时，政治过程就开始了。这种提出政治要求的过程称为利益表达。"[②] 在阿尔蒙德看来，利益表达就是人们为了使自己的利益和愿望得到满足和保护而提出和反映自己诉求的过程。利益表达是政治过程的起点，只有首先实现充分而有效的利益表达，利益整合才有基础，也才有意义，才能把各种利益要求转变成政府的政策选择。利益表达可能以组织为单位，如利益集团或政党；利益表达也可能是以个体的身份，如听证会的与会者、投票者、民意调查的受访者、集会游行示威者。利益表达机制能够影响到的政府，是广义的政府，包括影响行政（如咨询委员会影响政策制定），也包括影响议会（如选举议会成员）和影响司法（如利益团体通过各种理由向法院提出诉讼）。

国内学者王春福对利益表达进行了中国式的解读。他认为，利益表达"是指社会各阶层的人士，通过一定的渠道和方式向执政党、政府和社会各级组织表达自身的利益要求，以影响政治系统公共政策输出的过程"。[③] 据此，利益表达主体是"社会各阶层的人士"；利益表达的对象是"执政党、政府和社会各级组织"，其中政府应该是包括立法、行政、司法的大政府概念；利益表达的目标是"影响政治系统公共政策输出的过程"，即将利益通过表达、整合的过程转制为公共政策。

综上所述，由于存在于社会生活中的利益经常是个体化、碎片化并

---

① ［英］戴维·米勒．布莱克维尔政治学百科全书．中国问题研究所翻译．北京：中国政法大学出版社，1992：337.

② ［美］加布里埃尔·A. 阿尔蒙德．比较政治学：体系、过程和政策．曹沛霖等译．上海：上海译文出版社，1987：199.

③ 王春福．构建和谐社会与完善利益表达机制．中共中央党校学报，2006（3：19—24）.

互相冲突的，政治过程就始于人们的利益表达和提取；利益表达的标的是将利益诉求传递给执政党、政府和社会各级组织，最终成为公共政策输出。因而，利益表达机制是在公共政策的制定和实施过程中，多元利益主体通过一定的渠道或途径向公共政策制定主体表达自身的利益诉求并得到其关注的一整套制度和方式（如图 3－1 所示）。

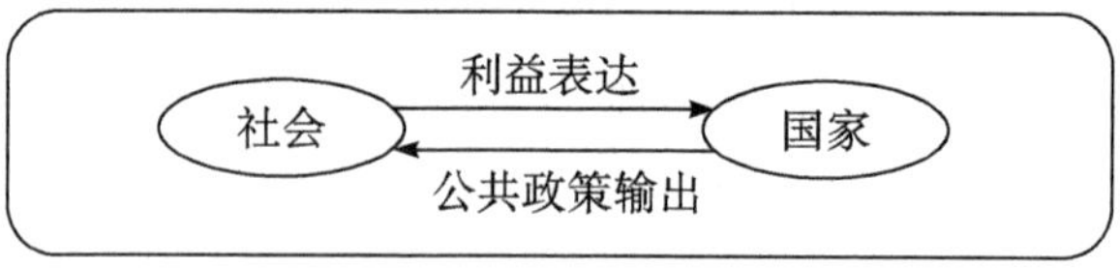

图 3－1　公共政策中的利益表达机制

资料来源：根据阿尔蒙德与王春福对利益表达的分析自制

（二）“信、达、雅”：有效利益表达的标准

所谓“有效”的利益表达，需要满足三个基本标准：信、达、雅。

“信”是指真实。利益表达不应是政治作秀，装装样子，喊喊口号；也不是某个领导人物的玩偶，想立就立，想废就废。有效的利益表达是需要以国家政治法律制度进行规范与确定的。

“达”是指通畅。有效的利益表达需要有正式的实现方式和途径，使得基层和弱势群体的利益和要求能够通过这些途径顺利地传达到公共权力机构及其工作人员那里。

“雅”是指优雅。有效的利益表达一定是人们有序地、理性地、合理地、平等地向公共权力机构及其工作人员表达意愿和利益诉求，力求解决社会问题。利益表达不应成为“暴民政治”而伤及无辜或少数的手段，更不能成为民粹主义情绪释放的工具。

（三）利益表达的作用

当今处于转型期的中国，建立有效的利益表达制度的意义非同寻常。

1. 利益表达制度是实现社会主义和谐社会的重要基石之一

时代特征决定了当今中国需要建立一套有效的利益表达及社会权利

维护机制。转型期的中国，虽然社会变革试图跟上经济体制改革飞快的脚步，但是仍表现出某些“不适应”：一方面，社会主义市场经济的建立带来了社会阶层分化，社会利益冲突渐趋明显；另一方面，利益表达的渠道以及话语权被强势利益集团与资源占有者掌握，而农民、城市贫困人群等社会底层向上表达利益诉求的空间不足、通道不畅。这种“不适应”的典型表现是，利益表达主体深感无力、无奈；弱势群体的利益表达的碎片化严重，组织程度低下，代表性缺失；遭遇利益冲突时，往往采用个体化、对抗性的极端方式显示利益诉求来维护权利等，这导致大量的比较激烈的冲突事件，也导致了维权与维稳之间的悖论。

在这样的情况下，我们党提出建设社会主义和谐社会理论，指出社会和谐是中国特色社会主义的本质属性，是在发展的基础上正确处理各种社会矛盾的历史过程和社会结果。社会主义市场经济体制下的和谐社会，正如胡锦涛所说：是一个利益“和而不同”的社会，既不同于我国历史上一些思想家所憧憬的“大同世界”，也不同于空想社会主义者所描绘的“乌托邦”，而是马克思主义关于社会和谐的思想同当代中国实际相结合的产物。[①] 在一个利益分化和利益主体多元化的社会中，一个好的制度往往不是表现为没有或很少出现矛盾与冲突，而是表现在它能够容纳多样性与矛盾，同时具有解决冲突与纠纷的能力。由此可见，和谐社会绝不是已经完全杜绝和消灭利益冲突的社会，相反，它是一个有能力解决利益矛盾和化解利益冲突，并由此实现利益关系趋于均衡的社会。保护公民权利这一终极目标的实现要靠一些制度与机制的确立与完善，而促使政府知晓公共利益的利益表达机制是其中重要的一环。为此，党的十六届五中全会通过的《中共中央关于构建社会主义和谐社会若干重大问题的决定》指出，要“适应我国社会结构和利益格局的发展变化，形成科学有效的利益协调机制、诉求表达机制、矛盾调处机制、权益保障机制”。构建完善的利益表达机制，使社会不同阶层和群体的

① 新华网：构建社会主义和谐社会的纲领性文件．吴邦国在十届全国人大常委会第二十二次会议上的讲话．http：//news. xinhuanet. com/politics/2006 - 10/20/content _ 5226193. htm.

利益诉求都得到充分表达和有效反映，从而促进各方面利益统筹协调，各种社会矛盾妥善处理，真正实现社会的公平正义，是构建社会主义和谐社会的重要基石。

2. 利益表达制度是创新社会管理的关键之点

目前我国的整体形势可以用三句话来概括：经济迅速发展，政治基本稳定，社会矛盾和社会冲突十分严重。因而社会管理被赋予重要的责任，成为实现我国可持续与包容性社会发展目标的基本手段。[①] 从本质上说，加强和创新社会管理的诉求背后揭示的关键问题，是社会利益表达与利益整合的问题。首先，加强和创新社会管理，意味着转型期的中国社会面对着棘手的社会问题，这些问题导致利益格局变化，引发利益冲突，对现有社会秩序与社会结构提出了挑战，要求党和政府做出有效回应，解决利益矛盾，化解利益冲突。其次，加强和创新社会管理，意味着传统的政府大包大揽、独步天下的社会管理格局已经无法适应快速变化且多元异质的社会环境，无益于复杂社会利益矛盾与冲突的有效解决。改革社会管理体制，完善利益表达机制，疏通与拓展利益表达渠道，强化政府的利益整合能力是必然的选择。再次，加强和创新社会管理，意味着在调整现存利益关系结构过程中，需要高度重视利益与资源归属分配的依据，即明确公共利益及其分配的标准，以体现改革的价值基础与精神皈依。

这是一个涉及社会各阶层利益分配格局的政治过程。其核心在于，将代表社会中个人或团体的利益、目标和愿望的那些要求转变成政治决策，然后通过政府机构贯彻和检验这些决策。政治过程包括两个层面：一是将民间的要求传入政府机构的政治输入过程，二是做出决策和执行决策的政治输出过程。如果社会中相当数量的利益群体无法通过有效的通道表达利益诉求，那么，政治决策与公共政策由于信息不完全而无法反映社会普遍的利益关系，从而必然导致社会利益格局的失衡。可见，公民的利益要求能否得到有效的表达是整个政治过程能否有序进行的关键。从我国的社会管理现状来看，理论界多将关注点集中于矛盾冲突爆

① 孙柏瑛．社会管理与政府能力建构．南京社会科学，2012（8：87—94）．

发之后的应急管理，而实践者则对于危机发生后的压制或阻滞与安抚疲于奔命，却往往忽视利益冲突演化为危害公共安全的重大事件之前的利益表达机制建设。社会管理应该是一条环环相扣的链条，链条的开端是旨在进行事前疏通的利益表达机制，而利益表达机制之后又引出社会管理过程中的利益协调与整合，或矛盾激化时的危机处理，最后是事后的利益补偿或惩罚。一个公认的逻辑是：预防永远大于补救。因此，从源头化解与协调利益矛盾与冲突，建立与完善有效的利益表达与反馈机制才是加强与创新社会管理的关键之点。

3. 利益表达制度是社会长治久安的立本基础

为了应对不断升级的社会利益矛盾和冲突，全国上下在维持社会稳定环节上投入了大量的人力、物力和财力。然而，其效果却并不十分乐观，各种各样的社会冲突和矛盾不仅没有得到有效遏制，相反继续呈现出不断升级的态势，从信访数量和上升的冲突事件可见一斑。造成这种态势的一个重要原因是政府工作目标落脚点的偏差。为了完成“维护稳定”这个政府政绩“一票否决”的政治指标，一些地方政府机构或人员采取了所谓的“消灭在萌芽状态”“严防死守”“花钱买平安”等措施，甚至不惜动用警力进行压制，这种做法不仅招致了更加严重的潜在的社会风险，还加剧了官民对立情绪，损耗了群众对政府的信任。值得一提的是，由于政府机构及其人员都忙于应对那些给稳定带来威胁的事件，必然会忽略对普通民众常态事务的解决。因此，在社会利益空前多元化、碎片化、冲突化与代表性缺失的情况下，普通民众为了使自己的问题能够迅速得到解决，只好把事闹大，只有“折腾”出一点能够威胁社会稳定的动静来，才使得问题得到及时迅速解决，这又助长了“刁民”情结，使得官民潜在的对抗及以激化手段解决问题的倾向更加严重。如果这种态势继续发展下去，不能调整维权与政府维稳手段之间的紧张关系，必将引发更大的社会矛盾与冲突。综观近年来发生的重大社会矛盾与冲突事件，不难发现，这些矛盾与冲突集中于经济与社会利益分配层面，集中于征地拆迁、城乡差距、收入差距、社保医疗、环境污染等民生领域，少有涉及政治与意识形态等的冲突。这说明利益问题已经成了激化矛盾并随时可以引发社会危机的最为严重的威胁。然而，掩盖与压制是解决不了问题的，作为社会公正和公共利益的维护者，政府必须建立起新型的利益表达与协调机制，及时疏通、调节和解决社会的各种利益矛盾，才能控制贫富差距，才能避免严重的利益分化，才能预防危害社会稳定的恶性事件发生。因此，有效的利益表达是防范与化解社会矛盾与冲突的安全阀与疏通器，是实现社会长治久安的基础。如图3－2所示。

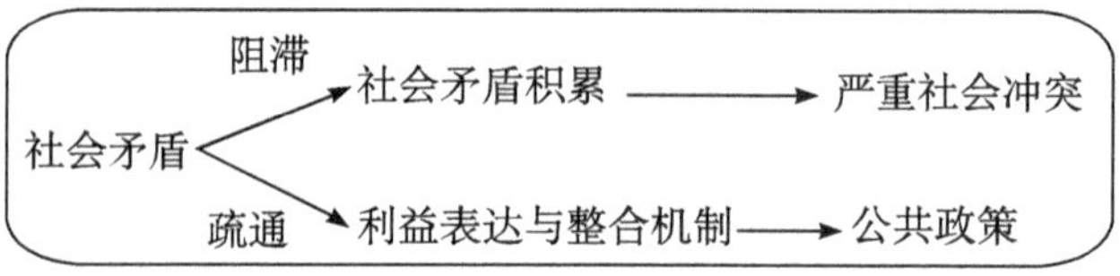

图 3－2　利益表达与整合机制作用图

二、利益表达制度的理论支撑

（一）人民主权学说

18 世纪以来，欧洲的启蒙思想家们围绕天赋人权和社会契约主题，对封建君主专制和宗教神权展开了酣畅淋漓的批判。一批杰出的思想家，如英国的霍布斯、洛克和法国的伏尔泰、卢梭和孟德斯鸠等，提出一整套的哲学理论、政治纲领和社会政治改革方案，要求建立一个以理性为基础的社会，其核心特征就是实现人民主权，即主权在民，国家的一切权力属于人民。洛克和卢梭的社会契约论均认为，人们订立契约建立国家的目的在于保护他们自身的利益和自由权利，这也是国家统治者最基本的职责所在。如果统治者不能够尽到自己的职责，甚至反过来侵犯人民的利益，那么，人民可以解除与统治者签订的契约，甚至推翻统治者的统治，重新推举统治者，订立契约，甚至建立新的国家。

人民的利益若要得到维护和实现，必然需要通过表达机制而使之外在化，使社会生活中的各种利益得到反映。表达权是将内在精神自由通过某种途径和方式传达于外部的权利。国家的一切权力属于人民，人民的利益若要发展和得到维护，必须保障人民在政府立法中的自由表达权，使社会生活中的各种利益得到反映。表达权的行使既是个人自我表达的途径，也是人民参政议政的重要手段，即通过表达活动，人民参与政策过程，以求实现权利。人民主权原则在现实中具体体现的程度与利益表达机制的完善程度是密切相关的。如果说人民主权是一种纯精神、价值上的形态，那么，利益表达机制则是一项具体的、看得见的制度。人民主权是利益表达机制的理论来源，现实的利益表达机制又保障人民主权原则由抽象变为具体，由学说转化为实践。

（二）法之本质思想

利益是客观存在的，而立法在本质上是一种利益分配行为。政府立法过程中最重要的信息就是民意。只有人民的意志和利益得以充分表达，政府在全面正确了解民意、掌握各种利益分歧的基础上立法，才能制定出符合民意、代表民意的法规和规章。政府的立法活动如果脱离了民众智慧，不仅对于公平正义等政府所追求的立法目标来讲是背道而驰的，而且，对于整个国家建制与政治过程来讲也充满了危险。

在一个政治经济社会结构发生巨大变化、社会关系与社会利益分配格局重新组合的时代，新的利益要求和愿望会形成多元社会利益群体。在我国，这些利益群体既包括原有的民主党派、人民团体，如工会、妇联、青联，也包括新产生的社会中介组织，如律师协会、消费者协会、个体工商协会、企业家协会等行业组织，还包括各种文化学术团体、基金会等各类社会组织。这种相对独立的利益群体的出现以及社会中存在的多元化的利益诉求对政治参与提出了新的要求。因而，参与立法的利益主体是多元的，立法过程必然是一个充满利益冲突而又协商、妥协的过程，从应然角度看，由此产生的法规、规章和法令是一个多元利益相互妥协的产物，亦即社会中的各种利益群体之间、利益群体与公共利益之间就各自利益的定位进行的持续不断的“谈判”过程。在这个博弈过程中，政府应为不同的利益主体提供发表意见的平台，使法案建立于充分讨论的基础之上，协调各种不同利益群体的需要，最终达成社会共识，以维护和促进有利于社会稳定的利益关系。

（三）政治系统与政治过程理论

20 世纪 60 年代产生于美国民权运动与“伟大社会”建设大背景下的政治系统与政治过程理论对利益表达、利益转换及公共政策形成给予了格外的关注，它将利益表达作为政治系统过程的初始装置及公共政策的必经阶段予以认定，暗示利益表达是政府政治过程的合法性来源。美国政治学家戴维·伊斯顿运用系统分析的方法提出了政治系统理论。这一理论认为，政治系统是一个开放的系统，它一定受到环境的影响，环境又是由社会大系统中除政治系统之外的各种状况和条件所构成的其他子系统组成，包括社会内部环境（生态系统、生物系统、个人系统、社会系统）和社会外部环境（国际政治系统、国际生态系统、国际社会系统），而公共政策是政治系统的产出，是对周围环境所做出的反应。在此基础上建立的政治系统模型如图 3－3 所示。

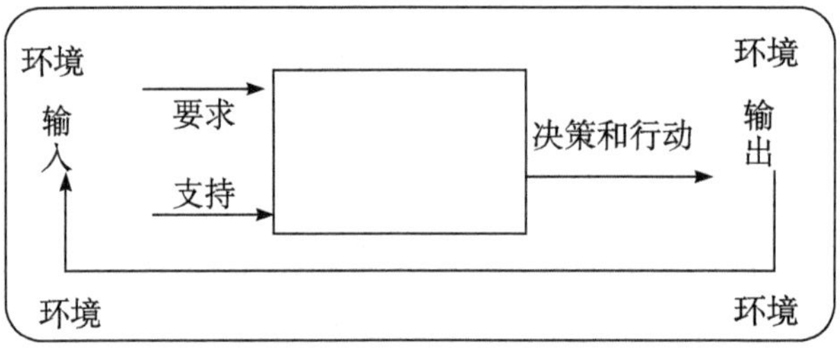

图 3－3　政治系统的简化系统

简而言之，公共政策的过程就是一种输入—转换—输出的系统过程。依据这一模型，输入是“集中并反映与政治压力相关的环境中的每件事”，两种主要的输入是要求和支持；利益并不直接等于要求或支持，但是与之关系甚密。首先，“就某事表达自己的利益与将要求输入政治系统并不是一回事。要想把利益变成要求，就必须提请当局采取与之相关的行动”。[①] 可见，利益表达需要某种“渠道”，才能转换成有效的要求，对政治系统进行输入；而所谓的“渠道”，即利益表达机制，政治

① ［美］戴维·伊斯顿．政治生活的系统分析．王浦幼译．北京：华夏出版社，1999：31、53.

系统通过这个“通道”得以感知和聚合不同的利益。其二，参加投票等表达对政治资源的支持的活动，是利益表达的重要内容；而如果这种支持下降到“作为门槛的最低水平”[①] 以下，则意味着利益表达形式与强度将达到恶劣的极端，以致政治系统崩溃。

阿尔蒙德在分析伊斯顿的政治系统理论的基础上，扩展了这种输入—输出理论，加入了政治过程的分析层次。他认为，“要求和支持的输入通过一个转换过程变成了权威性政策的输出”。这个过程包含四方面的功能，即利益表达、利益综合、政策制定与政策实施。在利益表达阶段，利益集团或个人提出改变某一政策或继续某一政策的要求。这样的要求常常同给予政治支持的许诺连在一起，因为利益集团总是以选票或财政资源来换取他们所希望的政策。[②]

综上所述，法的本质理论、人民主权学说、政治系统理论与政治过程理论，从学理的角度为实践中利益表达机制的构建提供了理论支撑。从政治合法性的逻辑看，国家建构之初，是人民让渡出自己的一部分自由建立国家以实现安全与秩序。在国家运行过程中，如果国家没有实现人民的利益与愿望，则人民有权推翻原有统治者与原有契约，建立新的国家。国家想要获得合法性，必须在立法过程中、公共政策制定与执行等政治过程中，体现并维护人民的利益，那么，建立有序而通畅的利益表达机制，则成为国家建构与运行之前提与根基。

三、利益表达渠道

利益表达渠道是指各利益表达主体向执政党、政府或者其他公共权力机构表达自身利益诉求的信息通道和途径。笔者根据“组织”与“结构”这两个维度将利益表达渠道进行分类，并且，每一个维度都简化为“有”“无”两个取值，见表 3－1。“组织”是对利益表达者自组织程度

① ［美］戴维·伊斯顿．政治生活的系统分析．王浦幼译．北京：华夏出版社，1999：31、53、265.

② ［美］加布里埃尔·A. 阿尔蒙德．比较政治学：体系、过程和政策．曹沛霖等译．上海：上海译文出版社，1987：16—17.

的描述。有组织表达是指依托于团体或组织进行利益表达。无组织表达是指依托于零散的个人的行动进行利益表达。“结构”是对利益表达者与政治系统关系的描述，是指特定的利益表达内容及方式在政治系统中是否有相应的输入结构予以接纳。“这个输入结构主要指正式、公开、制度化的程序和专门的机构。”[①] 如果政治系统中有这样实在的输入结构，这种利益表达渠道就是“有结构的”表达渠道，否则，就是“无结构的”表达渠道。下文将具体介绍中西方国家的利益表达渠道。

表 3-1　利益表达渠道的分类

组合模型　变量 变量		结构	
		有	无
组织	有	有组织、有结构	有组织、无结构
	无	无组织、有结构	无组织、无结构

资料来源：马敏、温健麟，转型时期公众利益表达的类型与有效性分析，甘肃理论学刊，2007年第5期

(一) 西方民主国家利益表达的主要渠道

概括来讲，西方民主国家的利益表达渠道可以分为“有组织、有结构”“有组织、无结构”“无组织、有结构”和“无组织、无结构”四类。见表 3-2。

表 3-2　西方民主国家的利益表达渠道

结构 组织	有结构	无结构
有组织	立法机构 政党 利益集团 咨询委员会	传统大众传媒
无组织	选举 全民公决 民意调查 公开听证	个人与政治上层人物联系 网络传媒 请愿、游行等 暴乱等极端行为。

资料来源：根据表 3-1“利益表达渠道的分类”自制

① 马敏、温健麟．转型时期公众利益表达的类型与有效性分析．甘肃理论学刊，2007（5：11—17）．

1. “有组织、有结构”

“有组织、有结构”的利益表达渠道是指依托于团体或组织进行利益表达，且在政治系统中存在相应的正式、公开、制度化的程序和专门的机构予以接纳。这些利益表达渠道中，利益表达可能是基于立法机构、政党、利益集团、咨询委员会等组织形式。

（1）基于立法机构（legislatures）的利益表达是典型的“有组织、有结构”的利益表达渠道。法的本质决定了立法必须真正体现人民的意志和愿望，只有建立在广泛的人民认同基础上的立法才具有正当性。公民诉诸立法机构进行利益表达的渠道在历史中表现出两种形态。一方面，立法中的直接利益表达是指公民直接参与立法的过程。历史中的形态是古希腊和古罗马的公民直接立法。但是，这种直接利益表达的方式，因其所固有的弊病，即只适用于小国寡民的社会，普通公民难以形成理性的立法意见，容易导致多数人的暴政等，使得它迅速地陨落了。由于代议制存在“委托代理问题”，即有可能因代表背弃人民给予的委托与信任而使选民的利益受到损害，因此，人民还不能完全放弃自己的立法权，还需要设置相应的制度来更为直接地反映人民的意愿和要求。在现代民主国家，公民参与立法是公民普遍和经常行使的一项政治权利，它是代议制民主的重要补充。另一方面，立法中的间接利益表达是指公民并不直接参与立法，而是通过代议机关来进行立法，间接表达民意的机制与过程。在代议制民主制下，间接的利益表达是立法程序民主的主要实现形式。

（2）政党（party）是西方国家公民进行“有组织、有结构”利益表达的又一条渠道。依据意大利学者萨托利在其著作《政党与政党体制》中所言，政党主要承担“代表性功能和表达功能”，而后者是该“强调的重点”，“政党首先且最主要的是表达的手段：它们是工具，是代理机构，通过表达人民的要求而代表他们。”[①] 政党承担着作为利益聚集机构的功能，它们选择、归类和综合不同的利益，将大量的具

① ［意］G. 萨托利. 政党与政党体制. 王明进译. 北京：商务印书馆，2006：56、57.

体要求转化为可管理的一揽子建议，交给政府。“它们像是社会与国家之间的过滤器，决定着哪些要求可以穿过滤网。”① 关于政党作为利益表达途径的作用方式将在“公开舆论表达”途径中的“选举”的部分进一步举例论述。

(3) 西方国家公民进行“有组织、有结构”的利益表达，很多时候是依托于利益集团（interest groups）。利益集团是指具有共同利益和目标的社会成员为了一定目的而结成的影响政府政策的有组织的集团。②在西方民主国家的政治实践中，各社会阶层或群体都有自己的“代言人”，即利益集团，它们在公民的利益表达及和政府的政治沟通方面发挥着巨大的作用。例如，西方发达国家中农业人口所占的比例非常低，但是他们具有高度的组织性，所以，在有关农业政策制定的过程中可以起到非常重要的作用。美国最早的利益集团是宗教，发展至今已经制度化、规范化，包含四大类：其一，经济类利益集团，包括工商利益集团、劳工集团、农业利益集团、专业人员利益集团；其二，寻求平等的政治和社会权利的利益集团，包括种族或民族团体、妇女团体；其三，寻求公共利益的利益集团，包括环境保护组织、纳德组织、“共同事业”组织；其四，寻求其他目的的利益集团，包括政府利益集团、单一问题集团、外国政府利益集团。③ 利益集团影响政府决策的主要策略包括：内部游说、影响选举、外部游说和法院诉讼。值得一提的是，游说活动是西方民主国家的利益集团与政府之间普遍建立的日常直接沟通渠道，是具有常规性与稳定性的表达渠道。利益集团对国会决策、行政决策和联邦法院都具有影响，即是说，在政治系统中存在立法机构、行政机构和司法机构这三种政府专门机构予以接纳。

(4) 咨询委员会（advisory committees）也是西方民主国家的“有组织、有结构”利益表达渠道。咨询委员会起源于英国。政府设立咨询委

---

① [美] 戴维·伊斯顿．政治生活的系统分析．王浦劬译．北京：华夏出版社，1999：268.

② 孙大雄．宪政体制下的第三种分权——利益集团对美国政府决策的影响．北京：中国社会科学出版社，2004：14.

③ 孙大雄．宪政体制下的第三种分权——利益集团对美国政府决策的影响．北京：中国社会科学出版社，2004：23—36.

员会（狭义的，非法定组织），是希望这些委员会能就特定范畴的事宜，持续向政府提供有关资料信息和专业的意见，或就政府制定政策的工作或所提供的服务提出意见。美国也广泛采用了咨询委员会的利益表达方式。它们在一系列广泛的重要议题上向政策制定者，即政府提供咨询意见。咨询委员会以客观科学研究的方式，在国家安全、经济、环境和公共卫生等公共政策领域发挥重要作用，例如，“1970 年乡村（The Countryside in 1970）”常务委员会建立了一个团队（Ad Hoc Group）就拒绝垃圾处理提供相关资料和专业的意见。此外，咨询委员会提供政策备选方案、问题界定和政策评估层次的咨询意见。

2. **“无组织、有结构”**

“无组织、有结构”的利益表达渠道是指：依托于零散的、个人的行动进行利益表达，且在政治系统中存在相应的正式、公开、制度化的程序和专门的机构予以接纳。在西方民主国家，这类渠道包括选举、全民公决、民意调查、公开听证等。

（1）选举（voting）是西方民主国家典型的“无组织、有结构”的利益表达渠道。某种程度上讲，公民通过定期的、自由的、公开的、竞争的投票选举委托民意代表来管理国家，是西方民主国家最重要的政治利益表达方式。选举作为间接利益表达渠道的作用强弱，取决于选任官员的范围、投票资格和投票率。[①] 值得一提的是，选举在政治领导人与选民之间建构出一种紧密的联系。以代议制国家英国为例。英国的议员采取多种方式加强与选民的联系，其中通信和通电话是最常用的。回选区接触选民则是更为直接的联系方式，一般情况下，议员们周五、周六会从威斯敏斯特议会回到选区，以接待选民来访、上门访问选民等。可以认为，“实践中，这种加强与代表性对象关系的民众工作已经经常化、定期化，带有明显的主动性、自觉性”。[②]

---

① ［英］罗德・黑格、马丁・哈洛普．比较政府与政治导论（第五版）．张小劲，丁韶彬，李姿姿译．北京：中国人民大学出版社，2006：211.

② 吴群芳，史金玲．审视与借鉴：发达国家的利益表达制度．湖北社会科学，2010（9：27—30）.

更值得一提的是，选举与政党是密不可分的。以 2012 年美国总统大选为例，可将选举与政党作为利益表达渠道的作用过程表现得淋漓尽致。2012 年，美国迎来了四年一届的总统大选。共和党提名威拉德·米特·罗姆尼作为第五十七任总统候选人，而民主党继续提名贝拉克·奥巴马作为总统候选人。这两位总统候选人通过张贴海报、网站宣传、电视辩论等形式将各自代表政党的执政理念、施政纲领传递给美国人民。美国人民借此形成偏好，并在选举中投票支持最大化代表了其利益的政党候选人。最终，美国人民的偏好意见汇集成继续由奥巴马担任美国总统的集体决定。这也意味着，在接下来的四年内，民主党将作为执政党，选择、归类和综合不同的利益，把美国人民的具体的、大量的利益要求转化为可管理的一揽子建议。

（2）全民公决（referendum）也是西方民主国家历史上出现过的一种“无组织、有结构”的利益表达渠道。全民公决是由全体选民就某一公共政策问题如修订宪法等举行的投票活动。从 1900 年到 1993 年曾有过 728 次全国性的全民公决，其中 65%是在 20 世纪 60 年代以后举行的，其主题大体可以归纳为三种类型：其一，宪法问题，如意大利和新西兰变革选举制度；其二，领土问题，如加入某一联邦或授予下属省份以更多自治的决定；其三，道德问题，如禁酒、离婚、堕胎。20 世纪 90 年代重大的全民公决包括：1992 年南非全民公决，白人少数派在这次公决中投票决定放弃种族隔离制度；1999 年东帝汶全民公决，当时人民倾巢出动投票支持脱离印度尼西亚而独立。全民公决的主要好处是提供了一种双重安全阀。首先，全民公决允许政府在其由于某些原因而对某一问题无法做出决定的时候将这一问题交给人民。其次，当一项创议和罢免得到许可时，心怀不满的公民可以利用这些工具提出问题和批评。①

（3）民意调查（polls）是西方民主国家最近非常流行的利益表达渠道，而且这种渠道也属于“无组织、有结构”的类型。民意反映了

① ［英］罗德·黑格、马丁·哈洛普．比较政府与政治导论（第五版）．张小劲，丁韶彬，李姿姿译．北京：中国人民大学出版社，2006：228.

公民对政府的期待、对政府政策的评价、对政府行为和绩效的评估，因此，在西方民主国家，民意调查是促进和提高政府责任能力的基础。所谓民意调查，是运用访问、问卷调查等形式，获取或了解民众的意见和建议。具体介绍请参见“专栏3－1：西方民主国家的民意调查”。

专栏3－1

西方民主国家的民意调查

国外民意调查的历史发展

民意调查始称模拟投票，是“政客和记者向来都想尝试预测谁能赢得选举”的需要。依据不同年代民意调查的变化特征，可以将其划分为五个阶段。第一个阶段：1936年以前被称为早期民意调查，主要内容是对选举进行模拟投票或称假投票，方式和方法都比较简单。第二个阶段：1936年被称为民意调查的“定型时期”，指通过1936年的选情预测和实际大选后，“大家几乎是立刻认可了科学民调方法”。第三个阶段：1936年以后的十年被称为专业的民意调查“快速成长”期，即采用科学化方法进行的民意调查，不仅被重视，更被广泛地运用。第四个阶段：1948年由于民意调查方式的失误而开始改变，即1948年美国总统大选中民意调查失败地预测了杜威获胜而事实是杜鲁门获胜。第五个阶段：1948年以来的民意调查，执行方法有了“重大改变”，即基于更加科学的方式和方法的运用，例如：规范的抽样方法、比较合理代表性的样本，调查在接近选举前结束；采用电话访问方式的民意调查；采用电脑分析资料；电脑辅助电话访问。

国外民意调查的组织机构

民意调查的组织机构大致包括两类：民意调查机构和民意调查研究协会。前者是指专门从事民意调查业务的各类组织，包括私人民意调查公司、大众传媒的民意调查部门、政府的民意调查机构和大学中的学术性民意调查机构等几种类型。民意调查研究协会则主要是把从事民意调查业务的专家、政府官员等组织起来，共同探讨和研究民意调查这门科学的学术团体，它们一般不直接进行民意调查，而是为民意学者提供交流的机会和平台。

国外政府对民意调查的需求

政治民调包括竞选活动民调，对政府评价的调查，民众对国内、国际事务的看法和态度的调查，以及公共政策调查。

政府运用民意调查的目的有三个：收集信息、控制民意与寻求民众的支持。一般来说，在下列情况下把民意调查引入政府决策是一种比较好的选择：政府决策者对于该问题民众所持有的观点或意见不能确定；针对该问题的政策选择被明确界定了，因为只有这样，决策层才能比较清楚要选择什么问题来询问群众意见；围绕该问题存在由多个有组织或无组织的团体构成的复杂民众，这是因为随机抽样使得民意调查可以涵盖民众中的所有部分。

资料来源：林竹：《国外民意调查与政府决策》，天津：天津社会科学院出版社2006年版，第2页、第11—18页、第32页、第151页。经笔者整理，有所改动

（4）公开听证（public hearing）作为“无组织、有结构”的利益表达渠道，已经在众多西方民主国家的政治生活中具体实施。它的意思是，政府在涉及公共利益和公民利益的政策、规划和决策上，邀请有关方面的专家、民意代表或一般公民，进行公开的探讨和论证，以广泛听取社会公众和利益群体的意见。公开听证在立法和行政两个领域越来越受到各利益集团和普通民众的关注。听证制度不仅为公民提供了一个了解行政政策、参与行政决策的平台，更在政府与公民之间建立起了一种可以进行相互对话与沟通的合理、合法的渠道。以社区听证会为例。社区听证会最重要的议题是讨论社区预算。在美国纽约市，社区委员会每年至少要召开两次关于社区预算的听证会。时间是每年9—10月，社区民众可以针对社区某方面的特殊需求，要求增加某项目的经费支出。听证会后由社区委员会向市政府递交预算报告。来年的1—2月，社区民众还有机会向市政府反馈对社区预算草案的意见，此次听证是在社区委

员会向市政府递交《关于预算草案的报告》的基础上进行的。[①] 此外，社区听证会上还常涉及医疗保障、环境保护等政策议题。

3. “有组织、无结构”

“有组织、无结构”的利益表达渠道是指依托于团体或组织进行利益表达，但是在政治系统中没有相应的正式、公开、制度化的程序和专门的机构予以接纳。在西方民主国家，典型的“有组织、无结构”型的利益表达渠道即传统的公共舆论（mass media）的利益表达。传统的报纸、电视等大众传媒作为社会信息系统，最为重要的功能之一是要建立通畅的信息传输通道，有效地汇集民意、表达民情。大众传媒作为利益表达的渠道，主要有两种方式，即议程设置与新闻舆论监督。首先，议程设置是大众传媒非常重要的一项功能，“媒介的议程设置功能就是指媒介的这样一种能力：通过反复播出某类新闻报道，强化该话题在公众心目中的重要程度”。其次，大众传媒与民意的结合会对政府决策产生有效的监督。新闻舆论监督主要是指“社会公众通过新闻媒介对社会公共事务和公共权力中出现的偏差行为发表意见，形成批评性舆论，从而对国家、社会的管理机关及其工作人员的思想和行为产生矫正、制约作用”。[②]

4. “无组织、无结构”

此外，西方民主国家的民众经常采用的利益表达渠道中，还包括了许多种“无组织、无结构”的类型，即依托于零散的个人的行动进行，而且在政治系统中没有任何正式、公开、制度化的程序和专门的机构予以接纳的利益表达渠道。例如，个人与政治上层人物联系，通过网络工具，如facebook、twitter、blog等发表意见，投书、请愿、示威、游行、演讲、传单等，以及暴乱、政治恐怖和暗杀等极端的破坏性利益表达渠道。

---

① 谢芳．西方社区公民参与——以美国社区听证为例．北京：中国社会出版社，2009：162.
② 林竹．国外民意调查与政府决策．天津：天津社会科学院出版社，2006：122、124.

（二）西方民主国家利益表达机制的特征及其局限性

1. 特征

西方民主国家利益表达渠道形式多样，使用频繁，而且具有以下两个明显特征。一是以健全的立法为前提。“法治”是西方民主国家十分重视的治国原则。在政治实践中，西方民主国家一般都已经建立了关于利益表达的法律，对公民信息知情权的保障、表达权利的保障、公民利益表达的组织形式、准则和程序等方面都进行了明确的规定，借此为公民利益表达提供根本的制度保障。以北欧国家瑞典为例。瑞典高度重视言论、出版和信息自由，是世界上第一个建立信息公开法律制度的国家，即由宪法性法律《政府宪章》《出版自由法》《表达自由法》和《保密法》构成的信息公开法律体系保证了公民对政府信息的知情权及其在此基础上的利益表达自由权。二是以利益集团组织化表达为基础。在西方民主国家，为解决利益多元化的问题，在政治文化上认同多元主义（以美国为典型），认为不同利益集团之间的博弈和妥协是民主政治达到均衡和公共政策发展的基础；或者，在政治文化上认同统和主义（以西欧国家为典型），认为在不同领域存在支配性的利益集团集中反映公民的利益以达到政治的均衡与公共政策的发展。最终，这两种政治文化都培育出同一个政府行为，即鼓励和支持各利益主体组成的不同利益集团，政府为利益集团的利益表达活动提供制度化渠道。

2. 局限性

西方民主国家的利益表达渠道，也存在一些不尽如人意的地方。首先，政党在公民心目中的权威下降。从理论上来讲，政党应该是一种间接的代议民主形式，即政党应该代表公民的利益，成为公民的政治代理人，为人民服务。但是，由于政党领导权由少数领袖、党魁把持，政党日益脱离民众，变成职业政客玩弄权术与飞黄腾达的工具，导致公民开始不屑于通过政党来表达利益诉求。这样，政党就无法真正起到表达与实现公民的利益诉求的作用。其次，游行、罢工、暴乱等利益表达方式可能造成对和平时期经济与社会发展的损害。西方民主国家经过数百年的资本主义发展，工人利益表达的经验丰富。罢工、暴乱等是在资本主义发展早期曾被屡次使用并且效果卓著的利益表达渠道，如法国早期工人运动中的里昂工人起义、巴黎公社起义等都是运用暴力的方式进行利益表达。但是，罢工、暴乱等利益表达方式也许在当代并不能更好地解决问题，而且会造成经济发展的停滞与社会秩序的失衡。例如，英国伦敦地铁司机因不满长期存在的假期加班费争议，连续三年在圣诞节大减价的第一天举行罢工，但是问题依然没有得到解决，反而使得伦敦市民与外来游客的出行、购物与游玩都变得十分不方便。

（三）我国现有利益表达的主要渠道

基于我国特有的历史背景与政治制度，我国的利益表达渠道与西方民主国家稍有不同。概括来讲，中国的利益表达渠道也可以分为“有组织、有结构”“有组织、无结构”“无组织、有结构”和“无组织、无结构”四类，见表3-3。

表3-3　中国的利益表达渠道

结构 组织	有结构	无结构
有组织	人民代表大会 政治协商会议 中国共产党 “自上而下”型社团组织 咨询委员会	民间社团 传统大众传媒
无组织	信访 基层自治选举 民意调查 公开听证	个人与政治上层人物联系 网络传媒 “散步” 暴乱等极端行为

资料来源：根据表3-1“利益表达渠道的分类”自制

1.“有组织、有结构”

在中国，符合“依托于团体或组织进行利益表达，且在政治系统中存在相应的正式、公开、制度化的程序和专门的机构予以接纳”这个“有组织、有结构”标准的利益表达渠道包括：通过人民代表大会、中国共产党与各民主党派、“自上而下”型社团组织和咨询委员会进行利益表达等渠道。

首先，人民代表大会制度是我国体制内的利益表达机制的最核心渠道。人民通过选举全国人大代表和地方各级人大代表，由其代表选民意志表达利益诉求、参政议政。每年召开的各级人民代表大会是反映和表达社情民意的重要平台。政治决策者或政府部门被要求要听取、吸收代表们的意见。对应于西方民主国家诉诸立法机构进行利益表达，在我国，主要是人大代表或者人大常委会组成人员代表选民参与立法，从而表达选民的利益。

其次，依据中国的现实国情来判断，中国共产党与各民主党派也是“有组织、有结构”及“体制内的”利益表达渠道。中国共产党是中国的执政党，它一贯坚持的“立党为公、执政为民”的执政理念及“从群众中来，到群众中去”的群众路线方针，以及其自身的广泛代表性，使其在利益表达和综合中具有得天独厚的优势。各民主党派没有政治决策权，它们通过履行政治协商、民主监督、参政议政等职能，基于政治协商会议的运作机制与政治决策中枢发生制度性联系，从而将社会利益诉求输入政治体系。

再次“自上而下型”的社团组织是“有组织、有结构”的表达渠道。是指新中国成立以来形成的、行政色彩较浓的社团组织，包括工会、共青团、妇联、学联、残联、文联、工商联、侨联、作协、科协等。它们有一个共同点，就是按照行政级别建立自上而下的各级组织，形成全国性网络结构。这类社团与党和政府在目标上建立了高度的共识，主要从党政系统获得权力资源和经济资源，在担负协助执行党和国家的各项政策、命令的使命的同时，担负了解、收集和反映民意的使命。此外，改革开放后通过体制内途径生成的行业协会和法律授权产生的职业协会也属于这一类型。它们都有对口的业务主管单位，保证其与政治系统有直接的沟通渠道。

最后，咨询委员会制度在中国内地与香港特别行政区都进行了实践，它也是中国的“有组织、有结构”的利益表达渠道。在中国内地，典型案例是2006年中国卫生部成立国家突发公共卫生事件专家咨询委员会。

案例3-1

2006年中国卫生部成立国家突发公共卫生事件专家咨询委员会

新华网北京1月23日电（记者 李星）为加强国家突发公共卫生事件应急机制建设，充分发挥专家在卫生应急工作中的咨询建议、技术指导等作用，有效应对突发公共卫生事件，中国卫生部23日宣布成立国家突发公共卫生事件专家咨询委员会。

据卫生部新闻办公室介绍，专家咨询委员会共计105人，下设6个专业组计95人。其中，传染病防控组19人、中毒处置组17人、医疗救治组20人、核和放射处置组10人、预测预警组11人、综合组18人。

卫生部有关人士表示，国家突发公共卫生事件专家咨询委员会主要职责包括对确定突发公共卫生事件相应的级别及采取的重要措施提出建议，对突发公共卫生事件应急准备提出咨询建议，参与制订、修订突发公共卫生事件应急预案和技术方案，对突发公共卫生事件应急处理进行技术指导。

此外，专家咨询委员会还将对突发公共卫生事件应急反应的终止、后期评估提出咨询意见，并承担突发公共卫生事件应急指挥机构和日常管理机构交办的其他工作。

资料来源：新华网，国家突发公共卫生事件专家咨询委员会在京成立，http://news.xinhuanet.com/politics/2006-01/23/content_4090514.htm

政府成立咨询委员会，让渡一部分决策权，目的在于通过咨询委员会吸纳专家代表的观点，为制定科学的决策服务。吸收外界人员参加咨询委员会，可以加强政府与公民的联系，改善行政机关和外界的关系；可以扩大行政机关作出合理决定的范围，提高政府的公信力；可以利用外部专家的知识，使政府决策更加科学化。

2. “无组织、有结构”

在中国，“依托于零散的个人的行动进行利益表达，且在政治系统中存在相应的正式、公开、制度化的程序和专门的机构予以接纳”，这样的“无组织、有结构”的利益表达渠道首先是指信访制度，并且包括了基层自治选举、民意调查、公开听证等其他渠道。

首先，依《信访条例》而设立的信访制度是我国在现阶段政治体制下的一种特有的利益表达渠道。说它是典型的“无组织、有结构”的利益表达渠道，是因为它是指个人或少数人所进行的个体化表达，而且政治系统存在相应的接收机制——从乡镇基层到中央的党政系统都设立了各层级的信访机构。信访，是指公民、法人或者其他组织采用书信、电子邮件、传真、电话、走访等形式，向各级人民政府、县级以上人民政府工作部门反映情况，提出建议、意见或者投诉请求，依法由有关行政机关处理的活动。信访是一种比较直接的利益表达形式。但是，由于信访的有关信息一般要经过信访办公室工作人员的筛选，然后递交给有关领导、有关机关，所以从这个意义上来讲，也是一种间接的利益表达方式。这种特意设计的信访制度，作为一种救济的补充，以弥补因体制性的不成熟而引发的救济渠道的堵塞。[①] 然而，在现实中，信访作为民众尤其是底层民众一种利益表达的方式，不仅被广泛接受，而且成了其利益表达行动的首选方式。实践证明，通过信访，一方面，可以增加民众与政府机构的互动机会，使民众的诉求可以及时得到表达；另一方面，政府机构也需要通过这种方式来收取必要的信息，或增加政府机构间的互动，或强化政府机构间的监督，从而获取治理的合法性资源。但是，值得注意的是，由于信访的实际过程往往牵涉诸多不可控制的因素，尤其是“集体上访”“越级上访”等具有对抗性的信访方式的出现，使信访有可能带来不确定的结果。与之类似的，如市长热线、书记信箱、官员接待日制度、官方设立的电话投诉、网站投诉栏目等也属于这类“无

---

① 尹利民．作为利益表达的信访之行动逻辑——一个解释框架及其应用．南昌大学学报，2009（1：22—26）．

组织、有结构”的利益表达渠道。

其次，党和政府进行民意调查也是在中国非常重要的“无组织、有结构”的利益表达渠道。20世纪20年代中国已经开始民意调查，但始终未能发展出规范的、专门的民意调查机构。改革开放以后，中国民意调查才繁荣发展起来。2004年初，国家统计局召开专题会议，要求各省市统计部门尽快建立“计算机辅助电话调查系统”（CATI），积极开展社情民意调查。目前北京、上海、广州、河南、陕西、山东、湖北、福建、广西等地均已建立CATI民意调查系统。①

再次，一些民间的民意调查机构如零点公司也得到了合法注册，协助政府进行民意调查。这里有必要提一下基层自治中的主要形式——选举，也属于“无组织、有结构”的利益表达渠道。例如，开篇案例中乌坎村村民自己选举的“乌坎村村民临时代表理事会”，负责示威等活动的组织事宜，也完成了组织化地向政府表达村民利益的使命。在此不再赘述。

最后，包括立法听证与价格听证在内的公开听证是中国新型的“无组织、有结构”的利益表达渠道。在实际运作中，听证会主要由政府部门决定听证事项，参与者的范围、身份、人数等以及在会上表达的内容也被预先规定。这样，听证会类似于新闻发布会，其被组织程度很高。

3. “有组织、无结构”

这一类型主要指具有相同或相近利益需求的人群通过结成组织，向政治系统进行集体表达，但在政治系统中却没有对应的机构来接收。在转型期的中国，最典型的“有组织、无结构”利益表达是由没有党政背景、由公民自主自愿成立的民间社团（NGO）向政治系统进行的利益表达。这些民间社团组织根据自身的利益需要而成立，与体制保持有一定的距离，一般难以得到政策支持或获得公共资源，主要作为草根性组织与特定群体保持联系。例如，打工者的维权组织、私营企业主们组织的行业商会、某些公益性组织等。民间社团组织的自组织程度高，利益整

① 孙柏瑛：《地方治理中的公民参与》（2004年国家社科基金年度项目终稿）。

合能力强，属于“有组织”的表达，能对政治系统形成一定压力，但体制内尚无专门吸纳来自它们的利益诉求的结构和程序。此外，通过传统的大众传媒进行利益表达也属此类。

4. “无组织、无结构”

在中国，近年来也常出现“无组织、无结构”利益表达的案例，即依托于零散的个人的行动进行利益表达，而政府中没有设计专门机构吸纳这些利益诉求。与西方民主国家类似，中国存在个人与政治上层人物联系的利益表达渠道，但是，在中国转型时期这种私人接触往往转换成行贿受贿的不正当渠道；中国存在通过网络工具进行利益表达的渠道，各大论坛、博客、微博等社交网络以前所未有的规模与速度传递着利益信息，对政府行为进行监督；中国也存在暴乱等极端的破坏性利益表达渠道。

（四）我国利益表达制度的特征及其局限性

1. 特征

以党的领导为核心是我国利益表达制度的首要特征。坚持中国共产党的领导是我国的立国之本，党及其领导下的政府在整个利益表达制度中同时扮演组织者和管理者的角色。如前所述，西方民主国家的利益表达机制以利益集团组织化表达为基础。与之形成对比的是，在我国有官方背景的社会团体，如政协、妇联和行业协会等，以它们为渠道所输送的利益大都要经过党的利益汇聚和挑选才能进入政治决策中枢；同时，无官方背景的社会组织目前还不发达、不完善、不成熟。在这样的情况下，党及其领导下的政府到目前为止似乎是唯一能够解决民众需要、满足民众利益诉求的组织。从某种程度上讲，中国的利益表达制度仍显示出社会对党、对政府的严重依赖，尽管这与计划经济时代的那种依赖有所不同。此外，说到中国的利益表达制度的特征，特别是考虑到广大劳动者的利益表达的时候，就不得不提到十分具有中国特色的单位制度。在新中国成立之后，继承了革命年代整合与动员特征的单位制度在全国范围内建立起来。它融合了政治领导、经济生产、社会生活等多方面的功能，每一个单位都是一个小社会。单位曾一度在管理和控制社会成员方面占据了优势和主导地位，同时意味着，单位曾一度作为组织成员进行利益表达的重要渠道。然而，随着社会转型，我国单位体制日趋松散，甚至瓦解，大量在离开“单位”进入“社区”“两新组织”。但由于这些个体和群体的利益表达无法纳入现有的政策渠道，故此，利益呈现碎片化和个体冲突行为，缺乏有效的表达渠道和整合方式。

2. 局限性

首先，我国利益表达制度的最大的局限性是党和政府负担过重。由于党和政府处在利益表达制度的中心，如果对社会管理过度、控制过强，那么，民众一旦有哪里不满意，自然就会将这种不满意的情绪指向政府，而且将政府作为他们的首选甚至唯一的发泄目标。这种不满甚至会导致他们冲击政府、有组织暴乱等恶性行为。其次，公民对利益表达渠道的选择很大程度上受制于其在社会结构中所处的地位。社会各界精英有多种利益表达渠道可选。他们可以担任人大代表或政协委员职务，来同政治决策者或相关政府机构直接对话反映其利益需求，有些甚至可以利用手中掌握的社会资源采取不正当的手段谋得更多的利益表达机会，如通过金钱等物质因素贿赂政府公职人员以期实现利益需求等。这些强势群体在利益表达过程中的不正当竞争行为加剧了正常利益表达渠道的扭曲，加上民间社团（NGO）发展缓慢、弱势群体自身素质问题等，都造成了弱势群体对利益表达渠道的选择的有限性。

四、利益转换与整合机制

（一）利益转换与整合机制的动力

转型期的中国，经济体制与政治体制都带有清晰的中国特性。就政治体制而言，一方面，国家不断通过立法的努力来保障公民享有制度性的权利和义务；另一方面，由于社会力量的发育较晚，尚不足以形成与政府博弈的力量。换句话讲，国家与社会关系结构中，国家仍处于主导地位，社会较少存在有效控制政府的能力。在这样的情况下，中国的利益转换与整合机制的动力，是来源于体制内的吸纳而非社会“外输入”。中国最主要的利益表达制度，是以人民代表大会制度为核心，同时包括了政党制度、政治协商会议制度、信访制度等在内的“有结构”的利益表达体系。党的“代表最广大人民的根本利益”的指导思想，人民代表大会制度和政协会议制度的设计都旨在覆盖最大范围的利益主体，吸纳精英阶层；同时，通过信访制度来反馈政策运行中的问题，保护弱势群体的利益。如果说西方民主国家的政策过程是起始于政府系统外部，由一定利益集团的压力推动的“外输入”的模式，那么，可以非常明显地看出，中国的政策过程是起始于政府系统内部，由权力精英通过调查和研究而将他们所认定的社会最广大人民的政治要求输入到公共政策当中去。换句话讲，“当代中国的政府过程主要不是以群众性的利益表达和综合作为动力，而是以党政官员走群众路线的方式来综合民意为基础。这是当代中国利益表达、利益综合和政策制定的一个特点”。①

（二）利益转换与整合机制的效果

理论上来讲，由体制内的吸纳作为动力的利益转换与整合机制，由于不存在被“外输入”“俘获”的可能，所以应该是一套能帮助政府有效地掌控社会动向的机制。但是，就中国实际情况来看，这套机制在汇聚民意与给予反馈方面并不是那么令民众满意。

从全国人民代表大会制度说起。暂不提人民代表大会制度因其人大代表选举程序、人大代表的素质、人大代表兼职等方面的不完善，常被诟病为无法真正代表人民利益。既然人民代表大会的最主要职能是立法，那么，让我们来考察一下它将民意转换与整合成法律的程度或效果如何。为此，笔者绘制了十一届全国人大代表提案处理情况表（见表 3－4）。

---

① 杨龙，王达梅．中国独特的利益表达和利益综合机制：现状、问题与改革．广东外语外贸大学学报，2009（4：9—13）．

从表 3-4 中可以看出，代表提案能进入正式立法程序的比例比较低，而能作为重要议题由人大常委会审议的比例则更低。立案并不意味着是对政治系统的有效输入。而且，即使提案进入立法计划，它与法律形成或政策输出仍有一定距离。例如，一些立法计划可能因各种原因而被延置。可见，人大代表的意见被政治系统接收吸纳的实际情况并不乐观。虽然表 3-4 无法反映出民意的内容，但是，表 3-4 已经在一定程度上反映了人民代表大会将民意转换与整合成法律的程度并不高，人民代表大会转换与整合民意的作用有待加强。

表 3-4　十一届全国人大代表提案处理情况表

会议次数	立案（件）	提交常委会审议的议案（件）	常委会审议通过的议案（件）	进入立法计划的议案（件）	立法计划占立案的百分比*
一次	462	26	8	126	27.27
二次	518	13	6	249	48.07
三次	506	71	7	144	28.46
四次	566	15	6	84	14.84

资料来源：新华网，全国人民代表大会常务委员会工作报告（2009，吴邦国），http：//news.xinhuanet.com/misc/2009-03/16/content_11019386_3.htm；人民网，全国人民代表大会常务委员会工作报告（2010，吴邦国），http：//2010lianghui.people.com.cn/GB/181632/11163518.html；新华网，全国人民代表大会常务委员会工作报告（2011，吴邦国），http：//news.xinhuanet.com/politics/2011lh/2011-03/18/c_121203794_5.htm；新华网，全国人民代表大会常务委员会工作报告（2012，吴邦国），http：//news.xinhuanet.com/politics/2012lh/2012-03/18/c_111669250_3.htm

* 由笔者计算而得

此外，信访制度因国家信访工作人员工作方式有误，信访制度上端接受信息的容量有限等，有时不仅不能有效汇集民意、疏通矛盾、解决问题，反而诱发越级上访等扰乱社会正常秩序的行为，甚至会导致如“乌坎事件”一样极端恶劣的官民冲突与群体性事件；一些听证会也经常变相成为政治作秀而并非旨在汇集民意。总之，中国公共政策与立法的过程中，利益转换与整合机制的运转不活跃，并且有时存在明显的失效。

（三）社会“外输入”动力的作用

尽管中国利益转换与整合机制的动力来自于体制内党政官员的“群

众路线”，但是，近年来，自下而上的利益表达也频繁被中国共产党识别并成功转换成公共政策。厦门“PX事件”是公民自下而上表达利益并成功影响政府公共政策的典型案例。

案例3-2

社会“外输入”的成功案例——厦门“PX事件”

厦门“PX事件”带来了在网络等新媒体支撑下的“散步”这种利益表达方式在中国的走红。所谓厦门“PX事件”，是一个发生于中国南方的美丽城市厦门，某环境污染项目建设遭到附近群众“散步”以示反对的故事。该环境污染项目的建设，程序上讲通过了国家出台公共政策的例行程序，唯独缺少了决策中的公民参与，致使拟选定建设地址附近的居民认为损害了其健康生存的利益。厦门市民诉诸了立法的途径（人大代表拟提议案）、个人与政治上层人物联系等诸多形式，在均无结果的情况下，仍保持了理性，采取了“散步”的利益表达方式。他们通过短信、网络等自发组织起来，约定在2007年的6月1日与2日走上街头“散步”，“反对PX，保卫厦门”。他们的利益表达引起了相关政府部门的重视。政府部门最终重新对该项目进行了评估与选址。于是，公民通过自下而上的“散步”进行利益表达，成功地使共产党与政府识别了这个政策问题，并形成了新的政策方案。换句话讲，在这个案例中，政府识别并整合了公众通过自下而上的方式而表达的利益诉求，并将之转换成了公共政策。

资料来源：笔者收集整理

此外，近年来，随着网络在中国的发展，自下而上的社会“外输入”型利益表达取得了越来越多的成功，如“华南虎事件”“周久耕天价香烟”等网络反腐事件、PM2.5环境监测标准的制定等。这就意味着，在越来越多的领域中，中国政府能够识别并整合来自基层民众的利益诉求，并将之反映在公共政策的制定中。

综上所述，社会管理得好不好，关键不在于社会中是否存在利益矛盾与冲突，而在于是否有一套运行良好的利益表达和利益整合机制，来协调和化解社会矛盾和冲突。我国现有的利益表达渠道的突出特征是以党的领导为核心，利益转换与整合机制的动力来源于体制内的吸纳。这种自上而下的利益吸纳机制正在尝试改变，证据就是近年来通过微博问政等自下而上的方式表达的利益频繁地被政策制定者识别并转换成公共政策。当前的形势要求我们构建一个有广泛公民参与的、多向维度的利益表达机制。党和政府在价值评估与排序中也应该加强对弱势群体的人文关怀，在工作原则上加强法治，在社会管理工作中有效运用各种不同的利益转换与整合机制。

第四讲

社会服务机制

- ⊙做好社会服务就是做好社会管理
- ⊙当前社会服务领域存在的问题
- ⊙我国社会服务机制的发展方向
- ⊙我国社会服务供给方式及其变革

大道之行也，天下为公，选贤与能，讲信修睦。故人不独亲其亲，不独子其子，使老有所终，壮有所用，幼有所长，矜、寡、孤、独、废疾者皆有所养。

——（春秋）孔子：《礼记·礼运》

老吾老，以及人之老；幼吾幼，以及人之幼。

——（春秋）孟子：《孟子·梁惠王上》

社会管理，说到底是对人的管理和服务，涉及广大人民群众切身利益，必须始终坚持以人为本、执政为民，切实贯彻党的全心全意为人民服务的根本宗旨，不断实现好、维护好、发展好最广大人民根本利益。

——新华网：《扎扎实实提高社会管理科学化水平—胡锦涛同志在中央党校省部级主要领导干部社会管理及其创新专题研讨班开班式上的讲话》

社会管理的过程，就是创造社会服务的过程。寓服务于管理之中，将服务贯穿于管理过程，是创新社会管理的重要内容之一和重要途径之一。

——真言：中国共产党新闻网：《管理就是服务》

北京创新养老服务体系
“九养政策”传递别样亲情

“自己觉得差点就要过去了，没想到，最后还是居家养老帮了我。”时至今日，家住开阳里社区的81岁老人安宙逢人便夸政府配备的“小帮手”电子服务器帮了他的大忙。这种电子服务器只要按下紧急键，信息便可迅速传递给急救中心、亲属子女等终端。

目前，在北京有许多高龄老人享受着这种“贵宾式”服务。这些为老年人提供的便利，源自北京市出台的居家养老服务“九养政策”。

据了解，“九养”音同“久仰”，朗朗上口又有“长长久久”之意，内容包括养老券、养老餐、养老员、养老车、养老所等惠民举措和设施。

“从建立那天起，我基本上每天8点多就到了，和老姐妹们聊聊天、乐一乐，中午回家给孙女做个饭，下午再来这里看看书报、玩玩牌，或是躺下休息，哪天不来心里就会空落落的。”提起村里的养老服务中心，顺义区南彩镇河北村74岁的陆大妈高兴得合不拢嘴。

家住亚运村的李奶奶，以前总是一个人糊弄吃点，加上岁数大了记性不好，常常不是忘做饭了，就是把饭做煳了。“自从有了老年餐桌，到饭点时带上几张养老服务券去楼下的酒楼就行。低盐、少油、清淡，我们这些空巢老人能吃什么，荤素怎么搭配，是否有特别的口味，餐馆全都想到了。”李奶奶说。

每年春节，很多老年餐桌不但照常营业，还专门推出特色套餐。家住方庄的退休干部姚立华说：“饭店会联合街道提前向辖区里的老年人征求意见和建议，再把拟订的菜单进行公示，光是菜品便有四十多种，而鸡蛋羹、水饺、水果是免费赠送的。”

据了解，每月定时发放的服务券，使用不限时间和地域，不光能花在吃饭上，还可用于生活照料、家政服务、康复护理、精神慰藉四大类77项服务。据统计，北京市目前已发放了总金额4.3亿元的服务券，使众多有需求且符合条件的老年人享受到政府购买的服务。

老年人说，发钱舍不得花，发券舍得用。养老券的发放转变了老年人的生活方式和消费理念，同时激发了市场活力，目前北京已发展各类养老服务商1.2万家，促进了市场化、社会化服务体系建设，有效支撑了居家养老服务的健康发展。

了解，“九养政策”还包括招聘2 000名养老（助残）员，为全市街道、乡镇配发无障碍服务车等。这些都为实现“9064”的养老服务模式，即90%的老年人居家养老、6%的老年人在社区养老、4%的老年人在机构养老打下了坚实的基础。

据最新的《北京市老年人口信息和老龄事业发展状况报告》显示，北京市60岁及以上具有北京户籍的老年人口有235万人，占全市户籍人口总数的18.7%，大大高于全国12.5%的平均水平，已经步入老龄化社会。为使老年社会福利由补缺型向适度普惠型转变，近两年来，北京市积极营造尊老、敬老、爱老、助老、孝老的氛围，坚持“政府主导、部门协作、社会参与、个人自愿”的原则，创新了一系列养老政策和办法，让京城的老年人陆续品尝到了“出行更省钱，就医更方便，身心更健康，生活更幸福”的滋味。

在具有首都特色的新型养老服务体系中，还包括日常出行、游览公园、文体娱乐等11项优待。目前，北京市已为160万老年人办理了优待卡，凭卡免费乘坐市区内969条线路的公交车和游览115个A级旅游景区；300家博物馆、美术馆、科技馆、体育健身场馆也向老年人免费或低价开放；134家大中型医疗机构为老年人提供挂号、化验交费等“六优先”服务；各级社区服务中心、法律援助机构等为老年人提供无偿或低价服务。

家住平谷的李富宽老两口也尝到了甜头，他们坐上“9”字头的短途客车先到东直门，再换乘到天坛公园，不必花一分钱。香山公园、颐和园等处处留下了他们的身影。据了解，即便北京各大公园举行类似红叶文化节等活动，也并不影响持有优待卡的老年人免费入园。

经常和医院打交道的李金锁老人，则因优待卡在就医方面享受到了更多便捷。他说："从我家到垂杨柳中区社区卫生服务站也就5分钟的路程，以前去一趟仅是挂号、交费、拿药就要折腾小半天，现在老年人不但不用排队了，还免收挂号费，方便实惠，省心省事。"

94岁高龄的赵万峰老人患有糖尿病，需要定期检测血糖指数。过去他起大早去医院排队挂号，实在折腾不起。所在的街道为他配备了专门的社区医生后，每月定期上门巡诊，老人现在省却了许多烦恼和麻烦。如果老人需要从社区转诊到医院，各项手续的办理全部由社区医生包办。[①]

传统社会管理方式最突出的特征是"控制"，即政府通过等级隶属的行政权力和行政命令来实现对社会各个领域的控制，社会的各个主体被锁定在政府规定的社会位置上（单位内），社会很难或很少进行流动，过多和过于复杂的行政控制手段还引发了社会问题和社会矛盾。[②] 当前，中国正处于经济社会大转型阶段，作为政治体系重要构成部分的社会管理体制机制和功能方式必然要进行重大的变革与调整，以适应经济体制、社会结构、利益格局和思想观念发生的深刻变化。因此，社会管理不能仅仅是单纯的管控，更应该强调和凸显服务理念，将科学管理与高效服务结合起来，进一步满足社会和公众需求。换言之，对于广大民众而言，做好社会管理就是要解决好老百姓的吃、喝、住、用、行等一系列民生问题，既要满足他们的物质需求，也要照顾好他们的精神需求。从这个意义上来看，加强和创新社会管理，就要坚持以保障和改善民生为重点加强社会建设，进一步厘清政府的社会服务职能，通过不断健全和完善社会服务的供给机制，为老百姓提供更加优质的社会服务与保障，使广大人民群众学有所教、劳有所得、病有所医、老有所养、住有所居，让经济社会发展成果更好地惠及百姓，确保人民群众生活更加美好。

本讲我们回应以下问题：什么是社会服务，我国的"社会服务"概

---

① 中国青年报，2011-03-02：6. http://zqb.cyol.com/html/2011-03/02/nw.D110000zgqnb_20110302_3-06.htm?div=-1.

② 吕志奎．中国社会管理创新的战略思考．政治学研究，2011（6）.

念包含了哪些具体内容，我国社会服务与保障在具体实践中还存在哪些不足，我国社会服务机制的发展方向是什么，在新形势下我国社会服务供给方式应该如何顺应时代大潮进行变革，等等。

一、做好社会服务就是做好社会管理

在当前社会建设过程中，我们说做好社会服务就是做好社会管理，可以从两个基本要点来理解。一方面，从管理和服务的关系看，服务就是最好的管理。在社会管理工作中，要把社会服务作为实现社会管理的基本手段，寓管理于服务。只有把社会服务做好了，社会管理的目标才会有实现的基础。另一方面，从社会服务的内容看，我国当前社会服务的核心内容在于加强和改进民生建设，其目的在于回应民生需求，维护公民的社会权利，为民众提供普惠的基本公共服务。从这个意义看，做好社会服务与做好社会管理的内容和目标是一致的，都是以实现社会的和谐稳定作为自己的价值追求。因此，做好社会服务的过程，也是深化落实社会管理各项内容的过程。

（一）寓管理于服务——做好社会服务与实现社会管理相辅相成、密不可分

新时期以来，社会管理的内涵发生了重要变化。当前，我们在社会建设领域所讲的社会管理，是中国特色社会主义经济建设、政治建设、文化建设、社会建设四位一体总体格局中社会建设的一个重要组成部分。2010 年 9 月 2 日国务委员马凯在国家行政学院秋季开班典礼报告中指出：当前所提的社会管理，是中国特色社会主义经济建设、政治建设、文化建设、社会建设四位一体总体格局中社会建设的一个重要组成部分，它是指以维系社会秩序为核心，通过政府主导、多方参与，规范社会行为，协调社会关系，促进社会认同，秉持社会公正，解决社会问题，化解社会矛盾，维护社会治安，应对社会风险，为人类社会生存和发展创造既有秩序又有活力的基础运行条件和社会环境，促进社会和谐

的活动。[①] 今天，无论在社会管理的观念层面，还是管理的方式手段层面，都迫切需要改变那种将社会管理理解为一种消极防范手段，或理解为加强对社会的全面控制的错误认识。要树立寓管理于服务的理念。这就意味着，我们要明确“以增进服务能力达到提高管理效果”的思路，采取多种策略推动社会服务，让政府或其他社会服务主体找到做好社会管理的“抓手”。

1. 从管理与服务之间的关系看，管理包含了服务，做好社会服务是创新社会管理的手段

管理与服务无法分割。管理的最高境界之一就是服务，最好的服务就是最有效的管理。具体到实践层面而言，管理和服务作为社会管理的一体两面，社会管理的内涵、任务、主体和目的等内容都可以通过做好社会服务来实现。就内涵而言，社会服务和社会管理是密不可分、相互促进的。从理念上来看，两者都必须坚持以人为本，促进社会公平和正义，推动社会全面进步和可持续发展，实现人的全面发展；从内容上来看，两者有相互包容的成分，建立健全社会管理的体制和机制本身就是社会服务的重要内容，而制定社会服务的规划也同样是社会管理的必要环节；从功能上来看，两者是相互促进的，优质、高效的社会管理为社会服务创造有利的环境和条件，保证社会服务的顺利进行，而社会管理的理念和思路、体制和机制、方式和方法等都需要在社会服务的实践中不断调整、创新和完善。因此，当下社会管理创新的一个基本战略就是努力创新社会管理方式，寓管理于服务之中，以服务带管理、以服务促管理、以服务强管理，构建与服务型政府相适应的社会管理体制和机制。在政府日常的社会管理工作中，要将社会服务职能居于优先位置，完善基层服务体系，针对不同人群和特定人群的需求提供个性化的服务，使创新服务供给模式成为社会共识，为广大民众提供更好的社会服务。

① 马凯．努力加强和创新社会管理．人民网：http：//theory. people. com. cn/GB/13157783. html.

2. 做好社会服务，有利于化解矛盾冲突，维护社会稳定，增进社会和谐，为社会管理提供“软的环境”基础

社会管理不能简单理解为控制，更不能理解为仅注重冲突发生的后端处置维稳。我们要通过为广大群众提供优质的社会服务，达到化解冲突、维护稳定、增进社会和谐的管理作用。首先，社会管理的核心在于保护和维护群众的权益，促进社会公正。当前我国社会建设和管理中的主要矛盾是人们对社会服务的需求日益增长，而部分地方政府未能及时充分满足这一要求，才导致了社会出现各种矛盾和问题。解决当前和今后我们面临的各种社会问题的根本方法在于通过服务实现管理，特别是通过加强对困难群体、弱势群体的服务，为他们排忧解难，来进一步化解社会矛盾，预防突发问题，使更多的老百姓享受到优质的社会服务。其次，社会管理和社会服务从来都是密不可分的。社会管理归根结底是要做好人的工作，在社会管理过程中，若仅从管控的角度去落实社会政策，让民众被动接受、被迫服从，这样会导致政策的执行成本高、执行效果差，甚至成为社会矛盾的触发点。长期以来，我们一些直接接触群众的“窗口”部门、“街头”部门，在工作中养成了一些不良的风气，对待工作推诿扯皮、吃拿卡要，对待群众态度傲慢、居高临下，不仅造成办事效率低下，还容易引发与群众之间的矛盾，加剧社会冲突。在今后的社会管理过程中，如果多些服务意识，多给百姓行些方便，多给百姓谋些福利，多给百姓送些实惠，让群众感受到政府的诚意，社会管理工作自然会好做许多。从这个意义上来看，我们只要把社会服务工作做好了，一些基层的社会纠纷、冲突和矛盾也自然可以化解于无形之中，为社会管理起到缓冲阀的作用。

3. 做好社会服务，有利于加强和改善民生，提升居民生活水平，为社会管理提供“硬的物质”保障

做好社会服务就是做好社会管理。“寓管理于服务”凸显了政府治理思维的转换，即民生改善是实现社会稳定的基础，通过公平、普惠、均等的社会服务供给，进一步实现民生保障，造就祥和生活，确保社会健康、有序的良性发展。未来社会管理的终极追求是人本关怀、服务为本。就中期发展看，加强和创新社会管理，是为实现“十二五”期间一系列经济社会目标任务保驾护航；从长远战略看，是为了促进社会和谐、实现长治久安。要达到这样的目标，依靠重管理轻服务或者只讲管理不讲服务，是根本无法实现的。没有服务的管理，是脱离民众、背离人性的管理，不可能取得良好的效果。一方面，社会管理最终的目的是既要追求秩序，又要激发社会活力，绝非僵硬刚性的社会控制，而是柔性和弹性的管理服务观念与制度，着力提高人民群众的满意度、幸福感。另一方面，社会管理就是要通过提供优质服务让民众切实得到实惠，改善人民生活质量，提高人民的生活水平，让广大民众各有所享。这既体现了我国政府“为人民服务”的根本宗旨，也能够增进普通民众对政府的认可与支持，提高政府的合法性，“仓廪实而知礼节，衣食足而知荣辱”，如果没有民生的改善和提高作为保障，社会管理说到底也不过是空中楼阁而已。

（二）社会服务包含的内容体现了社会管理目标的内在要求

1. 何谓社会服务

最近几年，关于“社会服务”（social service）的概念，国内外都有讨论，但也存在很多的分歧，有时连叫法也不甚统一。比如，英国叫个人社会服务，美国叫人类服务。在欧美国家，由于历史文化的差异，对社会服务的定义也不尽相同，有的侧重从志愿角度界定，有的侧重市场的角度。从文献看，不同定义之间的主要分歧在于：一种观点认为社会服务是向弱势群体提供的帮扶性服务，主要是要解决困扰我们的社会问题。其主旨是使个人和家庭适应社会的价值规范，帮助受损的家庭和个人恢复正常的社会功能。尤其是主张市场化改革的人认为，人的服务需求主要应该由市场和家庭来供给，只有当家庭和市场彻底崩溃的时候，才可以去申请社会服务。因而，社会服务要经过资格审查，是有条件的，不是每个人都能享受。另一种是基于福利普遍主义的观点，认为社会服务是社会资源再分配的重要手段，是人的一种权利，每个人都有权利来享受这种社会服务。另外，对社会服务的外延界定也不同，有的是把教育、健康、住房这些都纳入了社会服务的范畴，有的认为社会服务的内容主要是社会保障、医疗和个人的一些需求服务。

不管存在多少分歧，人们对社会服务特性也存有很多认知共识，概括起来有八个方面。一是社会服务是基本公共服务的重要内容，是保障公民基本生存权和发展权的重要依托。因而，它是公共服务最基础、最核心的内容。二是社会服务的价值取向是以人为本、保障人权、促进公平正义，因而必须充分体现人文关怀。三是社会服务的对象主要是弱势群体，当然也兼顾公众的需求。四是社会服务的责任主体应该是政府，当然也要发挥独立组织和非政府组织的作用。五是社会福利的主要内容包括社会性照顾、个人照顾和家属服务。六是社会福利的主要手段是专业社会工作。比如，在苏格兰提供社会服务的部门叫作社会工作局，在英格兰叫作社会服务局。七是社会服务提供方式有上门服务、社区服务、机构服务。八是社会服务有明显的福利性和公益性，有别于商业服务。①

对于中国政府、学界和社会公众来说，社会服务还是一个比较新的概念。但在发达国家，特别是西欧、北欧和北美，经过一百多年尤其是第二次世界大战以后的研究和实践，政府和社会对社会服务的认识已经基本清楚，政府的社会服务管理机构和政策法规已经基本完善。而且，社会服务为化解社会矛盾，保持国家稳定，维护社会公平正义，促进社会发展发挥了重要作用。有研究者从研究文献和国际组织的政策文件中梳理出了以下几个具有代表性的“社会服务”定义。②

英国社会科学家（Titmuss，1963）最早将社会服务定义为“通过创造国民收入的一部分人的收入分配给值得同情和救济的另一部分人而进行的对普遍的福利有贡献的一系列集体的干预行动”。

世界卫生组织对社会服务的定义：针对那些由于年龄、贫困、失业、健康状况恶化和残疾等，在购物、住房、交通、自我照料和他人照

---

① 朱耀垠．好的社会服务依托于好的社会管理．北京社会建设网：http：//www.bjshjs.gov.cn/86/2012/07/11/69@8893.htm.

② 李兵，张恺悌，何珊珊．社会服务．北京：知识产权出版社，2011：1—2.

料等方面需要公共援助的人，为了使他们在社会中更充分地行使职责所提供社会支持的服务和项目。

国际劳工组织将社会服务定义为针对大多数脆弱群体的需求和问题所进行的干预。脆弱群体包括因暴力、贫困、家庭瓦解、身体和精神残疾、年老而受到影响的人。服务项目包括康复、家庭帮助服务、寄养照料和收养、送餐服务、日间照料、住所照料，以及由社会工作者或相关职业提供的其他支持服务等。

从官方和学者的定义看，尽管角度有些不同，但内涵大体相同。社会服务的对象主要是指社会处境不利、遭受痛苦或脆弱的人群，目的是提高这些人的生存状况，实现社会融合，维护社会公正。社会服务具有社会福利的性质，服务的手段是提供支持性服务和项目。

专栏 4-1

关于社会服务观念的起源[①]

工业革命前，西方国家就有一些关于社会服务的政策和实践。英国1834年修订的《济贫法》被认为是近代国家开展社会服务的开端。从工业革命到第二次世界大战结束，英国和美国是最早开展社会服务的国家。有两个标志性事件：

（1）1884年，一位名叫Samuel A. Barnett的教区牧师和他的妻子及许多大学生在伦敦成立托因比服务所（Toynbee Hall），从事社会服务运动。

（2）受托因比服务所的启发，两位美国人迅速将社会服务运动传到美国。1886年，美国人Stanton Coit在纽约建立邻里协会（Neighborhood Guild）。1889年，美国人Jane Addams与Ellen Gates Starr在芝加哥成立了赫尔大厦（Hull House）社会服务社。此后，社会服务运动传到美国其他城市、欧洲和亚洲。

① 李兵，张恺悌，何珊珊．社会服务．北京：知识产权出版社，2011：4—5.

2. 我国社会管理视角下"社会服务"的具体内容

中国政府目前在社会建设领域所提倡的"社会服务"概念，不同于西方国家传统意义上所指的社会服务概念，其区别在于：西方国家的"社会服务"更多地包含在社会政策内容之下，指在现代化进程中，政府为维护和保障全体公民，尤其是社会困难群体和特殊群体（如老年人、残疾人、儿童、失业者、贫穷者等）的生存权益和生活需求，向其提供必要的日常劳务帮助和基本服务支持的一种制度安排。[①] 在中国，20 世纪 90 年代也有类似于西方国家"社会服务"含义的一些提法，但比较集中于民政事业领域，且相关研究比较少，传播面也比较窄。比较而言，当前在"社会管理"视角下对社会服务的讨论有一些不同点，比如，它更加强调社会政策领域的服务项目，包括住房、养老、社保、教育、医疗等领域的服务，强调社会服务对于解决民生问题和维护社会稳定的意义；更加注重公民的社会权利本位，强调普惠性服务权利的获得和可及性；更加强调在供给方式上的多元主体结构，等等。基于此，有学者认为当前社会管理中所提的"社会服务"概念等同于"公共服务"含义，它就是指筹集和整合社会资源，通过提供实物形态或非实物形态公共物品等方式来满足社会公共需要的过程。也有的学者认为，中国特色社会主义的社会服务是指在社会主义制度基础上，从保障社会公平正义出发，以政府为主导，立足国情，动员社会力量，整合社会资源，管理社会事务，发展社会组织，规范社会秩序，协调社会关系，完善社会功能，服务公众和优化社会生活，构建全体人民各尽所能、各得其所而又和谐相处的社会环境，推进社会全面进步的过程和活动。[②]

在笔者看来，我国当前社会管理领域所言的"社会服务"（或称社会服务管理），最早出现在 2010 年 7 月北京市委、市政府出台的《北京市社会服务管理创新行动方案》中。该方案指出，在当前和今后一个时

---

①② 全国干部培训教材编审指导委员会．社会服务与管理．北京：人民出版社、党建读物出版社，2011：1.

期，将按照“行动方案”的总体安排，重点创新六项服务体系，即社会保障体系、各类社会群体服务管理、社区服务管理、社会组织服务管理、互联网等新媒体管理、社会领域党建工作，开展34项重点工作，推出90项创新措施，实现社会服务管理全覆盖。① 2011年6月北京市委社会工委在《中共北京市委关于加强和创新社会管理全面推进社会建设的意见》（以下简称《意见》）中又明确指出，在社会建设领域，要将更加完善的“社会服务”作为加强和创新社会管理的重要内容，具体目标包括“基本公共服务水平居全国前列并达到中等发达国家水平。人人享有社会保障、享受基本公共服务，城乡基本公共服务均等化程度明显提高，积极促进充分就业，五年提供100万套保障性住房，城乡居民年均收入增长8%，居民平均预期寿命接近82岁，文化教育继续保持全国领先地位，不断增强人民群众幸福感”②。此外，在北京市委、市政府随后出台的《意见》解读中阐述“做好社会服务，就是要进一步提升社会公共服务水平，即按照政府保障基本需求、市场提供多样化选择的原则，大力推进基本公共服务均等化。创新公共服务提供方式，完善政府购买公共服务政策，推进非基本公共服务市场化改革，形成政府主导、社会组织和企事业单位广泛参与的公共服务提供机制。探索多种有效方式，吸引社会资源和社会资金投入公共服务领域。积极扶持社会企业发展，大力发展社会服务业。在试点基础上，不断扩大‘一刻钟社区服务圈’覆盖面。进一步整合资源，加大投入和保障力度，‘十二五’时期，基本实现社区基本公共服务全覆盖”③。

综上所述，笔者认为，当前社会管理意义上所提的“社会服务”是一种基于福利的普遍主义观点，它是社会资源再分配的重要手段，将教育、健康、住房等基本公共服务都纳入其范畴中，其目的在于加强和改

① 中共北京市委、北京市政府．北京市社会服务管理创新行动方案．新华网：http：//news. xinhuanet. com/politics/2010 - 07/21/c _ 12358532. htm.

② 中共北京市委：《中共北京市委关于加强和创新社会管理全面推进社会建设的意见》2011年6月3日中共北京市委十届九次全会通过。

③ 中共北京市委：《中共北京市委关于加强和创新社会管理全面推进社会建设的意见》解读. http：//www. bjshjs. gov. cn/78/2011/06/13/66@6204. htm.

善民生建设，回应民生需求，维护公民的社会权利，提供普惠的基本公共服务。

二、当前社会服务领域存在的问题

（一）我国社会服务工作的成就

近年来，由于各级政府和社会的关注度持续提高，我国的社会服务总体水平有所提高，在解决群众困难、方便人民生活、促进社会公平、维护社会稳定、实现社会和谐等方面取得了明显成效。根据中央政府近年来发布的《社会服务发展统计公报》，可以将这些成绩归纳为以下几个方面。

1. 社会服务被纳入中国特色社会主义事业总体布局，得到各级党委政府的高度重视

社会服务工作逐渐得到了全社会的高度重视，社会服务法规政策不断完善，在民族事务、宗教事务、环境保护、人口和计划生育、医疗卫生、体育运动、社会治安管理等方面相继出台了一些专门的法律、法规；社会事业发展的资金渠道也大大拓宽，各级财政持续地、大幅度地增加了对社会事业的投入。有的地方政府专门成立了社会工作办公室，研究社会工作总体规划，统筹推动社会工作各项任务的分解落实和督促检查，确保社会服务的全面推进、重点突破、有序进行。①

2. 针对特定群体的社会服务基本制度框架初步形成

近年来，我国逐步构建了社会救助服务、社会福利服务、优抚安置服务和慈善服务等基本社会服务制度和工作机制，形成了社会服务发展的基本制度框架。在社会救助服务方面，建立了城乡最低生活保障、灾害应急救助、农村五保供养、流浪人口生活救助以及医疗救助、教育救助、住房救助、法律援助等制度。在社会福利方面，先后构建了养老、

① 全国干部培训教材编审指导委员会．社会服务与管理．北京：人民出版社、党建读物出版社，2011：16—20.

医疗和生活补贴等老年福利服务制度，孤残儿童供养、教育服务制度，残疾人生活、康复、医疗、教育、就业和交通出行等福利服务制度。在优抚安置服务方面，以政策法规为保障、双拥共建为带动、深化安置改革为动力、国家抚恤与社会优待相结合的优抚安置服务格局趋于成形，优抚安置服务逐步走上了法制化、规范化的轨道。在慈善服务方面，发布了慈善事业发展纲要，建立了以慈善文化、慈善组织、慈善政策、慈善募捐为基本架构的慈善服务发展机制。在工作机制方面，“党委领导、政府主导、部门协作、社会参与”的社会服务工作机制基本形成，强化了各级政府对于社会服务事业主导、投入和监管的职能，加强了相关部门的协调配合，增强了人民群众参与社会服务的积极性和主动性，社会服务的社会开放度、透明度和参与度不断提高。随着社会服务基本制度框架的建立和完善，社会服务开始由“补缺型”向“适度普惠型”转变。①

3. 社会服务体系基本建立，服务水平逐步提升

我国社会服务的覆盖面不断扩大，社会服务水平也得到了提高。一是面向公众、多元化投资、多层次发展、专业化服务的社会福利服务格局基本形成。以居家养老为基础、社区照料为依托、机构养老为补充的中国特色的养老服务体系已经基本建立。公民收养、亲属监护、家庭寄养、社会助养等多向度的孤残儿童养育服务模式初步形成，孤残儿童养育服务逐步向家庭化、亲情化、社区化方向发展，孤残儿童回归家庭、融入社会的步伐加快。以保障残疾人的生命健康权、生存权和发展权为主线，残疾人社会福利服务已由过去的单一救济型服务，逐步发展成为包括康复、教育、就业、社保、维权、交通和残疾预防等项服务在内的综合服务体系。二是基本建立了以最低生活保障服务为基础，以灾害救助服务、五保供养服务、医疗救助服务、流浪乞讨人员救助服务为主要内容，以临时救助服务为补充，与住房、教育、司法等专项救助服务衔

① 全国干部培训教材编审指导委员会．社会服务与管理．北京：人民出版社、党建读物出版社，2011：16—20.

接配套的社会救助服务体系，有效保障了城乡困难群众基本生活。特别是以防灾减灾、灾害应急响应、灾后恢复重建、冬春季灾民生活安排、社会动员为基本内容的灾害应急服务体系成效明显，农村五保供养服务实现了从集体互助向以财政保障为主的历史性转变。三是以义务兵优待服务、军人家属优待服务、烈属抚恤服务、军队离退休干部服务等项服务内容为主体的优抚安置服务已自成体系。四是面向全体公众的区划地名服务、婚姻登记服务和殡葬服务的质量进一步提升。以地名标准化为基础、地名信息化为载体、地名文化为支撑的地名公共服务体系初步建立，进一步方便了群众的生产生活。通过加强婚姻服务规范化管理，改善服务环境，推行信息化服务，提高了婚姻登记服务的质量。通过加强殡葬法制建设、实施骨灰处理生态化、改善殡葬服务条件等措施，提高了殡葬服务水平。①

4. 社区建设深入推进，促进了政府行政管理与基层社会自治的衔接和互动，延伸了社会服务的手臂

社会服务的重心在基层。城乡社区既是加强基层社会服务和管理的基础，又是服务城乡居民的重要载体。加强城乡基层自治组织建设，在基层形成一个横向到边、纵向到底的社会服务管理体系，对于动员和组织民众有序参与社会管理和互助服务具有重要作用。

经过多年的实践探索，我国村（居）民自治普及范围不断扩大，内容不断丰富，规范化水平逐步提高，已由建立制度向着进一步完善制度、规范程序、提高实效的阶段转变。95％的村委会、22％的居委会实行了直接选举，基层自治组织不断健全；各地设立了社区警务站、社区卫生服务站、信息服务站、文化活动站、星光老年之家、慈善超市、社区学校和社区活动广场等组织或场所，并以此为平台，积极开展社区卫生、社区文化、社区环境、社区治安、社区就业和社区保障等服务，多种形式的便民生活服务圈不断涌现，在一定程度上解决了社区居民看病

---

① 全国干部培训教材编审指导委员会．社会服务与管理．北京：人民出版社、党建读物出版社，2011：16—20.

就医、文化娱乐、环境美化和治安、就业等问题。①

5. 社会组织已成为社会服务的一支重要力量

依法管理社会组织，是社会服务和管理的重要内容，也是完善社会主义市场经济体制、促进社会和谐和推动社会全面进步的必要手段。截至2011年底，全国共有社会团体25.5万多个，在反映群众诉求、维护公众权益、向政府建言献策、参与公共管理等方面做出了积极贡献；行业协会6万多个，基本覆盖国民经济各个门类，在规划行业发展、反映行业诉求、提供行业服务、促进行业自律方面发挥着越来越重要的作用；民办非企业单位17.8万个，有效扩大了教育培训、卫生医疗、劳动就业、社会福利等公共服务；基金会1 390个，特别是非公募基金会从无到有，已设立349个，各类基金会年筹集资金近200亿元，有力地支持了公益慈善事业发展。②

6. 社会工作人才队伍建设工作全面启动

作为社会服务的主要生力军，社会工作人才涉及社区管理与服务、青少年工作与管理、社会保障事务管理、家政服务、老年服务与管理、现代殡仪技术与服务、戒毒康复等多个领域，在调节社会关系、化解社会矛盾、预防社会冲突、解决社会问题、维护社会公正、促进社会和谐方面有着独特的作用，是现代社会管理和公共服务中的一支重要力量。自上海市率先由市民政局和市人事局联合建立了社会工作者职业资格认证制度之后，江苏、浙江、北京、天津、福建、重庆、广州、深圳、宁波等省市也都在社会工作职业制度建设方面进行了积极探索。③

（二）目前社会服务事业中存在的发展瓶颈

尽管我国社会服务事业取得了很大进步，但随着社会主义市场经济体制的建立，我国社会事业总体上仍严重滞后于经济社会的发展水平，

①③ 全国干部培训教材编审指导委员会．社会服务与管理．北京：人民出版社、党建读物出版社，2011：16—20.

② 民政部．2008－2011年社会服务发展统计公报．民政部门户网站：http：//www.mca.gov.cn/.

主要表现为民生发展相对滞后，基本社会服务供给不足，社会事业发展失衡，相关体制机制不完善等问题突出。在笔者看来，目前，社会服务总供给不足和社会服务供给机制不健全已成为制约社会服务发展的两大最主要瓶颈，此外，社会服务标准不统一、专业社会工作人才缺乏和社会服务管理缺位等问题也制约着社会服务事业。

1. 社会服务总供给严重不足

虽然各级政府不断加大对社会事业的投入，社会服务获得了长足发展，但是，与经济的发展水平和人民群众日趋多层次、多样化的物质文化需求相比，基本公共服务设施不完善、服务供给能力不足等问题仍比较突出。由于我国经济社会发展、城乡发展、地区间发展的不平衡，目前，全国50％的街道还没有建设社区服务中心，65％的社区还没有设立服务站，80％以上的行政村还没有设立社会服务机构和相关设施。与此同时，已有社会服务设施也普遍存在布局分散、设施简陋、功能单一、使用效率低等问题。以养老服务为例，全国养老服务机构所拥有的床位数每千名老人仅为17.3张，远远低于发达国家50～70张的水平，也低于发展中国家20～30张的平均水平。此外，社会服务在城乡间、区域间的发展也极不均衡，农村地区、西部地区社会服务基础薄弱，供给不足，发展严重滞后，城市与农村、东部沿海与西部地区的社会服务设施和服务水平差异较大。①

2. 社会服务供给机制不健全

传统服务供给模式主要依靠政府单方的生产或提供，计划经济色彩强烈，这不仅造成地方政府服务供给的短缺，而且严重影响了供给的质量和水平。长期以来，我国实行的政企不分体制也严重制约了资源的市场化运作。例如，一些公用事业及基础设施提供都是政府一元化投资形成的国有资产，公用事业管理局垂直领导其所属企业，并垄断公用事业所有环节的经营权，以致公用事业的经营者凭借其垄断优势，按企业的个别成本而不是社会的平均成本报价。结果企业既没有降低成本的压

---

① 李兵，张恺悌，何珊珊．社会服务．北京：知识产权出版社，2011：135.

力，又缺乏鼓励提高运营效率和服务质量的机制，这使企业长期处于低效率、低效益甚至亏损的状态，其提供的服务质量也不能满足公众的要求，造成政府财力的浪费，既无法体现社会效益，也难产生经济效益。尽管我国在政企分开方面进行了有益尝试，但在涉及社会服务的领域中，进展仍然缓慢。

3. 社会服务标准化程度低，缺乏完整、科学、合理的指标体系

“没有规矩不能成方圆。”社会服务作为涉及民生的福利事项，为规范其提供和操作，应有一套行之有效的标准化体系。然而，由于我国的社会服务工作起步较晚，目前社会服务领域无论是基础设施还是服务项目和内容尚没有统一的标准体系，有些服务标准虽然在实施，但达不到应有效果。城乡低保、应急救援、防灾减灾、社区服务、养老服务等项目服务的工作程序和内容亟须建立一套标准体系来规范，尤其是服务机构的准入条件、工程建设、工作运行等环节需要通过技术标准来实施管理。此外，各地对各项社会服务的机构设置、设施配置，以及服务范围、项目和内容等软硬件建设缺乏全面、系统的中长期规划和量化发展指标，也难以指导社会服务健康有序地发展。

4. 社会服务专业人才缺乏

社会服务的蓬勃发展离不开一支精良的社会工作专业人才队伍。然而，我国目前除假肢、殡葬、地名管理等少数社会服务领域有一批专业人才外，在社会组织、优待服务、社区服务、社会工作等领域的专业人才严重缺乏。以养老服务为例，全国现有约 100 万养护人员，其中 95％以上没有职业证书，缺乏专业护理知识。专业人才的匮乏已经严重影响社会服务的质量和水平。①

5. 社会服务的管理水平有待进一步提高

由于政府行政管理体制的原因，国内社会服务资源分散在民政、卫生、劳动保障等不同政府部门，管理主体多元、职能交叉、资源分散，

① 李兵，张恺悌，何珊珊．社会服务．北京：知识产权出版社，2011：135.

在规划项目、建设网络、组织队伍、评估监督等方面存在多头管理、条块分割的严重问题，难以发挥社会服务的整体效益。同时，社会服务专业化、信息化管理方式相对落后，尤其在特殊服务对象的认定上依然沿用入户调查、邻里访问、信函索证等办法，误差概率高，导致骗取社会服务保障项目的事件时有发生，影响了社会服务的公平公正。

笔者认为，上述问题都极大地制约了我国社会服务的发展水平，给社会服务事业形成了障碍。针对社会服务中存在的问题，我们该如何破解？中国社会服务应该朝哪个方向努力？具体而言，社会服务究竟应该由谁来提供、怎样提供，值得我们深思。

三、我国社会服务机制的发展方向

我国社会服务还存在许多不足，而社会服务总供给不足和社会服务供给机制不健全仍然是制约我国社会服务事业发展的两大突出问题。目前，我国社会服务无论是从供给主体还是供给机制看，由政府大包大揽的现象都十分严重，随着民众利益诉求日趋多元化，传统政府单中心的社会服务供给模式弊端日益凸显，在一定程度上已经无力满足民众的需求。笔者认为，在我国社会服务的改革实践中，可以借鉴治理理论，将构建多元化的供给主体和多样化的供给方式作为社会服务的发展方向。

（一）社会服务供给变革的理论基础：治理理论

根据联合国全球治理委员会的界定，治理（governance）是指各种公共的或私人的个人和机构管理其共同事务的诸多方法的总和，是使相互冲突的或不同利益得以调和，并采取联合行动的持续过程，这既包括有权迫使人们服从的正式制度和规则，也包括各种人们同意或符合其利益的非正式制度安排。治理有一些大家认同的核心要素：第一，意味着政府组织已不是唯一的治理主体，治理扩展到政府以外的公共机构和私人机构；第二，治理的运行方向发生变化，从单一向度的自上而下的统治，转向上下互动、彼此合作、相互协商的多元关系；第三，形成了多样化的社会网络组织，从事公共事务的共同治理；第四，政府治理策略和工具向适应治理模式要求的方向改变。①

在笔者看来，治理理论为改善我国社会服务方式提供了两方面的行动依据。

（1）多元化的社会服务供给主体——社会服务治理的组织载体变革。社会服务的供给主体既包含有政府组织，但又绝不局限在唯一的、单中心的政府组织。越来越多的人认识到，公共产品和服务，在生产和提供上是可分的，在投融资和使用提供上也是可分的。据此，可在政府和市场之间进行合理分工，相互配合，相互补充，没有必要由政府一手包揽所有的社会服务，独自承担全部成本。在具体实践层面，我们可以重新设计政府与市场的关系，通过采取政府合同外包、委托经营等合作方式，构建多元的社会服务供给主体，积极推动企业、社会组织和个人更多地参与社会事务，提供社会服务。

（2）多样化的社会服务供给方式——社会服务治理机制和手段的变革。从治理理论视角看，在社会服务活动中，我们不仅要从规模、活动范围等方面对政府进行改革，更重要的是从管理体制或者运行机制方面进行深层次的改革。改善管理机制、提高组织绩效一直是治理关注的核心问题。对于社会服务而言，治理变革的核心是引入私营部门、民间社会组织等力量参与公共事务管理，以改善绩效。一方面，要在社会服务中积极引进私营部门中较为成功的管理理论、方法、技术和经验，提高社会服务的标准和水平；另一方面，要以需求为导向，在明确区分公共部门和私营部门不同责任的基础上，为受众提供有针对性的和多样化的社会服务，为社会服务的机制变革提供新的思路。

（二）社会服务机制的目标与方向

1. 构建多元化的社会服务供给主体

在以往的服务供给模式中，政府始终处于直接生产和集中提供的地位，这种模式不仅产生效率低下、官僚主义和腐败浪费等问题，而且导

① 孙柏瑛．当代地方治理：面向 21 世纪的挑战．北京：中国人民大学出版社，2004：22.

致政府规模庞大，使其成为无所不包、无所不管的“全能政府”，这与社会主义市场经济所要求的有所为、有所不为观念背道而驰。

提供社会服务是政府的基本职责，但并不意味着所有社会服务必须由政府独揽。社会服务有不同类型，一些社会服务具有核心公共物品的属性，只能由政府提供和生产，如国防、外交、国家机关管理等；而另一些社会服务则属于混合公共产品，私营部门与非政府组织也可以参与其中，如基础设施、市政公用设施、公共服务事业等。随着政府管理体制改革的深入，政府自身提供的服务主要集中在行政管理层次，其他的各种社会服务，则越来越多地需要通过政府以外的营利组织、非营利性组织或公民个人来实现。其必要性在于以下几方面。

第一，对政府而言，多元供给主体网络的形成可以打破政府对服务的垄断，让政府从一部分繁杂的事务中脱身出来，使得政府的角色由传统的“生产者”和“提供者”转变为“购买者”和“监管者”，政府的工作重心也随之转移到了解公众需求、制定政策规划、确定服务标准和强化监督管理上来。笔者认为，政府在社会服务领域中的转身，可以大大推动政府职能的转变，并抑制政府规模的扩张。第二，对社会组织而言，可以改变社会组织发育程度明显偏低的状况。2010 年中国经济体制改革研究会的一项课题研究表明，从每万人拥有的社会组织数量看，法国为 110 个，日本为 97 个，美国为 57 个，新加坡为 14.5 个，巴西为 13 个，而中国仅为 3.2 个。[①] 如何扩大社会组织的数量，促进社会组织的发展，已成为新形势下社会管理需要解决的刻不容缓的问题。笔者认为，通过引入社会组织构建多元化的社会服务提供主体，不仅可以为社会组织发展开辟重要而相对稳定的资金来源，突破社会组织发展的主要瓶颈；也可以充分激发社会的活力，为社会组织的发展营造良好的环境；还可以推动政府与社会组织之间形成合作伙伴关系和良性互动关系，进一步提升社会组织在整个社会中的地位，这样也有利于形成政府

① 新华网：要降低“准生”门槛，更要培育成长——政协委员呼吁为社会组织发展壮大“松绑”，http：//news. xinhuanet. com/politics/2012 - 09/11/c _ 113042570. htm.

扶持社会组织发展的长效机制。第三，对服务接受者而言，多元供给主体的形成有利于提高服务供给效率。传统社会服务供给模式下，由于政府的天然垄断地位，使其缺乏竞争对手和竞争压力，导致服务供给的低效率和低质量，使有限的公共资源得不到优化配置和充分利用，难以满足公众差异化、多样化的社会服务需求。在现实生活中，我们看到一些服务设施“豆腐渣”工程频现，与公众需求完全脱节的“面子”工程层出不穷，这暴露出政府包办模式带来的一系列弊端。相比之下，以社会组织和企业为主的其他服务主体在提供服务中具有针对性、创造性、花费少、见效快等特点。而且发达国家的经验也表明，无论是基本的、共通的服务，还是一些专业性强、技术要求高的服务，政府直接提供往往比社会组织提供所需要支出的成本更高。在此背景下，构建多元化的社会服务供给主体，在竞争中形成合力，努力降低社会服务成本，改善社会服务质量，增加社会福利总量，也是符合我国国情的现实选择。

2. 形成多样化的社会服务供给方式

针对不同的公共物品和服务，存在着多种形式的供给组织形式和制度安排，形成多样性机制，包括政府购买、特许经营、合同委托、服务外包、土地出让、协议配建等。构建多元化的社会服务供给方式，对于改进社会服务品质意义重大。首先，有利于转变政府职能。社会服务社会化的目标是将有限资源进行最佳配置，发挥最好的服务效果，使居民最大限度获益。一方面，社会组织以实现社会利益为宗旨，不以追求利润最大化为目标，而社会组织在组织体制、组织结构及活动方式上灵活高效，使其在社会服务供给领域比政府和市场具有更高效率；另一方面，以政府购买服务为例，政府购买服务意味着政府角色和职能的转变，通过把一些企业和社会组织能完成的事项交出去，充分利用社会组织的专业与人才优势，满足社会需求。这既缓解了社会服务的供需矛盾，减轻了政府的工作压力，又为政府职能转变提供了组织支撑。其次，有助于提高政府管理的绩效水平。通过采取购买服务，在政府内部引入竞争机制，打破政府对公共服务的垄断，重新定位政府、企业、社会组织各自的角色和功能，可以避免政府失灵和市场失灵，从而实现社会公共服务效益的提高。最后，有利于满足多样化的社会需求。当前，利益的多元化使人们对社会服务的需求呈现出多样性和多层次性的形态，不同人群对于社会服务的数量、类型和质量上的需求也存在差异，鉴于政府只能提供最基本的保障与最普遍的服务，因此，只有在开展需求调研的基础上，不断增强社会服务能力，才有可能为群众提供多样化、专业化的服务，满足群众的多元化需求。

综上所述，我国社会服务机制的发展方向可以概括为：在坚持党委领导、政府负责的前提下，充分发挥市场和社会机制的作用，推动服务提供主体和提供方式多元化，加快建立政府主导、社会参与、公办民办并举的社会服务供给模式。

四、我国社会服务供给方式及其变革

如前所述，改革创新社会服务机制，就是要构建多元化的社会服务供给主体和形成多样化的社会服务供给方式，最大限度调动社会资源和各方参与的积极性，促进共建共享，建立政府主导与社会充分参与相结合，公共财政财力保障与社会服务适当引入竞争机制相结合的社会服务供给机制。

（一）变革——多元化的社会服务供给主体

构建多元化的社会服务供给主体就是要放宽基本社会服务准入限制，在扩大提供主体范围的基础上，鼓励和引导社会资本和社会力量参与社会服务供给，争取实行社会服务的市场化和社会化，允许多种所有制成分的主体参与社会服务供给项目。其目的在于建立政府和社会合作的机制，发挥企业、非政府组织的作用和多种伙伴关系。

当前，政府主要通过与企业或社会组织签订社会服务合同，制定服务标准，监督服务项目，提供财政拨款等方式间接提供社会服务。而社会组织、公司企业和个人在提供社会服务上的作用及作用方式，主要是按照行业服务规划和社会服务标准，向社会和公众提供规范的社会服务和产品。结合治理理论，在今后的社会服务工作中，我们可以构建多元化的社会服务行动主体，具体见表 4-1。

表 4-1　社会服务多元主体构成及其行动方式表

主　体	行动方式
政府	一是直接生产和提供社会服务，如警察、消防、政策等服务
	二是制定服务标准，提供财政拨款，监督服务项目实施等间接方式引导和监督企业及社会组织提供社会服务
公私企业	通过社会服务领域中的市场竞争参与社会服务提供
社会组织	与政府合作提供社会服务项目
公民	参与公共项目论证听证会、社会服务绩效评估或直接参与某些社区公共服务的提供

资料来源：笔者根据相关材料整理绘制

（二）变革——多样化的社会服务供给方式

从社会服务的供给方式来看，我们可以尝试建立下述供给方式。

1. 建立广泛的民意征询机制，通过了解民众需求，按需提供社会服务

社会服务包含许多不同的内容，除去一些基本、通用的社会服务供给之外，不同地区、不同人群的居民对于社会服务的需求内容是有差别的。因此，政府或其他社会服务供给主体应该提供什么样的社会服务，以什么样的方式提供社会服务，都应当事先听取公众的意见，包括了解民众需求，以民众意向作为提供服务的主要取向，建立有关了解民意、实现民众参与的规则和程序；制定服务标准，明确服务规则和服务范围并公布于众；在实施前应当通过听证、民意调查等方式听取民众意见，并根据多数人的意愿做出修正。国内外经验表明，社会服务的民众导向和参与，不仅是政府与社会关系的合理体现，而且也有助于提高政府服务的有效性。上海市体育局进行的“上海市民对公共体育场（馆）提供体育公共服务的需求调查”，北京市社工委开展的“北京市社区基本公共服务项目需求调查”等案例具有典型性。

案例 4-1

上海体育公共服务的需求调查问卷[①]

尊敬的朋友：

您好！随着《上海市全民健身计划纲要》（2004—2010）的颁布，上海市的公共体育服务已经越来越受到人们的关注。为了了解上海市公共体育场（馆）提供体育公共服务的现状，提升上海公共体育场馆提供体育公共服务的能力，满足广大市民不断增长的对体育公共服务的需求，并为有关部门的决策提供参考，敬请您完成这份《上海市民对公共体育场（馆）提供体育公共服务的需求》的调查问卷。本问卷所涉及的一切问题均无对错之分，但对我们的研究却非常重要，因此希望您在百忙之中能拨冗相助。在此向您表示衷心的感谢！

上海体育局《上海市民对公共体育场（馆）提供体育公共服务的需求》课题组。

（1）您的性别：

（2）您的年龄：

（3）您的文化程度为：

（4）您的职业为：

（5）2010—2011 年，您的年均收入水平为：

（6）您现居住在哪个区？

（7）您每周去公共体育场（馆）锻炼的次数？

（8）您希望在公共体育场（馆）获得哪些健身设施方面的公共服务？

（9）您曾经在公共体育场（馆）获得过哪些体育健身组织方面的体育公共服务？

（10）您希望公共体育场（馆）提供哪些体质监测方面的公共服务？

（11）您希望公共体育场（馆）提供哪些体育健身指导方面的公共服务？

① 来源于上海市体育局门户网：http：//tyj. sh. gov. cn/website/wsdc/wjdc. jsp。

(12) 您希望公共体育场（馆）提供哪些体育活动方面的公共服务?

(13) 您认为公共体育场馆提供的体育公共服务应该采取哪种形式?

(14) 公共体育场馆提供的体育公共服务每1项（或1小时/次）您可以接受的价格是?

(15) 您希望公共体育场（馆）提供哪些体育信息咨询方面的公共服务?

2. 运用菜单式与个性化服务形式供给对接需求

受制于自上而下统一集中的管理模式，传统的社会服务供给强调一体化和模板化，忽视民众的需求导向及需求差异。例如，无论社区残疾人残疾种类和等级有多大差别，残疾人康复器具往往按照政府设定的规格发放。随着社区人群构成的多样性和利益分化，需求差异化特征日益凸显。在基准设施统一的基础上如何适应民众的差异性需要，关系到服务品质。借鉴一些地方的做法，可选择的策略是逐步推进菜单式和个性化服务方式。前者指基层就供给的服务事项提供替代性选择项，供服务受众选择，提高受众意图表达的机会；后者根据社区构成人群的实际状况，供给有差异的服务项目，适应社区居民的需求结构。个性化服务针对性强，专业化和精细化水准较高，特殊群体如老年人、残疾人、流动人口等更能从中受益，典型案例有北京西城区居家养老服务的“九养政策”、成都社区残疾人“量体裁衣”服务、上海浦东新区潍坊街道外来务工者“新家园”、长沙怡馨社区精神康复会所等，反映了服务供给与受众需求对接方面的努力。

专栏 4－2

北京市研究出台《市民居家养老（助残）服务“九养”办法》

建立万名“孝星”和千家为老服务先进单位评选表彰制度

建立居家养老（助残）券服务制度和老人补助医疗制度

建立城乡社区（村）养老（助残）餐桌

建立城乡社区（村）托老（残）所

招聘居家服务养老（助残）员
配备养老（助残）无障碍服务车
开展养老（助残）精神关怀服务
实施家庭无障碍设施改造
为老年人（残疾人）配备“小帮手”电子服务器

3. 服务下沉，贴近居民，提升社区基本公共服务能力，构建以社区为基础的城乡基层社会管理和公共服务平台

实施社区服务体系建设工程，以居民需求为导向，加强基层公共服务资源整合，因地制宜建设社区综合公共服务设施，行政办公、就业和社会保障、卫生计生、文化体育、科普宣传等设施加大共建共享力度。服务下沉包含服务事权下行和空间可及性的观念，以便利居民获得服务为目标。在具体实践中，目前地方政府主推两个实现途径：一是将社会服务中“基本公共服务事项”的执行，如劳动就业、社会保障、养老助残、计划生育等，下沉到社区，直面居民，由派驻社区的服务站或工作站驻点办理；二是在空间布局上，依托网络平台并联动相关主管部门资源，建立“十分钟或十五分钟服务圈”，辐射一定范围的居民人口，使其获得公共事业（水电气暖）、住房维修、图书馆、文化体育设施服务。北京、上海、广州、南京、长沙、鞍山、十堰等地采取了此项措施，将其理念归纳为“民有所呼，我有所应；民有所盼，我有所办”。

案例 4-2

“一刻钟服务圈”①

近年来，北京市朝阳区以提高社会保障能力、满足居民基本生活需求为目标，积极推进社会服务管理创新，加快建设“一刻钟服务圈”，使社区居民在15分钟内即可获得由政府提供的上百项公共服务，诸如日常修

① 来源于《人民日报》2011年5月18日，第1版：http：//paper.people.com.cn/rmrb/html/2011-05/18/nw.D110000renmrb_20110518_5-01.htm? div=-1。

理、购物、餐饮、文化娱乐、金融、医疗卫生等方面的便民服务，由志愿者提供的志愿服务，以及由基层政府打造的本地特色服务，从而实现基本生活需求不出社区。

步行 15 分钟，居民就可满足服务需求

从 2010 年起，朝外街道 7 个社区都开辟了活动场所，社会服务商定期到小区“报到”，为居民们提供磨刀磨剪、换洗纱窗等服务。统一时间，集中处理，服务到位，价格也颇优惠，居民高兴而来，满意而回。朝阳区吉祥里小区还与浦发银行开展便民合作，每周五 14 时至 16 时，银行开放“绿色通道”，专门为社区居民提供办理缴费事务的“VIP 服务”，5 分钟内一准办完。

修鞋补袜、购物、日常修理、理发、文体娱乐、餐饮、医疗卫生……不用出远门，步行 15 分钟内，在日常生活中产生的服务需求都可以得到满足。去年以来，朝阳区先期在朝外、团结湖、亚运村、左家庄、香河园、麦子店、小关、望京、东湖 9 个街道 82 个社区试点“一刻钟服务圈”，在试点经验基础上，在全区 23 个街道 214 个社区推广，整合社区周边上百项服务资源，并根据不同需求查缺补漏，打造特色服务。同时，政府服务平台在 15 分钟内办理或回复服务申请，让辖区 192 万名居民不出社区，即可享受政务服务、便民服务、公益服务、特色服务，涉及服务项目上百项。

“一刻钟服务圈”不仅提供磨剪子磨刀、修鞋补袜等基本生活服务，还包括对居民文化生活需求的满足。

因地制宜，服务内容不搞“一刀切”

2010 年初，朝阳区采用委托专业组织和社区工作者入户调查等方式，对辖区进行资源摸底和需求调查。到当年 6 月底，各街道共对12 578 个单位实施了摸底登记，建立了辖区资源台账；走访居民 20 万人，回收调查问卷近 12 万份，召开座谈会 560 多个，对居民需求做到“心中有数”。居民需求排前十位的是医疗卫生、文体场所、养老、家政、维修、购物、银行、餐饮、买菜和停车。

在服务内容设置上，朝阳区划分为基本服务和特色服务。基本服务分为公共服务、公益服务和便民服务，这三类服务被称为“规定动作”，这意味着各街乡在创建“一刻钟服务圈”时必须包括这些服务。同时又因地制宜，不搞“一刀切”“一般齐”，针对辖区主流群体，关注社区孤老、残疾等困难群体，把强化养老服务，开展助残助困，满足居民基本需求作为服务保障的重点。鼓励各街乡依托地区资源优势，有效对接居民需求，有针对性地增加服务站点，大力扩展居民急需的特色服务项目，“缺什么补什么”，做到“基本服务应有尽有，个性需求能保就保”。小关社区实行“错时停车”就诠释了资源与需求对接的工作思路。

另外，团结湖街道对18个自行车库实施改造，存车容量扩大20%，缓解了多年来的“停车难”问题。朝外街道、亚运村街道针对老旧小区的实际，在设置41个基本服务项目的基础上，社区每周组织开展“磨刀日”“换纱窗日”“废品回收日”，很好地解决了居民需求和游商扰民的问题；望京街道针对居民买菜难、买报难等问题，投资70万元新增40个便民商亭……很多居民特别是老年人感慨自己“安居乐业，足不出户”，“越老越有福气了”。

整合服务商，打造认证、监督、奖励、退出体系

朝阳区在保证社区服务站提供证件办理、政策咨询、劳动就业、社保救助等政务服务后，积极整合现有社会资源，健全完善区、街乡、社区、商务楼宇四级服务平台，对纳入“一刻钟服务圈”的公共服务站点，有意进入“一刻钟服务圈”的商业服务站点、社区社会组织实行资格认证制度，建立监督、奖励和退出机制，从而确保居民在15分钟内还可享受保洁、早餐摊点、医院、老年餐桌等便民服务、公益服务和特色服务。各街道与服务商签订协议，把社会服务商纳入社区服务签约商，悬挂统一配置的定点标识，认定为可信服务站点，接受街道社区服务中心监督。通过街道认证的各服务商不但要主动开展送货上门等便民优质服务，还要优惠价格，保证质量。在望京街道“便民服务商亭合作协议书”样本上，甲方为望京社区服务中心，乙方为承接便民服务的商户。根据协议，服务商在获准使用商亭时，必须提供身份证及户籍所在地社区居委会证明，并由商亭所在居委会担保。乙方因服务态度、服务质量两次被举报查实的，取消经营资格并解除协议。双方签订协议，是对社会服务商在权利和义务方面予以限定，引导其发挥所长，从而更好地为社区居民服务。

便民服务做得不好、居民不满意的服务商，将面临“退市”风险。朝阳区力推“一刻钟服务圈”建设至今，先后有十余家服务商因服务质量、服务态度等不同原因，被社区居民“弹劾”，退出了由街道办事处认证的便民服务商名录。

4. 通过服务外包与购买，改进社会服务供给模式

近年来，社会服务供给形式发生了重要变化，新型治理工具影响广泛，主要表现在服务供给模式打破了政府作为单一供给主体包揽一切的局面，将服务类和公益类社会组织引入服务环节，成为合作伙伴，分担服务事务的管理。据此，地方政府通过服务产品和劳务的投放，引导和激励社会资源投向服务领域，逐步建立多主体共同治理的结构。

专栏 4－3

哪些社会服务可以通过政府购买

社会服务（或公共服务）购买起源于政府对管理成本和效益的反思，本质上是一种财政性资金的转移支付方式，即通过各种模式建立契约关系，政府将原来由自己直接提供服务的事项，通过“购买”服务等方式交由社会组织来承接，由政府支付相应资金的模式。它的核心是在服务中实现政府与民间的契约关系，是一种“政府承担、定向委托、合同管理、评估兑现”的提供服务的新型方式，体现了社会服务价值和理念的变迁。国内外实践表明，政府购买社会服务有利于转变政府职能、降低行政成本和提高政府服务绩效水平，发展社会公益事业，促进社会和谐。

一般来说，大多数社会服务都可以通过服务购买的形式提供。政府购买社会服务的范围主要包括以下几方面。一是教育，包括职业教育和特殊教育。政府可以通过购买教育或培训机构的服务，向社会提供教育服务。二是公共卫生和农村医疗卫生服务。公共卫生服务，包括疾病防控、

社区康复、医疗社会工作、农村医疗服务等，也可以通过政府购买服务的方式进行。三是养老服务。目前政府购买养老服务还不是很普遍，更多的是政府在鼓励民间机构提供养老服务。四是残疾人服务。为残障人士提供服务是非营利组织比较集中的领域之一，因为残疾人的服务需求往往更加多样化、复杂化和特性化，这也正是非营利组织的作用优势所在。政府对于残疾人的福利计划、资金支持与非营利组织的作用优势相结合，可以达到更好的服务效果。五是社区发展。社区一般都被认为是政府的基层组织，社区服务目前更多的是由政府来提供。随着市场经济的不断完善与政府体制改革的不断深入，民营组织来提供社区服务将成为一种趋势。六是就业促进、保障性住宅和其他社会问题解决。通过非营利组织、社区和企业等相结合的方式来促进就业、社会保障和一些最困难的社会问题的解决，是很多国家正在积极发展的新模式。政府可以通过服务购买的形式，促进民间非营利组织、社区及营利组织在重大社会问题中的参与。

在社会服务购买领域，较早创新政府购买服务模式的有宁波海曙区，它创造了“家居养老”社会福利服务购买的典范。此后，北京、上海和广州等地也纷纷加大了社会服务外包和购买的力度。2010 年 3 月，北京东城区政府在市民中心举办大型服务购买信息发布会，将养老服务、青少年教育、下岗就业等 15 类共计 18 项服务项目公开面向社会招纳服务商。2011 年北京各区政府利用社会建设专项资金向社会组织购买服务的项目数量上升为 40 类 300 多项，服务购买范围明显扩大。[①] 2012 年，广州市更是安排了 2.6 亿元用于政府购买社会服务，此外，天河区还另外安排 4 亿元购买社会服务。从政府购买服务的总量来看，广州市目前在全国各大城市中居第一。[②]

① 首都之窗：http：//zhengwu. beijing. gov. cn/bmfu/bmts/t1158742. htm.

② 南方日报：http：//gongyi. 163. com/12/0621/10/84H2DD3R00933KC8. html.

案例 4-3

宁波海曙区政府：政府购买居家养老服务①

海曙区是宁波市中心城区，老龄化问题严峻。60 岁以上老人占总人口的 17.1%，机构养老难以满足需求。与此同时，孤寡老人、独居老人、“空巢”家庭的比例高达老人总数的 47.9%，家庭养老功能日益弱化。探索一种机构养老和家庭养老之外的新的养老方式，使越来越多的老年人安享晚年，已成为海曙区的一项紧迫课题。

2004 年 3 月，海曙区人民政府出台政策，为高龄、独居的困难老人购买居家养老服务（居家养老指老年人选择居住在家庭中，由社会提供养老服务的一种方式）。2004 年 9 月以来，这一政策已在全区 64 个社区中全面推行。这一政策的运作机制是“政府扶持、非营利组织运作、社会参与”，即由海曙区政府出资向非营利组织——星光敬老协会——购买居家养老服务；星光敬老协会负责项目运作，承担审定服务对象、确定服务内容、培训服务人员、检查和监督服务质量等工作；整合和利用社会资源，积极推行个人购买服务、企业认购服务、社会认养服务等，积极开展社会动员，扩大和完善义工队伍。这一政策使服务人员走入了高龄、独居的困难老人家中，使行动方便的老年人走出了自己的小家，走进社区的大家，来到社区居家养老服务中心或日托中心，构建起了以社区为依托的“两走”（走进去、走出来）模式的社会化居家养老体系。

海曙区人民政府购买居家养老服务项目具有三个特点。一是社会参与度高。有能力的个人和企业可以以购买服务、认购服务的方式参与进来，生活、就业困难的人员可以成为居家养老服务员，社会上的其他人士可以以义工的方式参与进来，最大限度地整合和利用了社会资源。二是覆盖面广。这一政策几乎覆盖到了老人群体的方方面面。符合政府购买服务条件的高龄、独居老人可以享受每天 1 小时的政府购买服务，每天 1 小时服务时间不够的老人可以通过企业和个人认购服务等方式享受

① 中国政府创新网：http：//www.chinainnovations.org/Item.aspx? id=27193.

更多的服务，大量独居、困难但又不够政府购买服务条件的老人可以享受义工上门服务，条件好的、有购买能力的老人可以选择个人购买服务，行动方便的老人可以到日托中心活动，行动不便的老人可以入住全托性质的居家养老照护院。独居老人遇紧急情况可拨打“81890”一键通电话机求助，等等。三是以社区为依托，提倡亲情化服务。以社区为依托是海曙区政府购买居家养老项目的一大特色，社区为星光敬老协会提供符合政府购买服务的老年人对象名单，在下岗失业困难人员中推荐、落实上门服务人员，提供居家养老中心场地、设施、服务等。同时，提倡亲情化服务是海曙区政府购买居家养老项目的又一特色。服务员与老人同住一个社区，服务内容不仅包括生活照料、医疗康复，更重要的是精神、情感方面的服务，极大地提升了服务效果。

海曙区人民政府购买居家养老服务项目为转变政府职能、建设服务型政府指明了方向。据了解，海曙区人民政府购买居家养老服务项目在实践中取得了良好效果。一是海曙区的老人真正实现了老有所养、老有所乐、老有所医、老有所学、老有所为，老年人的生活品质极大提高，幸福感普遍增强，特别是那些最难发出声音和可能为人们所忽视的高龄、独居、困难的老年人得到了实惠。二是政府养老成本显著下降，政府公信力极大提高。通过这项制度创新，海曙区政府每年只需支出100万～200万元，就能履行传统机构养老需要支出3 000万～4 000万元才能履行的职能，同时丰富了养老服务的方式，改善了养老服务的质量，政府公信力极大提高。三是培育了公共精神，增进了社会和谐。这种模式培育了基层社会的参与，提高了公民社会的自我管理能力，使老年人在享受政府提供的服务的同时，也为社会尽了一份力。

5. 通过引入社会服务评价机制，提高回应性，建立以公众为导向的社会服务供给方式

传统政府服务的主要特征之一，就是以政府计划替代公众意愿，以精英设计替代公众参与。许多学者认为，政府机构也有自身利益，在公共服务中往往会从自身利益角度出发，而忽视公众需求和权益。因此，一些发达国家提出建立以顾客为导向的政府，其目的就是为了改变传统政府服务模式下忽视公众需求和参与的弊端，把公众当作服务的顾客，使政府服务对公众更具回应性。

探索民生保障和社会服务供给的社会参与机制，逐步建立和完善政府公共承诺制度、听证制度、信息查询制度，强化社会公众的知情权、参与权和监督权。社会服务项目在实施过程中，应当接受公众的监督，健全接受公众投诉和反映意见的专门机构、程序和时限要求，避免投诉无门。为此。不仅需要完善现有的市长电话、领导接待日、信访等制度，强化其功能，而且还应当创设新闻调查、民意调查、网上交流等现代了解民意的方式，掌握居民对于社会服务的满意度，以更好地改善社会服务的供给。

综上所述，在社会管理领域，随着社会环境不断发生变化，过去一些行之有效的管理理念、管理制度、管理手段和管理方法在今天已经显得难以适应。在新时期，要想做好社会管理工作，尤其要寓服务于管理，不仅要做好“管理”这篇文章，更应集中力量做好“服务”这篇文章，通过做好社会服务，努力实现管理与服务的有机统一，实现以事为主向以人为主转变，实现从强化控制向优化服务转变，着力解决好当前群众反映强烈的教育、就业、收入分配、社保、医疗和住房等民生问题，扩大改革开放成果共享面，改善百姓生活质量，提高人民生活水平。当然，由于社会服务事业在我国起步较晚，虽然近年来取得了一些成绩，但和发达国家比，还存在着比较明显的差距。从目前的情况来看，社会服务总供给不足和社会服务供给方式不健全仍然是阻碍我国社会服务事业发展的主要障碍。在今后的社会服务机制改革过程中，只有努力构建多元化的社会服务供给主体，努力提供多样化的社会服务，才能进一步满足人民群众日益多元化的利益需求，进而解决我国社会服务事业中存在的主要问题，为社会管理目标的顺利实现提供坚实的基础。

新时期，社会服务机制改革与不断完善，任重道远，路漫漫其修远兮，吾辈当继续努力。

第五讲

矛盾化解和调处机制

⊙破解转型期的社会矛盾和冲突
⊙正确认识社会矛盾和冲突的功能
⊙创新社会矛盾化解和调处机制
⊙完善社会矛盾化解和调处机制的途径

矛盾是普遍的、绝对的，存在于事物发展的一切过程中，又贯串于一切过程的始终。

——毛泽东：《矛盾论》

冲突是所有社会关系的一个组成部分，它具有积极的功能，因为它导致团结的重建和群体的平衡。

——［美］刘易斯·科塞：《社会冲突的功能》

生命也是存在于物体和过程本身中的不断地自行产生并自行解决的矛盾，矛盾一停止，生命也就停止，死亡就到来。

——［德］恩格斯：《反杜林论》

转型时期矛盾凸显，拷问化解调处能力

江苏王子造纸是日本目前对华投资最大的工业项目，投资总额近20亿美元，该企业曾因污染严重被上海、苏州、南京等城市拒之门外，最终落户南通。为解决其排污问题，南通市政府拟于启东建设王子造纸排污入海工程，以替代目前直接将污水排入长江的模式。

而启东作为全国著名的“海洋经济之乡”，拥有203公里江海海岸线，60多万亩滩涂，以及全国四大渔场之一的吕四渔港，每年海产品捕捞量占江苏省的1/3。一旦排污项目建立，不仅将会对启东人民的身体健康带来巨大的威胁，也将严重影响启东周边海域的渔业生产，给渔民带来毁灭性的影响。

因此，来自政府内部的反对声从2005年起就出现了，退休老干部、人大、政协代表等屡屡发声，然而，他们的意见虽引发了社会讨论，却没能撼动决策。

2012年“7·28”事件之前，在市民“请愿”要求下，南通市曾就排污入海工程举行听证会，参与听证的代表包括退休老干部、养殖户、渔民、网民、市民等共七八十人。然而，听证会未达成一致意见，政府仍执意启动排污项目，引发众怒，并最终演变为启东“7·28”大规模群体性事件。数万群众在启东汇龙镇永安广场聚集，后步行至启东市市政府，政府大楼1至8层被群众围得水泄不通。这次抗议活动共造成了九十多名执勤民警受伤，机关大楼办公财产损失人民币236 331元，停放在机关大院内的多部车辆受损。

最终，江苏省南通市政府新闻发言人28日发布南通市政府决定，永远取消有关王子造纸排污入海工程项目。①

“启东事件”“什邡事件”等均是因环保问题而引致的大规模群体性

---

① 慧聪水工业网：江苏启东民众抗议排污事件发起人未遭报复. http://info.water.hc360.com/2012/12/251041393848-2.shtml. 中国经营网：http://www.ebnew.com/newsDetail-v-id-369155401.html.

事件，是转型时期典型的矛盾冲突类型。正如《人民日报》评论所说，“中国的社会发展正进入一个特殊的环保敏感期，一方面，‘发展中’这一现实国情还绕不开产业的梯度转移，一些工业项目也不可能做到‘零污染’；另一方面，民众的环境意识与权利意识在迅速提升。环境利益冲突既是社会进步的体现，也是发展转型的一种折射。”

换言之，转型时期的时代背景预示着我们已然进入一个矛盾多发的阶段，这种矛盾并不局限于案例所显示的环保领域，而是分布于社会生活的各个领域，拆迁、征地纠纷、劳资纠纷、医患纠纷等社会矛盾及由此引发的群体性事件屡见不鲜。正如胡锦涛所指出的，“一些国家和地区的发展历程表明，在人均国内生产总值突破 1 000 美元之后，经济社会发展就进入到一个关键阶段。在这个阶段，既有因为举措得当从而促进经济快速发展和社会平稳进步的成功经验，也有因为应对失误而导致经济徘徊不前和社会长期动荡的失败教训”[①]，因此，在这一不协调因素增多、社会矛盾多发的时期，也正考验着中国共产党的执政能力。自 2004 年以来，如何更好地化解社会矛盾纠纷，受到了党和政府的持续关注，党的十七大、十八大报告均明确提出了要“正确处理人民内部矛盾”。但是，我们当前究竟面临着怎样的社会矛盾形势，这些社会矛盾又具有什么样的特点，引致矛盾的诱因和可能的解决措施又有哪些，这些问题还都需要我们进一步理清、明确。

本讲在澄清当前社会矛盾冲突总体形势和基本特征的基础上，确立认识社会矛盾和冲突的基本观念，继而对社会矛盾纠纷处理的社会管理创新机制——大调解制度进行分析，以期为转型时期社会矛盾纠纷的有效化解提供借鉴。

一、破解转型期的社会矛盾和冲突

（一）当前社会矛盾的总体形势

随着我国经济快速发展、社会快速转型，收入差距扩大、区域发展

① 郑杭生．当前我国社会矛盾的新特点及其正确处理．中国特色社会主义研究，2006（4）.

不平衡，以及以户籍身份差别为基础的城乡二元结构分化等问题随之产生，并引致了日益增多、日趋复杂的社会矛盾。

就社会矛盾的数量而言，根据全国法院受理案件的基本情况统计数据，1999—2004 年，全国范围内的案件受理数量大体维持在一个较高水平。而 2011 年的最新数据则显示，各级法院受理案件已达1 220.4万件次，同比上升 4.4%，其中刑事案件 84 万件，同比上升 7.7%，达到历史新高。[①] 而全国信访数量也一直高位运行，十二年来，信访数量年均增长 10%。[②]

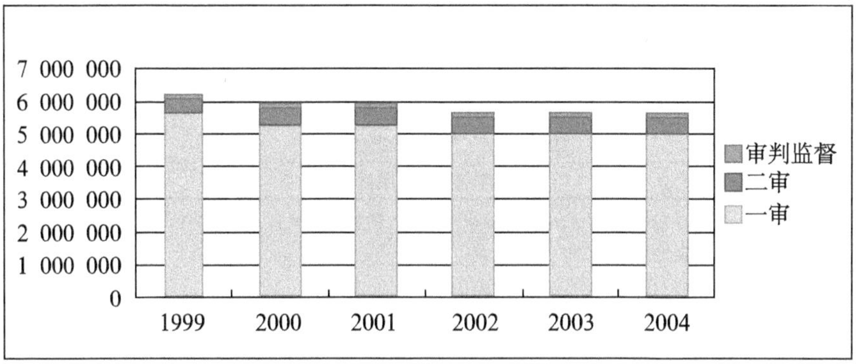

图 5－1　1999—2004 年全国法院审理各类案件情况统计

资料来源：此图根据《中国法律年鉴（2000—2005）》统计数据绘制

而社会矛盾纠纷涉及的领域，也从传统的婚姻家庭、邻里纠纷等进一步发展到了土地承包与赔偿纠纷、环境污染纠纷、医患纠纷、劳资纠纷、上访处置引发的纠纷、食品安全纠纷、产权债权纠纷及企业改制引发的纠纷等新的领域。

表 5－1　调处矛盾纠纷风险地图整体图（2011.1.1—2012.5.1）

风险项	风险要素	频数
土地承包、赔偿纠纷	农村土地承包纠纷	2
	土地征收补偿不到位	6
	土地征收补偿分配不均	6
	恶性冲突（强拆、斗殴等）	7

① 《最高人民法院工作报告》，十一届全国人大五次会议，2012 年 3 月 11 日。

② 马怀德．规范公权力是治理当前社会矛盾之本．东方早报，2012－05－29.

（续表）

风险项	风险要素	频数
环境污染纠纷	化工厂污染	8
	噪音污染	7
	有毒危险品泄漏	3
医患纠纷	医疗纠纷	5
	医闹	8
	医生维权	2
劳资纠纷	合同纠纷	2
	拖欠工资、待遇纠纷	8
上访处置引发的纠纷	政府应对上访处置不当	
食品安全纠纷	食物中毒	6
	食品质量监管不到位	2
产权债权纠纷	集资纠纷	8
	小产权房产权权益纠纷	2
	家庭财产、遗产纠纷	6
企业改制引发的纠纷	企业改制遗留的保障问题	2

资料来源：本表引自《形象危机应对蓝皮书》，唐钧根据2011.1.1—2012.5.1相关网络报道绘制的调处矛盾纠纷风险地图整体图

而这些社会矛盾往往又因为处理不当、处理滞后等多种原因急剧演化，最终以集体上访、警民冲突等群体性事件过激形式予以呈现，对政府应对、处理形成巨大的压力，引起社会舆论的广泛关注。

专栏5-1

“7·19”孟连事件

云南省孟连县橡胶产业以“公司＋基地＋农户”基本模式为发展基础，胶农按协议价格将乳胶出售给橡胶公司。“勐马”和“公信”作为当地最大的橡胶企业，经历从乡镇企业到股份合作制企业、私营企业的两次改制，但由于改制不彻底，留下了产权不清晰、管理不规范、分配不合理等问题。

2005年以来，橡胶价格不断攀升，而当地公司对橡胶收购不做调整，严重损害了胶农利益，胶农曾多次向乡、县、市、省有关政府部门反映，但都毫无结果，为此，胶农决定终止出售乳胶给当地公司，自行给价高的收购者，遭到了公司派出的保安阻止，双方多次发生冲突。而

县乡党委、政府对此以治安案件加以处理，多次动用警力介入，刺激胶农，致使警察被打、警车被砸，到“7・19”事件发生前，孟连已累计发生胶农群体性事件7起。

孟连县委、县政府坚持认为这些事件为农村黑恶势力导致，发布治安整治通告，并派出工作队，检察院和公安局也限令“违法犯罪人员”投案自首。7月16日，警察强制传唤8名涉案者。17日，一抓捕对象被扣留引发300名群众围堵，造成两名工作队员受伤。市里认为工作队安全受到威胁，有必要动用警力实施打击。19日凌晨，175名警察被调集赶往勐马镇进行抓捕行动，遭到了近700名村民的围攻，发生激烈的警民冲突，造成两名村民死亡，17名村民、41名警察受伤，9辆执行任务的汽车被砸坏，102件警械损毁或丢失，警察被困长达11小时，制造了震惊全国的“7・19”孟连事件。

事件发生以后，胡锦涛等中央领导人深表关切，云南省迅速组成省委副书记挂帅的工作组，省委常委、政法委书记、公安厅厅长孟苏铁赶赴现场指挥事件处置，认真倾听村民的利益诉求，并代表省委、省政府向他们表示歉意和负责任地解决胶农合理要求的决心，鞠躬以示诚意，最终赢得了村民的认可，气氛趋于缓和，“7・19”孟连事件渐趋平息。

资料来源：《云南孟连村民围攻警察事件：一意孤行用警力》，《网易新闻》，2008年9月17日，http：//news.163.com/08/0917/08/4M1F6OK100011SM9.html

（二）社会矛盾产生的原因

认清社会矛盾纠纷的总体形势，除了了解社会矛盾的数量、涉及领域以及表现形式等现实情况外，还需要对社会矛盾生成的内在规律、原因进行探究，从而更好地解决、处理社会矛盾，使我国平稳度过“矛盾凸显期”。

1. 经济发展与利益分化

随着我国现代化建设的深入以及改革的不断推进，一方面，经济总体保持持续高速增长，国内生产总值（GDP）世界排名不断攀升，到2009年，已经成功超越日本，成为仅次于美国的世界第二大经济体，并且与日本之间的差距也在不断拉大。GDP增长率自1991年以来，也一直保持高位运行，可以说，我国的经济发展取得了重大的成果，即“蛋糕”在不断地做大。但另一方面，由于长期以来我国的改革以经济发展为主导，因此，经济利益的分化也导致了社会分化，计划经济体制下的一元化主体发展成为包括地区、部门、企业及个人等在内的多元化的主体，这些不同的利益群体追求各自不同的具体利益目标。就如何“分蛋糕”的问题，各种社会力量相互之间不断地博弈，甚至形成摩擦、冲突。

专栏5－2

中国历年GDP增长率

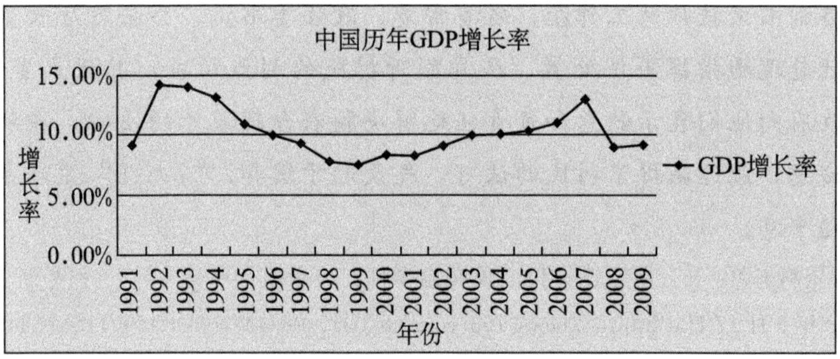

根据国家统计局网站数据测算，我国自1991年以来GDP增长率以高于7％的速度持续增长，创造了世界经济发展的“神话”。

数据来源：1978年以来我国GDP增长率的历年数据，《金融文摘》；《2009年GDP增长率9.2％》，《网易新闻》，2011年1月12日，http：//news.163.com/11/0112/05/6Q64M31F00014AED.html

学者郑杭生将我国各利益群体之间的冲突博弈主要概括为三种类

型[①]。第一，发生在强势利益群体之间的“强强”冲突博弈。例如，作为城市房产私有率迅速提高背景下的城市重要利益群体的房产拥有者，围绕房屋问题与开发商、物业公司之间产生分歧、争执，他们往往依托业主委员会、业主大会等与之抗争，使得“强强”冲突博弈转化并扩大。第二，发生在强弱势利益群体之间的“强弱”冲突博弈。在郑杭生看来，劳资矛盾就属于强弱冲突的典型。他认为，劳资冲突中的双方在实现或维护自身利益时都极易走极端，不仅企业主可能普遍存在侵权行为，作为弱势一方的劳方，由于缺乏法律知识等，也往往采取非制度化的方式，导致冲突博弈转化和升级。第三，发生在弱势利益群体之间的“弱弱”冲突博弈。例如，城市农民工群体内部的利益分化与矛盾冲突，以及农村居民内部因土地、产品市场等问题而发生的矛盾冲突。

专栏5-3

富士康武汉百名员工威胁跳楼 抗议工资待遇低

继2012年深圳富士康连环跳楼事件之后，2012年4月，由深圳迁至武汉的富士康冲压厂，由于部门合并、加班时间调整等，员工对薪酬待遇不满，多次向厂方反映无果，一百多名员工在厂方楼顶聚集，扬言跳楼自杀，经富士康人力资源和法律部门及当地政府多方协调，事件僵持十多个小时以后才逐渐平息，该事件引起了媒体舆论的极大关注。

资料来源：《富士康百名员工威胁跳楼 抗议工资待遇低》，《网易科技》，2012年4月28日，http://tech.163.com/12/0428/14/806DPSRJ000915BD.html

2. 社会关系变迁与社会结构失衡

随着经济社会的发展，社会结构与社会关系也产生变迁，一方面，人们的身份从“单位人”变成了“社会人”，社会关系也由“熟人社会”

① 郑杭生，杨敏．社会实践结构性剧变下的社会矛盾．探索与争鸣，2006（10）．

变为“陌生社会”，人与人之间的距离不断拉大，“强关系”的网络格局逐渐被“弱结合”的趋势所取代，社会信任度随之降低，人们在目标、期待和追求以及责任和义务方面都普遍短期化了①，导致了人与人之间亲密关系遭到破坏，即便是在家庭、邻里等初级群体之间，关系也不断地淡化和功利化，为潜在的社会矛盾和冲突埋下伏笔。另一方面，正如孙立平分析的那样，中国进入社会转型新阶段后，这一时期内很多社会成员没有从改革中获益，反而成为弱势群体，导致了我国社会结构的失衡和阶层分化，也即呈现出了所谓“断裂社会”② 的基本特征，各阶层、各群体之间的矛盾冲突越来越明显。具体而言，社会结构的失衡与社会阶层复杂化，又主要体现在四个方面。第一，收入结构的失衡。在打破过去绝对平均主义的低水平均衡状态的同时，我们建立了以按劳分配为主体、多种分配方式并存的收入制度，强调初次分配更加注重效率，再分配更加注重公平的基本原则，以及“允许一部分人先富，从而先富带动后富”，但是，这种新的收入分配制度在形成不同收入层的多元结构时，却未能达到新的均衡，社会贫富差距不断拉大。第二，城乡二元结构与城乡分化。城乡居民收入、医疗卫生、文化教育以及社会保障等基本公共服务的各个方面差异明显。第三，区域结构失衡。我国东中西部地区的经济结构、发展速度、发展质量、发展水平存在着显著差异，而且即便是在一个省份或者同属中国农村的地区，也呈现出了明显的差别，因此，媒体形象地称之为“乡土中国分成‘三个世界’”③。第四，社会阶层结构不合理。社会阶层结构是社会结构中最为重要的组成部分，根据国际共识，“橄榄形”结构是最为稳定、合理的结构，而“三角形”或者“马鞍形”等的其他社会结构，都是导致潜在阶层矛盾和冲突的根本原因。我国目前正是属于“两头大，中间小”的基本情况，中间阶层数量少且力量薄弱。④

① 王道勇．快速转型时期的信任缺失与社会矛盾．人文杂志，2007（5）．

② 孙立平．失衡：断裂社会的运作逻辑．北京：社会科学文献出版社，2004（7）．

③ 农村内部严重分化 乡土中国分成“三个世界”．新华网．2006－07－31．http：//news. xinhuanet. com/newcountryside/2006－07/31/content _ 4898211. htm.

④ 贾金玲．当代中国社会矛盾与政策创新研究．求索，2009（5）．

专栏 5-4

中国的基尼系数

基尼系数为20世纪初意大利经济学家基尼根据劳伦茨曲线而定义的判断收入分配公平程度的指标。基尼系数是一个比例数值（位于0～1之间），越接近于1，则表示收入分配越不均衡，而越接近0，则表示收入分配越趋向于绝对平均。根据国际组织有关规定，若低于0.2，表示收入绝对平均；处于0.2～0.3，则表示比较平均；处于0.3～0.4，表示收入分配相对合理，处于0.4～0.5，表示收入差距较大，而一旦高于0.5，则表示收入差距悬殊。

我国自2000年公布基尼系数为0.412之后，国家统计局连续十年未对这一指标公布具体统计数字。2011年末，国家统计局《中国全面建设小康社会进程统计监测报告（2011）》称，“从五项监测指标来看，2010年基尼系数略高于2000年的0.412，实现程度为79.8%”。一些学者也纷纷对基尼系数进行测算，自1988年参加经济学家赵人伟教授主持的中国社科院居民收入分配课题组以来，在过去的二十年间，李实先后共进行了四次关于基尼系数的大型调查和测算，结果分别为1988年0.382，1995年0.455，2002年0.454，2007年0.48，几度超过0.40的“国际警戒线”，而且据李实估计，2010年，中国的基尼系数可能会达到0.5。

资料来源：《中国基尼系数十年未发布 被指收入分配差距拉大》，《搜狐新闻》，2012年1月5日，http://news.sohu.com/20120105/n331219671.shtml

3. 社会转型与社会心理变化

经济社会的转型，必然带来价值的多变和多元化，引发人们心理状态的改变。一方面，随着民主、自由、法治观念的倡导，以及国家对公民知情权、参与权、监督权的认可，公民意识不断增强，在公共事务中积极表达利益诉求，监督政府行为，行使公民权；但同时，由于利益表达渠道的不完善，公众参与制度的相对滞后，其利益诉求等往往得不到充分满足。在此背景下，极易引发过激情绪，并在网络、媒体的传播、渲染下不断膨胀，演化为激烈的社会矛盾冲突。另一方面，社会结构分化、利益分化也极易导致公众的心理失衡，典型表现为普遍的仇官、仇富心态及对政府的不信任，而信访、诉讼等社会减压阀又未能及时对这种心理失衡和负面情绪进行释放、疏导，因此，一些小的社会问题、社会事件成为社会累积情绪宣泄的导火索，引发大规模的矛盾冲突事件。

专栏 5－5

无直接利益冲突：社会矛盾新警号

2006年，《瞭望》新闻周刊记者在对粤、沪、苏、浙等发达地区进行社会矛盾调查时发现，一些地方的社会矛盾呈现出“无直接利益冲突”的特殊现象，社会冲突中的众多参与者本身与事件无关，只是因曾经遭受过不公平对待，长期积累不满情绪，而借机表达、宣泄一些情绪。因此，《瞭望》周刊记者撰文提示，这种“无直接利益冲突”为社会矛盾的新警号，应对这种苗头和发展趋势保持高度警惕。

而近年来，《瞭望》周刊撰文提示的这种“无直接利益冲突”现象却越来越明显，例如，2012年10月17日，四川泸州市110指挥中心发出指令，龙马潭区红星路发生交通拥堵，要求附近交警及时赶赴现场进行疏导，市交警支队两名辅警在现场维护交通时，发现一辆货车违反临时停车规定，立即喊话要求其驶离，但该司机拒不配合，辱骂执勤辅警，双方发生抓扯。其间，司机突感不适，辅警在其车上寻药未果后，当地群众在车内找出药品给司机服下，但是司机不适加重，辅警呼叫指挥中心通知120救护车现场施救，经抢救无效死亡。在处理、施救过程中，现场逐渐聚集较多群众，最多时围观群众上千人，部分情绪激动人员袭击前来处理事件的警车，泸州“10·17”事件中，共有7辆警车被推翻，其中5辆被点燃，2辆被烧毁。

泸州市委市政府高度重视，经耐心、细致的工作，10月18日，死者家属自愿将遗体运往殡仪馆，事态逐渐平息，围观群众全部疏散。

这起事件印证了《瞭望》周刊所说的“无直接利益冲突”现象。围观群众的过激情绪表达行为，并非因为与此事件有直接利益关系，更多的是一种社会情绪的宣泄。因此，正如《瞭望》周刊文章所称，这是社会矛盾的新警号，必须加以警惕。

资料来源：钟玉明、郭奔胜，《社会矛盾新警号》，《瞭望》2006年第10期：第10—13页；《四川泸州官方通报“10·17”群体性事件始末》，《新华网》2012年10月18日，http：//news. xinhuanet. com/legal/2012－10/18/c_123838619. htm

可见，随着改革进入攻坚期，经济体制、社会结构、利益格局不断变革和调整，利益主体及其价值取向日益多元化、多样化，人们的思想活动也复杂而易变，这些因素相互作用，共同导致了当前转型时期日益严峻的社会矛盾、冲突问题，不仅总体数量大，而且涉及领域广，并往往表达形式过激，构成了政府社会管理的巨大压力。

（三）当前社会矛盾的性质分析

1. 当前社会矛盾属于人民内部矛盾

早在新中国成立初期，毛泽东就曾撰文指出，“在我们的面前有两类社会矛盾，这就是敌我之间的矛盾和人民内部的矛盾。这是性质完全不同的两类矛盾”，“一般说来，人民内部的矛盾，是在人民利益根本一致的基础上的矛盾”[①]。据此可以认为，当前的社会矛盾主要还是人民内部的矛盾，是新时期常态的、一般性的社会矛盾。

由于我国正处于转型的时期，正从农业社会向工业社会、传统社会向现代社会、专制社会向民主社会发展和变迁，尤其是改革开放以来，包括社会结构、体制机制、经济利益、思想观念等在内的各个方面都发生着快速且全面的变化，在当前这一阶段内必然会出现大量的社会矛盾和冲突，因此可以说，转型期的社会矛盾具有其必然性。

① 毛泽东：《关于正确处理人民内部矛盾的问题》，在最高国务会议第十一次（扩大）会议上的讲话 . 1957.

同时，正如中国社会科学院重大课题“当代中国人民内部矛盾研究”的最终研究结论所显示，“从目前来看，新的社会威胁主要集中在就业、穷富差距、社会保障三个方面，很多贫富关系、劳资关系、干群关系方面的社会矛盾问题，也都与这三个问题有关”①，而近年来的群体性事件等都是人民群众为了解决这些具体问题而采取的极端方式，并不是出于某种政治目的，更不是谋求颠覆国家政权。因此，我们可以认为，不论表现形式怎样，现实中的矛盾和冲突基本上都是利益之争引起的，而非政治诉求，也都是可以通过谈判、妥协等方式予以化解，是属于人民内部的利益冲突与矛盾。

2. 当前社会矛盾演化的可能性小

总体看来，我国当前的矛盾和冲突覆盖面宽、涉及范围广，在一定的条件下，存在社会矛盾转化为较严重社会危机的可能性。但就目前而言，在我国出现严重的社会矛盾问题的可能性还比较小，其主要的形成条件尚不具备。

根据学者的观点，“严重的颠覆性社会矛盾的形成至少需要有三个基本条件：一是民众的基本生存受到威胁，二是经济失去秩序，三是社会控制力基本丧失”②。首先，我国民众的基本生存未受到威胁。民众最基本的生存条件就是吃饭，历史上，因饥荒而产生的农民暴动屡见不鲜，并往往由饥民暴动发展为全民性的暴动。虽然当前中国依然存在“农民真苦，农村真穷，农业真危险”③ 的问题，但是，由于中央的高度重视，连续十年一号文件关注“三农”问题④，以及农业税的免除等有力措施的采取，使这一问题得到了一定程度的缓解。而且，不仅是农民，社会其他各阶层老百姓的生存条件也较之过去有了普遍改善，生活水平有较大提高，因此，可以说，我国民众的基本生

---

① 李培林，张翼，赵延东，梁栋．社会冲突与阶级意识：当代中国社会矛盾问题研究．北京：社会科学文献出版社，2005：13.

② 吴忠民．当前中国社会矛盾的基本判断．太原日报，2011－12－02.

③ 李昌平．我向总理说实话．西安：陕西人民出版社，2009.

④ “聚焦中央一号文件”新闻背景：中央一号文件连续九年关注三农．中国网络电视台 2012年2月1日，http：//jingji. cntv. cn/20120201/123742. shtml.

存仍有有效的保障，并未受到威胁。其次，当前中国经济不会失序。中国自改革开放以来一直坚持稳健的改革路径，尤其在经济改革上，最初邓小平以“摸着石头过河”的方式来推动改革的前进，这种渐进式的改革模式虽然缺乏速度和前瞻性，也可能导致“摸着石头不过河”，但较于苏联激烈的“休克疗法”，则凸显了稳定性的优势。从近期国家在经济上实施的政策来看，我国对经济的控制能力并没有丧失。再次，我国政府对社会的控制力也不会丧失。社会控制力是党执政能力的组成部分，是党和国家维护社会稳定的基础。从我国政府当前对社会矛盾、社会舆论、社会生产等的处理来看，我国政府对社会仍然有着强有力的控制。

总体说来，矛盾对任何一个社会都是不可避免的，现阶段，我国社会各阶层的矛盾和冲突还是一种可调和的矛盾，阶层之间相互妥协，出现激烈、严重动荡的可能性并不大。

（四）当前社会矛盾的发展特点

1. 矛盾主体：多元化与弱势利益群体

中国社会结构的变迁，导致利益格局发生变化，不同利益群体在社会利益格局中的位置不断调整，由此，社会矛盾的多样性折射出了矛盾主体的复杂性和利益群体多元化特点。

根据学者的观点，当前中国多元化利益群体的划分，可以根据改革开放过程中获益程度的不同划分为四种社会群体：一是从改革中获益最多的“特殊获益群体”，包括高级管理人员、大企业家等；二是包括私人企业主、知识分子、一般技术人员、管理人员等在内的从改革中得到了普遍受益的“普通获益群体”；三是失业、下岗职工等“利益相对受损群体”，即在市场转型阶段经济利益相对受损的社会群体；四是受益相对最少的贫困人口和农民工等群体，称为“社会底层群体”。[①]

在这四个利益群体中，前面两者在共同的利益驱使下对现行利益分

---

① 李强．社会分层与贫富差别．厦门：鹭江出版社，2000.

配体制基本认同，形成具有相对稳定边界的社会统治集团，形成强势利益群体。后两者形成的失业职工群体、失地农民群体、失房居民群体三大新生的利益群体，让广大工人、农民的边缘化程度不断加强，成为弱势利益群体[①]，他们面对“买不起房、看不起病、上不起学”的“三座大山”，从而使由民生需求所引发的社会矛盾成为当前社会矛盾的主要构成。

2. 矛盾形态：以官民冲突为主

正如前文所说，当前社会矛盾不仅涉及婚姻家庭、邻里等传统矛盾问题，而且还涉及征地、拆迁、劳资、医患等新的社会矛盾领域，呈现出较为复杂的社会矛盾形态。但是，根据学者的研究，当前社会矛盾排在第一位的是官民矛盾与冲突，其次才是贫富分化引致的矛盾及劳资纠纷。[②]

具体而言，以官民冲突为主的矛盾又主要由两种情况引致。第一，由政府自身决策引起的社会矛盾。如前面提到的失业、失地、失房的“三失”群体，直接或间接因为国有企业的改制重组破产、农村土地征用、城市房屋拆迁等政府决策行为产生，所引发的相关社会矛盾也就同政府直接相关，导致党群关系、官民关系的紧张。第二，矛盾本身与政府无关，但在矛盾发展过程中，由群众与群众之间的民间性冲突发展为针对地方政府的“官民性冲突”。

以官民冲突为主的矛盾形态之所以形成，一是因为我国的政府、企业组织、民间组织之间的权责关系尚不十分明确，不能各司其职、功能互补，政府集裁判员和运动员的角色、调解者和经营者的角色于一身，管过多的事情，承担过多的责任；二是在很大程度上因为一些地方执政者的执政观念未及转变，以社会绝对安定为管治目标，以社会稳定作为地方官员升降的最主要指标，有时甚至和民众对立起来，导致各类矛盾的焦点最后都集中到基层党政机关，直接引发了官民之间的纠纷、矛盾

① 郑杭生．当前我国社会矛盾的新特点及其正确处理．中国特色社会主义研究，2006（4）．

② 吴忠民．中国现阶段社会矛盾特征分析．教学与科研，2010（3）．

和冲突。[①]

3. 矛盾显示：多样化诉求方式

根据利益诉求表达手段的正当性和表达目标的正当性情况，学者将多样化的诉求方式抽象划分为四种情形：一是目标正当，手段也正当；二是目标正当，手段不正当；三是目标不正当，手段正当；四是目标不正当，手段也不正当。[②] 显然，第一种是我们要引导的，第二、第三种需要纠正，第四种则应避免。

具体而言，当前老百姓自身利益诉求的表达，既有引发社会广泛关注的激烈、尖锐的非理性和非制度化表达方式，如堵塞或阻断公路、铁路交通，非法集会、游行、示威，将生活不能自理者遗弃在信访接待场所，聚众闹事、械斗、打砸抢烧或扬言爆炸，围堵、冲击党政机关或拦截公务车辆等；也有较为温和的表达方式，并且这种温和的表达方式较之激烈、尖锐的表达方式仍然占主导地位。民众出于扩大社会影响和保护自己、不犯法的双重目的，采取包括诉讼、见诸网络、媒体报道等方式表达诉求。从近年来的各类冲突案件来看，诉求表达方式从激烈对抗向文明表达转变的趋势也渐趋明显。例如，2007 年厦门 PX 事件以及 2012 年宁波 PX 事件中，民众通过“文明散步”的理性表达方式与政府达成一致，成为政府与公民互动的典型形式。

4. 矛盾演化：个案走向群体性

由于作为中国现阶段社会矛盾主体的弱势利益群体有着广泛的民众基础，人们热切关注的基本民生问题未及解决时催生出社会焦虑现象，更容易让人们参与或卷入不必要的矛盾纠纷之中，加上互联网等先进信息传播手段的扩散与放大作用，人们越来越多地通过网络关注或发表对于各类事件的看法和观点，甚至制造激烈言论，推波助澜。所以，“正是在社会矛盾空前的联动性、蔓延性和迅速扩散的背景之下，中国现阶段的社会矛盾就会出现个案问题容易演化成整体化矛盾

① 于建嵘．抗争型政治：中国政治社会学基本问题．北京：人民出版社，2010．

② 郑杭生．当前我国社会矛盾的新特点及其正确处理．中国特色社会主义研究，2006（4）．

的现象”。[1] 例如，2008 年贵州“瓮安事件”：因对一名女中学生“溺水死亡”的警方结论不满，与当事人并无利害关系、来自社会多个层面的“非特定多数人”对当地党政机关实施打砸烧。2004 年重庆市“万州事件”：因一名临时工冒充公务员殴打搬运工，使得一件问题不大的治安事件引起了一场规模不小的群体性事件。这些事件发生的导火索不同，但结果都是把本来由于个体产生的问题扩大为群体性事件，引发整体化矛盾。

二、正确认识社会矛盾和冲突的功能

面对我国当前如此复杂的社会矛盾和冲突状况，如何寻求解决方法，维持社会和谐稳定，不仅成为社会管理实践，而且也是理论研究亟待解决的问题。在以社会矛盾、冲突为对象的研究中，国外有流派纷呈的社会冲突理论，我国有毛泽东的两类矛盾学说及当代众多研究者的诸多观点。虽然中国的“社会矛盾”和西方的“social conflict”概念在不同的语境下界定不同，但它们都是指一种处于社会失序状态的社会现象。所以，我们讨论的社会矛盾和冲突理论中的矛盾具有一致性，具体而言，矛盾冲突理论主要关注如下方面。

（一）社会冲突的根源：资源稀缺性与分配不公平

社会发展过程中，除了存在稳定、均衡等因素外，还存在不稳定、动乱和冲突的因素。马克思和恩格斯在《共产党宣言》中认为，“到目前为止的一切社会的历史都是阶级斗争的历史”，并且资源的稀缺导致分配上的不平等是斗争产生的根源。[2] 因这种阶级冲突的观点渗透到现代冲突理论当中，部分学者认为社会冲突理论源于马克思。作为社会因素之一的社会冲突，被认为是普遍存在的和不可避免的。齐美尔认为社会冲突是一种主要的社会过程形式，普遍存在于社会有机

① 吴忠民．中国现阶段社会矛盾特征分析．教学与科研，2010（3）.
② ［德］马克思，恩格斯．共产党宣言．北京：人民出版社，1958.

系统中，具有不可避免性。① 辩证唯物主义认为，矛盾是相互对立的两个事物，普遍存在于人类社会之中，贯穿于整个社会发展的历史过程。

对于引发社会冲突的原因，在达伦多夫看来，权力分配较于经济因素更具有影响力，尤其是其中制度化过程产生的“强制性协作组合”中的准群体成员在意识到其客观利益后，可能形成冲突群体，就有可能引起冲突。同时，组织的技术、政治和社会条件是否得到满足，权威分布与其他资源的分布是否相关，统治与被统治群体间的流动程度，是影响冲突激烈程度的三个主要因素。这三个条件越极端，冲突就会越具有暴力性，即组织的技术、政治和社会条件越是得不到满足，对被统治者在资源分布上的剥夺，越是从绝对状态转向相对状态，冲突群体之间相互调解达成协议的能力越是不足时，冲突就会越激烈。② 科塞认为，社会冲突的起因是合法性认同的丧失，即社会资源的稀缺性和分配不公导致的相对剥夺感和不公正感引发了社会冲突。他将社会冲突分为现实性社会冲突和非现实性社会冲突两类，前者是一种为达到具体特定目的的手段，如劳资双方关于增加工资待遇的分歧和斗争等；后者则是把敌对情绪作为目的本身表达出来，涉及诸如终极价值、信仰、意识形态以及阶级利益等不可调和的分歧与斗争。③

（二）社会冲突的功能：维持社会稳定，提高社会整合度

社会矛盾和冲突的存在，带来了许多消极影响，包括不同阶层因利益之争而相互对立，扩大社会排斥；或者因为利益诉求的表达方式不当导致社会失序。因此，社会矛盾一直被视为导致社会不稳定的敏感因素。但是，在看到其“负功能”的同时，我们必须用辩证的思维来看待社会矛盾，正视它的积极作用，重视它的正功能。

---

① ［德］齐美尔．社会学：关于社会化形式的研究．林荣远译．北京：华夏出版社，2002.

② 于建嵘．抗争型政治：中国政治社会学基本问题．北京：人民出版社，2010：24、27.

③ 叶克林、蒋影明．现代社会冲突论：从米尔斯到达伦多夫和科瑟尔．江苏社会科学，1998（2）.

适度的冲突可以与社会的秩序与合作一样发挥积极的作用。齐美尔认为，社会冲突是社会互动交往的一种形式，是普遍存在和不可避免的。冲突既是利益矛盾的反映，也是社会行动者本能的反应，并不一定会引起社会各系统的崩溃和变迁。[①] 可以认为，并非所有的冲突必然引发社会震荡，影响社会稳定；相反，在社会群体联系日益紧密的条件下，那种程度轻微的冲突，即使频率较高，对社会系统的运转也不会造成冲击、发生动荡，而且，由于释放适当的紧张，引起社会系统的改善调整和，反而有利于社会系统的稳定和发展。同时，随着冲突群体内部、冲突群体之间联系的日益紧密，社会系统组织化程度得到不断提高，冲突群体的共同目标也逐渐明确，使冲突的暴力性反而下降。[②]

社会冲突对社会具有内部整合与稳定功能，对新群体与社会的形成具有促进功能，对新制度和规范的建立具有激发功能。李普塞特认为，社会系统的一致只有在不断的冲突中才能实现。在他看来，首先，社会冲突能够促进社会整合。不论是功能论还是冲突论，对整合社会认识上的理论宗旨是一致的，其目的都是为了寻找社会整合发展的根源，达到社会的整合与一致。其次，冲突可以使意识形态整合。随着现代社会发展，某一种意识形态可能消失，但不是所有意识形态消亡，只要意识形态延续下去，其中各个部分之间的融合与冲突状态就会存在。再次，冲突可以造成政治力量的整合。冲突会使社会中的各种政治力量分化，并进行重新整合，激发新的制度和规范建立。[③]

社会冲突具有“社会安全阀”的作用，能够为社会提供减压、警报、整合和创新的作用。冲突是促进社会有机体团结和统一、保持社会系统整体完整的过程，它同合作一样都具有积极的社会功能，如前所述，一定程度的冲突是社会群体形成和群体生活持续的基本要素。

---

① 于建嵘：《抗争性政治：中国政治社会学基本问题》，他认为齐美尔关注的是不太激烈的冲突。如果冲突不激烈，对社会的整合发挥积极作用；如果冲突激烈，则会对社会的整合发挥消极作用。

② 谢立中．西方社会学名著提要．江西：江西人民出版社，2001.

③ 陈成文．西方社会学家眼中的“和谐社会”．湖南师范大学社会科学学报，2005（5）.

就像组织间关系，既需要和谐，也需要不和谐；既需要对立，也需要合作；它们之间的冲突绝不完全是破坏因素。科塞的“社会安全阀”理论中，“社会安全阀”就像锅炉上的安全阀门，在不破坏整体结构的情况下，释放不断增加内部压力的蒸汽，也就是消除社会积聚的不满和敌对情绪，调解社会冲突，把社会矛盾的解决转化为协调，为社会提供减压、警报、整合和创新的作用。其中，社会减压功能，即缓解社会冲突下群体之间的敌对情绪；社会警报功能，即社会管理者或统治阶级通过“安全阀”观察民情，了解社会群体冲突的程度；促进社会整合，也就是促使社会群体发生分化，然后各分化的群体之间相互融合再固化成群；社会创新功能，即冲突强化了社会群体间的碰撞，激发了维护社会群体秩序的新规范、新制度的形成，对社会创新发挥了激发器的作用。[①]

（三）社会冲突的化解：制度化调解机制

当执政者不能正视社会各群体的利益诉求具有的积极意义，并企图以高压的方式将他们排斥于体制性利益表达之外时，容易导致执政者的合法性流失，为社会动荡积累能量，不断冲击现有的政治结构。如果执政者所追求的政治目标要契合社会现实政治生态，就需要依靠制度构建，尤其要注重对冲突的制度化解决和调解机制的设计。达伦多夫通过从“强制性协调社团”到“冲突的制度化调解”的有关研究，详细分析了影响社会冲突强度与烈度的四个相关变量，包括相对剥夺、社会角色分化程度、社会流动和自组织化程度，第一个变量与社会冲突的强度、烈度成正比，后三个相关变量成反比。如对于社会流动，达伦多夫认为，“社会和团体中，垂直流动的情况对社会冲突强度有很大的影响。如果社会和团体不为人们的向上流动提供任何机会，统治与被统治群体的成员构成刚性状态，冲突的激烈程度就会增加，反之，冲突激烈程度

① ［美］L. 科塞. 社会冲突的功能. 孙立平等译. 北京：华夏出版社，1989.

就减少。”[①] 所以，为化解社会冲突，首先，需要正在冲突的双方达成共识，即承认冲突存在的既成事实，也互相认可双方解释冲突的权利；其次，建立包括具有协商、仲裁与调停作用的机构；再次，“冲突各方必须约定处理相互利益矛盾关系框架的一些正式游戏规则”。[②]

中共中央提出，要建立健全“党委领导、政府负责、社会协同、公众参与的社会管理格局”。形成这种新的、多中心治理主体的复合治理结构，其实质就是解决我国在现代化建设过程中各社会阶层的利益矛盾问题，调解社会冲突。建立制度化的调解机制，重点在于完善社会组织、社会保障制度。社会组织包括社团、行业组织、社会中介组织和城乡基层自治组织，它们直接代表社会各阶层，向政府表达意愿，参与公共政策制定，协调公共政策和社会群体间的利益冲突，有效地疏导社会矛盾，化解社会的不满情绪，缩小贫富差距，增强社会活力。

三、创新社会矛盾化解和调处机制

（一）多元调处机制成为化解社会矛盾新路径

1. 更具优越性的社会矛盾多元调处机制

通过前文对社会矛盾性质和特点的分析，我们需要思考究竟应该采取什么样的方法来化解社会矛盾，是信访、调解，抑或是司法诉讼？笔者认为，法治作为化解矛盾和冲突的有力保障，以司法调解为本的多元调处因兼具法治主义和多元参与，因而较之其他方式具有更大的优越性。

就信访而言，其在解决矛盾纠纷上具有针对性强、直接、快速的特点，但这种矛盾化解方式，在回避烦琐的法律程序的同时，也凸显了“人治”色彩，与依法治国的基本原则相悖。而且，现时社会已经形成明显的“信访不信法”现象，但党委、政府资源有限，不可能满足所有人的要求，不但党委、政府不堪重负，还会因此形成社会公众的负面情

① 侯均生．西方社会学理论教程．天津：南开大学出版社，2002：176．

② 包仕国．和谐社会构建与西方社会冲突理论．学术论坛，2006（4）．

绪，甚至引发暴力冲突。因而，原本为化解社会矛盾的举措，却反而有可能演化为矛盾冲突产生的原因、导火索。

诉讼等司法解决途径具有严格的法律程序规定和保障，较之信访，更突显了法治色彩，但也还存在如下问题：第一，诉讼方式的解决矛盾纠纷，由于对诉讼人的文化知识水平、家庭经济状况等的客观要求，而形成了隐形门槛；第二，由于程序要求，还往往呈现周期长的特点；第三，这种诉诸法律的维权方式，在处理邻里、婚姻家庭等人情色彩较重矛盾类型中存在不适应性，不能从根本上化解矛盾，甚至可能会产生代际的深远的隔阂。

由此，多元调处机制的产生为解决社会矛盾和冲突提供了新的思路，它弥补了信访、诉讼等化解矛盾单一机制的弊端。这种多元调处机制由我国传统的调解机制发展而来，是原本相互独立的人民调解、行政调解、司法调解相结合的产物，打破了人民调解、行政调解、司法调解独立调处矛盾的效用边界，而形成了整体合力。

2. 以司法调解为本的社会矛盾多元调处机制

自新中国成立到20世纪80年代，《人民调解委员会暂行组织通则》（以下简称《通则》）的颁布，明确规定人民调解委员会的性质、组织、任务、活动原则、工作制度及工作方法。这一时期我国正处于法制建设的道路上，法制并不完善，该《通则》确立了人民调解工作在社会主义法制建设中的地位和作用，调解制度进入繁荣发展时期。80年代后法制不断得到发展，诉讼成为人们解决矛盾的主要途径，传统调解制度逐渐淡出人们视野。但是，随着社会发展催生的种种社会矛盾，诉讼解决途径因其成本高和耗时长等缺陷并没有像预期中那样全能，且传统的调解制度已不能适应转型期矛盾的复杂性和特殊性，此时，亟待通过创新性的发展，探索一条新的调解道路来为诉讼分流，化解社会矛盾。

1999年，司法部在第四次全国人民调解工作会议上，将"调防结合，以防为主"的人民调解工作方针修改为"调防结合，以防为主，多种手段，协同作战"，进一步强调了新时期人民调解工作在"调防结合，以防为主"的基础上，采取多种手段，与有关部门相互配合，建立起适合化解新时期社会矛盾的调解工作机制。2002 年 9 月，司法部公布了《人民调解工作若干规定》，对人民调解的性质，人民调解委员会的工作范围、组织形式、调解行为和程序等做出具体规定。最高人民法院通过了《关于审理涉及人民调解协议民事案件的若干规定》的司法解释，明确了人民调解协议的性质和效力。[①] 2011 年 1 月开始实施的《中华人民共和国人民调解法》，首次确立了人民调解协议的司法确认制度，强化了人民调解的确定性，矫正了人民调解的随意性，纠正了违法调解协议，实现了司法与非诉调解之间的有效衔接，促进了多元纠纷解决机制的不断完善，体现了司法工作服务大局的司法理念，实现了司法工作的政治效果、社会效果和法律效果的有机统一。这些法律、法规的出台，为调解制度带来了新的发展契机，使新的调解制度对原有制度进行重构和发展，改变了过去各种调解单兵作战、各自为政的调处格局，降低了各调解制度的消减作用。

多元矛盾纠纷解决机制一般被称为“大调解”，因为它要求整合人民调解、行政调解、司法调解资源，是一种兼具人民、行政和司法多重性质的多元化矛盾纠纷调解机制。“大调解”是在党委、政府的统一领导下，由政法综合治理部门牵头协调，司法行政部门业务指导，调解中心具体运作，职能部门共同参与，整合各种调解资源，对社会矛盾纠纷的协调处理。[②] 这种新的矛盾调处机制能够使调解资源有效地整合，既搞好“灭火式调解”，又搞好“防火式调解”，扩大了调解范围，也使调解方式更加多样，程序更加规范，兼具了司法性、权威性和效率性，也强调各机构“不错位、不越位、不缺位”，以更好地化解各类矛盾纠纷。新的调处机制以解决处理纠纷或社会矛盾为中心，在这一格局中，不仅纳入了信访机构，更加重视司法的地位，尤其是人民调解协议司法确认制度的实施，使得这一由党委政府牵头、以司法行政机关为主组建起来的机制，在法院的支持和主导下实现调解的正当性和效益最大化，淡化

---

① 范愉．非诉讼纠纷解决机制研究．北京：中国人民大学出版社，2000.

② 章武生．论我国大调解机制的构建——兼析大调解与 ADR 的关系．法商研究，2007（6）.

政治意识形态和行政色彩。

（二）差异化社会矛盾多元调处机制

目前，社会矛盾多元调处机制在全国并没有统一设计，各地方根据不同的背景和资源，构建了不同特色的社会矛盾多元调处机制。已经具有丰富经验并较为成功的实践包括江苏南通、浙江枫桥、重庆巫溪、北京怀柔以及山东大调解模式。

专栏 5－6

各地主要社会矛盾多元调处机制经验

江苏南通：2003 年 4 月江苏南通针对区域经济发展中各类社会矛盾集中突显的新特点，借鉴社会治安综合治理工作，由政法委直接牵头创建“社会矛盾纠纷大调解机制”，依托司法部门，实行“党委领导、政法牵头、各方参与、携手联动”，协调各行政机关和社会组织，整合各种调解资源，并在突出法院核心作用的同时，以“一综多专、专业调处”为抓手，建立“十大体系”“三大对接”等专业化调解机制。

浙江枫桥：浙江枫桥发挥政治优势，继承 20 世纪 60 年代初已有的“依靠群众化解社会矛盾”的经验，建立了以政法委负责协调领导，法院直接参与组织实施，兼容人民调解和行政调解，以乡镇调解为基点，依靠和发动群众，加强基层基础，就地解决问题。概言之，“枫桥经验”就是“党政动手，依靠群众，立足预防，化解矛盾，小事不出村，大事不出镇，矛盾不上交”。

重庆巫溪：重庆巫溪面对市场经济发展和人民迫切改变落后的愿望，探索构建了一种政府主导的“自治、共治、法治”多元共生的“包容式治理”模式。通过对传统文化的利用和社会认同的构建，依托社会组织和公民参与开展的“乐和家园”“和事堂”等，用价值、组织和文化弥合社会矛盾，打造了一条适合欠发达地区城乡发展的社会治理道路。

> **北京怀柔**：北京怀柔因地处城乡接合部，经济社会发展程度较城区存在较大差别。为了化解社会矛盾，该区建立了在区、镇（乡、街道）两级社会矛盾中心建立的人民调解、行政调解、司法调解的“三调对接”机制。其中，加强了调解与诉讼的对接，实现了司法调解与人民调解在诉前、诉中和诉后的有效衔接。
>
> **山东大调解**：山东大调解是准司法大调解的代表模式，其产生背景是农村的矛盾纠纷错综复杂，并且一些矛盾纠纷不适合法院处理或矛盾当事人不熟悉现代诉讼程序，引起了“告状难”的问题。在这种形势下，为了强化基层矛盾解决工作，由乡镇基层政府实行推动，建立基层司法所，各行政机构共同参与，整合各部门、各单位的力量。乡镇司法调解中心的准司法特性是由于行政机关的参与所具有的职权性、专业性和权威性，使其实际功能和程序趋同于法庭，在结合行政调查和行政处罚权的同时，免费为纠纷当事人解决问题。①

经过多年发展，各地社会矛盾多元调处机制虽因产生背景和理念不同而各具地方特色，但它们自身在不断完善的同时，参照借鉴其他地区的成功经验，使得各地矛盾多元调处机制在表现形式上越加趋同。通过对各地矛盾多元调处机制案例的归纳梳理，可以总结出社会矛盾多元调处机制的形成过程。如图 5－2 所示。

我们把社会矛盾多元调处机制形成的影响因素分为四个大的变量，包括初始动机、机制设计、地方政府行为空间和调处过程，其中，调处过程是整个调处机制的核心，另外三个变量则是产生某调处过程的背景原因，且每一个大的变量可分为若干小的因素。

初始动机为我们提供了矛盾调处机制构建的逻辑起点，试想同样面对经济快速发展带来的矛盾增多和社会管理压力，一个地区因处于城乡接合部，社会转型剧烈，劳资矛盾较多，社会传统正在丢失；而另一个经济欠发达地区，社会生活开始活跃，但传统文化仍受到关注。那么，

---

① 魏礼群．社会管理创新案例选编．北京：人民出版社，2011.

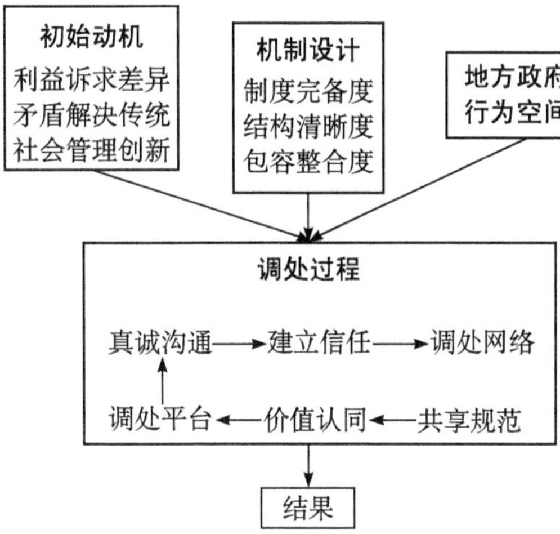

图 5－2　社会矛盾多元调处机制影响因素

这两个地区社会矛盾都可能复杂多变，但矛盾体现的利益诉求存在差异，可用于调处矛盾的资源也不尽相同。所以，初始动机还可以分为三个因素，即利益诉求差异、矛盾解决传统和社会管理创新。

机制设计为矛盾调处机制提供良好的保障，它需要制度完备度、结构清晰度和包容整合度。制度是否完备包括法律法规、行政规定等是否完善，它决定了矛盾调处机制是否具有正当性；结构清晰度要求各部门、各单位“不越位、不错位”，它决定民众是否能够明确针对性问题的调解机构；包容整合度，除要求矛盾调处机制整合人民调解、司法调解和行政调解三大调解机制外，还要求包容政府机关、社会组织和公民力量在内的各种调解资源来化解社会矛盾，它决定了矛盾调处机制的可持续性。

地方政府行为空间，一是地方政府权力机关的授权行为，是否支持以人民调解为衔接点的新的调处机制的发展？如果支持，则给予哪个机构以矛盾调解的权力？是政法委，是法院，还是信访办？二是除政府外，地方是否存在其他影响矛盾调解的民间组织或力量？如果存在，如何才能使政府主导的调解机构同传统方式相结合？这些都会影响地方政府构建矛盾调处机制的方式、做法。

矛盾调处过程开始于沟通，只有通过沟通，我们才能建立相互之间的信任，这里的信任包括各调解制度之间的信任、各部门间的信任、社会民间组织对政府的信任以及民众对调解机构的信任等，只有这些信任存在了，我们才能够建立一个涵盖各种调解资源和矛盾当事人的调解网络。当然，这样的调解网络要求具有共享的规范和价值认同，这需要制度设计和文化传统呈现出来的社会认同，才可以搭建矛盾调处平台，用于面对面的真诚沟通，最后形成一个循环往复的系统。

全国各地“大调解”在并无全国统一部署，也没有确定的法律制度和依据的情况下，根据地方的社会需求和具体条件，参照借鉴其他地区的经验，在地方党委领导下，由各相关机构部门共同协调共建。其中确实存在许多不符合普适性原理甚至离经叛道之处，也不乏政治意识形态的考虑，但由于这种机制能够在短期内达到较明显的治理效果，并可以在实践中适时调整，其构建成本和试错成本相对都比较低，适应性和灵活性却很强，而且与现行法律制度并不存在冲突。当经验成熟时，可以通过地方法规加以确认，并可以在国家建立了统一的法律和制度之后进行相应修订。这种因地制宜、审时度势的多元化制度建构方式具有重要的实践意义。①

（三）当前社会矛盾多元调处机制存在的问题

当前社会矛盾多元调处机制，虽然较信访、诉讼等社会矛盾解决方式具有明显的优越性，能够有效地解决新时期的矛盾纠纷，提高解决矛盾纠纷的效率，降低成本和风险，其可操作性、正当性和合法性也随着其不断完善得到社会的广泛认同。我们也需要看到这一矛盾纠纷解决机制需要进一步提升的地方。

1.“运动式”开展，法治地位尴尬

当前社会矛盾调处机制作为社会转型期解决矛盾纠纷的应急机制，具有明显的过渡性，从全国各地的开展时间来看，它采用了传统的“运动”式推动模式，缺乏法律的认同和理性的制度设计。首先，就大调解

① 范愉．纠纷解决的理论与实践．北京：清华大学出版社，2007：549.

的法律依据而言，2010 年《中华人民共和国人民调解法》颁布，在《人民调解条例》的基础上，进一步完善了人民调解委员会、人民调解员的相关指导、规定，并就人民调解的调解程序、调解协议等内容进一步明确化，但其对于人民调解、司法调解、行政调解相结合的大调解实践仍然存在适应性方面的不足，尚未对大调解制度的法律地位作出明确规定，对于大调解实践开展的指导性也仍然有待提高。因而，各地大调解实践，多依据地方行政规章、条例等规范性文件，调解组织建设和调解活动开展等均缺乏明确的法律依据。

其次，就大调解的工作方式而言，迥异于以法律法条为纠纷处理客观依据的诉讼，调查、调解、说服成为纠纷大调解的核心内容，调解员实则在调解过程中发挥主导作用，其价值观念等主观因素对于调解结果有着至关重要甚至是决定性的影响，因而，大调解更多体现为人治层面的有限正义。大调解对诉讼压力的分流固然值得肯定，但其特定工作方式决定了对法治理念的冲击，也不容忽视。

再次，从大调解的受案范围看，一方面，官方宣传中对大调解这一纠纷处理方式“短周期、高效率、低成本”的强调，造成了社会公众对大调解制度的偏好；另一方面，“调解年”“调解月”等运动的兴起，也极大地促动了各级调解组织的工作积极性，加之上级政府对调解案件数量、调处成功率的量化考核压力，因而，大量理应通过诉讼方式解决的矛盾纠纷，也纷纷被纳入大调解的工作范围。由此，司法作为权利救济最后一道防线的作用被虚化，影响了公众诉诸法律途径的权利维护，也使得部分伤害小而动机恶劣的不法行为难以得到有效惩治，妨碍了法律威慑作用的实现。

2. 政治化处理，忽略正当诉求

众所周知，调解与诉讼，实则为效率与公平的权衡。社会矛盾调处机制作为实现和谐社会目标的重要手段，凸显了矛盾冲突解决低成本、短周期、高效率的特点，但究其实质，实为矛盾纠纷当事人相互妥协的结果，必然以一部分人的利益牺牲为代价。

而且，由于量化考核思维在我国行政管理体制中的盛行，调处案件量、调处成功率等关键指标也成为包括法院、检察院及调解中心在内的各级调解组织、调解员的巨大压力。因而，“尽力调解”成为各级调解组织工作的基本原则，部分不适用调解制度、本应走法律诉讼途径的案件也被纳入了调解范围。各级调解组织，尤其是基层调解组织，多对复杂案件采取反复调解的工作方式，致使一些矛盾纠纷延误法定诉讼时限，妨碍了纠纷当事人更好地诉讼维权。这些均与深入化解社会矛盾、构建和谐社会的制度设计初衷相违背，也与法治理念相悖离，在一定程度上，造成了对纠纷当事人合法利益诉求的漠视。

3. 交叉式管理，部门权力错位

社会矛盾调解机制作为一种多元化的模式，整合了原有的人民调解、行政调解和司法调解，也协调了政府机关各部门和社会调解资源，对原来各机构因各自利益而相互竞争、彼此消减现象进行了较好的抑制，使它们的功能互为补充和替代。但是，也正是因为这样的整合，导致各部门在事务上交叉管理，出现错位。比如，民间调处的行政化、行政调处的民间化、三大调解机制的混淆，以及信访对司法的影响等。因为，即便许多地区都以法院作为调处机制的主要力量，但党委政府作为推动主体，在制度设计上仍以国家意志至上，法院独立裁决以及民间自治和协调的作用并不能很好地发挥。

4. 社会化招募，人员、经费不足

大调解队伍多依赖退休政法、教育领域的老专家、老党员。以南通大调解为例，退休人员占到整个调解队伍的60%以上。这种方式充分发挥了老同志的余热，利用其丰富的群众工作经验及法律知识，极大地便利了调解工作的开展。但是，这种高度依赖退休干部的人员结构，也隐含了调解队伍发展可持续性的问题。基于过去的实践经验，对于现今实践问题的适用性仍然有待商榷。而具备专业社会工作知识的大学生等新生力量不足，对于专业性要求较高的新型社会矛盾处理及大调解制度的可持续发展都较为不利。

此外，各地大调解实践均在不同程度上呈现出经费保障不足的问题。除借调自各行政机构的正式编制人员，其余社会招聘调解员及大量志愿者工资待遇相对较低，激励方式也多表现为精神奖励，尤其是基层调解员的工作压力与工作报酬不对称。也正由于经费保障不足，使得视频会议设备和电子化办公设备等仍然较少深入街道、社区等基层调解组织，妨碍了调解效率的提高以及对于调解工作的有效指导、监督。

四、完善社会矛盾化解和调处机制的途径

（一）更新社会矛盾化解的观念

有效化解社会矛盾不可能一蹴而就，面对新形势下的社会矛盾，我们必须要建立有效的体制机制，完善制度构建，更新深层理念，只有完成这样一个系统工程，才能有效地缓解社会矛盾和冲突。

1. 体制设计需要体现一种包容的心态

对待社会矛盾的心态，决定了处理社会矛盾的方式和方法的选择。如广东“乌坎事件”，起因只是村里的土地问题发生的利益冲突。当地政府以刚性的维稳思维来看待，认为是敌对势力的挑唆，导致矛盾不断升级，最后演变成激烈的群体性事件。之后，广东省政府派出专门工作组进行处理，正视人民群众正当的利益诉求，很快事件就得到解决，还成为解决社会矛盾的样本。因此，摒弃敌对思维，正确地看待社会矛盾十分重要。

首先，我们要明白矛盾和冲突是社会结构的组成部分，是不可避免的。从古至今，从国外到国内，我们都不可能期待一个不存在矛盾和冲突的社会。我们生活的社会好不好，不是看矛盾和冲突的多少和是否存在，而是能否包容矛盾、冲突的存在。

其次，矛盾和冲突对社会的发展也具有积极的正向功能。我们不能只看到矛盾的消极作用而一味抵制，它不仅能够起到如前所述的社会“安全阀”的作用，缓解社会系统的压力，消除群体间的紧张关系，还能够通过矛盾和冲突发现社会存在的问题，可能是有关“三农”问题，可能是法律适用性问题，也可能是拖欠农民工工资的劳资问题等，它能

够让执政者及时发现问题所在，避免矛盾积压造成更加激烈的冲突。

2. 制度建设应具有一份主动的精神

包容矛盾和冲突的存在，面对正当利益诉求，我们还应当给予老百姓表达利益诉求的有效渠道，对此，我们需要的是发挥主动精神，积极构建相关法律、制度和机制，为矛盾和冲突的化解提供有力保障。

我们首先应该构建利益诉求表达机制。每一个社会群体、每一位公民都有自由表达和政治参与的愿望，而我们社会需要的，就是为存在利益差别的人们提供足够的空间和可获取的路径来表达自己的诉求。但实际上我们看到许多冲突的发生，包括群体性事件在内，都是公民利益表达渠道不畅、自身权益受损害且长期累积到最终爆发，所以，我们需要能够有效缓解社会矛盾的路径。只有拓宽表达渠道，才能让公民的正当诉求同政府决策有效结合，才能够正确引导群众合法的诉求目的，才能够建立针对具体问题的规范协商和处理机制。

要化解不同利益诉求所产生的社会矛盾，在众多的解决办法中，以司法调解为本的调解机制因其法治主义理念和多元参与性具有突出的优越性。化解社会矛盾的调解机制包括人民调解、司法调解和行政调解三大类，随着资源整合的进行，三类调解机制不断沟通和协调，减少了相互之间的消减现象。当前许多地方都形成了各具特色的调处机制，在原有的三大调解机构基础上，继续引入社会调解资源，更为有效地在化解矛盾中充分发挥了调解资源的功效。

3. 管理理念展现一套善治的思维

理念更新表示我们不仅要摒弃“敌对思维”和“刚性维稳思维”，更要形成以人为本、合作共赢、公民参与等善治的理念。

首先，树立以人为本的理念，就是要求人本化，由治理转变为自治。这需要把依法管理同人性化管理相结合，注重人民大众的参与和对政府工作的评价、感受，使社会关系和谐发展。

其次，树立共赢互利的理念，就是要求柔性化，由管理转变为服务。这要求社会各阶层参与到社会发展和社会矛盾化解中来，只有共同参与，特别是“弱势群体”的参与，才能获得共赢互利，而不是通过牺牲一方利益来使另一方获益。这个过程中，执政者应从“管”的工作中解放出来，让服务融入整个共同参与的环节里，才能够优化资源配置结构和利益分配机制，通过公共政策的调整来缩小贫富差距，维护社会各阶层的合法权益，尤其是弱势群体的正当诉求。

最后，树立共同治理的理念，就是运用社会力量，由被动防御转变为主动回应。要求国家资源和社会资源，公共部门和私人部门，政府、社会组织以及公民，共同成为治理社会的主体力量，提高各种力量参与社会建设和社会管理的积极性和主动性，形成开放型和主动型的社会治理模式，把社会矛盾处理的观念从统治转变为治理和“善治”，实现公共利益的最大化。

（二）完善社会矛盾化解和调处机制

1. 健全立法规范

大调解制度的政治化、运动化，以及部门权力错位等问题，归根结底是法律依据缺乏、法律地位尴尬的问题。各地虽然为了调解机制能够有效执行纷纷出台了一些相关的地方性法规和政策，但是到目前为止，还没有关于矛盾调处机制的完善立法。为指导大调解制度建设及实践，应进一步完善有关法律法规。一是可以沿用已有的《中华人民共和国人民调解法》，但将其他自治性、整合性内容统一重新修订在其中。二是根据各类调解的性质、基本程序、组织形式、受理范围、调解协议形式和效力等，专门制定一部新的《中华人民共和国人民调解法》。三是在已有的不同法律法规基础上增添有关调解的规定，确定各类调解的调处主体、调处资源保障和调处制度可持续发展等，如《中华人民共和国消费者权益保护法》确立消协的调解地位，《中华人民共和国劳动争议调解仲裁法》确定劳动争议解决机制等。

2. 兼顾效率公平

调解成功率作为大调解工作的考核指标无可厚非，然而，量化考核异化为成功率的“虚假繁荣”以及对纠纷当事人正当利益诉求的漠视，则在一定程度上揭示调解制度的失败。当前许多地方的调解机制成为政绩考核的主要指标，甚至成为“一票否决”，在追求社会稳定和调解效率的压力下，调解员更多的时候只能考虑效率而忽略当事人的正当权益。虽然当前的矛盾调处机制胜在成本低、效率高，但是不能太过于注重效率，导致在调解过程中忽视法律或者“和稀泥”，从而忽略了调解工作自愿、合法、平等的原则。因而，大调解制度必须兼顾纠纷处理效率与纠纷当事人的正当权益，不可偏废。

3. 厘清受案范围

诉讼、信访、大调解等均是矛盾纠纷的解决方式，但由于大调解成本低、效率高的相对优势，加之各级调解组织、法院等对调解率的追求，正越发成为大量使用且地位不断上升的维权选择。

为更好地发挥其维权作用，新的立法不可或缺。应以法定形式首先明确其定位，将大调解制度界定为诉讼方式权利救济的补充手段，而非取代诉讼等法律救济途径的替代性选择。由此，也即要求大调解制度对其受案范围作出更加明确的规定、限定，并加强对其执行落实情况的监控，防止大调解对诉讼案件受案范围的干涉，妨碍当事人正当权益的实现。同时，为更好地发挥各级政府、各级调解组织的整体效应，防止部门权力错位，还需明确各部门的受案范围和处理权限，形成大调解制度的整体联动效应。

4. 解决配套机制

大调解制度作为社会管理机制的创新，对于实现和谐社会目标有着重要意义，但就目前制度实践而言，其在人员、经费保障等方面的不足，以及监督、执行、衔接机制的缺失，都对制度的可持续性产生了影响。因而，为更好地发挥大调解制度的纠纷化解作用，应进一步完善其配套机制。

就经费保障而言，应明确各级财政主体对大调解经费的不同职责，确保经费来源，从而为制度建设、组织建设、调解队伍建设、调解活动开展提供保障；就人员保障而言，应在建立常态化人才引进与更新制度的基础上，强化对调解员的资质认证与考核。在充分利用退休人力资源的同时，更加注重专业人才的引进，建立高素质、高水平的专业调处队伍，并通过不断强化的资质考核，确保和不断提高调解员的个人素质、职业道德和从业能力，防止职业伦理道德的淡漠和对调解公正性的侵蚀。

此外，“阳光是最好的杀虫剂”，为保证大调解制度的调解公平、公正性，还应建立有效的监督机制。在传统的政府监督基础上，鼓励社会公众、媒体、社会组织等通过调解听证、对话等方式参与对大调解工作的监督。监督的内容也应从调解结果拓展到调解程序，加大调解过程、调解工作的公开化。

5. 扩大公民参与

目前，我国的大调解多为政府主导的治理实践。民间调解组织、志愿者等参与其中，但数量仍然较少，且发展不成熟，政府组织在其中占据着绝对的主体地位，这既不利于政府的成功转型，也不利于促进中国公民社会的成长，更直接地影响着调解组织的中立性、独立性，使得调解结果的公信度、公正性难以得到保障。

因此，完善大调解制度，首先，应从思想上确立对民间调解力量的高度重视，鼓励公民参与，充分认识到社会力量、公民在矛盾纠纷调解中的重要作用；其次，应制定相应政策，为公民参与大调解给予人力、资金等多方面的支持，营造良好的社会环境，并推动其成为调解的主体力量，逐步放权，最终实现大调解从政府主导型向社会自组织型转变。

第六讲

政社合作机制

- ⊙政社合作是社会管理创新的根本出路
- ⊙草根社会组织发展面临的困境必须通过加强和改进政社合作予以解决
- ⊙现代公共治理中的政社合作观念
- ⊙当前我国政社合作的主要方式与发展方向

在规制人类社会的一切法则中，有一条法则似乎是最正确和最明晰的，这便是：要使人类打算文明下去或走向文明，那就要使结社的艺术随着身份平等的扩大而正比例地发展和完善。

——［法］托克维尔：《论美国的民主》

人类自治能力具有局限性，这并不表明人类应该屈从于单一权力中心的统治，成为寡头铁律的奴隶。没有必要由单一权力中心来支配所有其他人。较小的利益群体能够根据自治原则组织起来，并在治理自己内部事务方面保持自主。为若干不同社群所共享的利益集团，能够组织起来，成为自主自治权威主体。

——［美］文森特·奥斯特罗姆：《复合共和制的政治理论》

治国者贵不断，故以十里断者弱，以五里断者强。家断则有余，故曰：日治者王。官断则不足，故曰：夜治者强。君断则乱，故曰：宿治者削。故有道之国，治不听君，民不从官。

——（战国）商鞅

上海浦东司法局创新特殊人员管理和服务，切实推进政社合作①

浦东新区司法局针对新区社区服刑人员和刑释解教人员两类特殊人群超过万人，特殊人群社会管理任务十分艰巨的实际，迎难而上，紧紧抓住社会管理创新主旋律，积极推进政社合作与社社合作，有效发挥了社会组织服务社会管理的协同作用，提高了对特殊人群的管理和服务能力。一是不断强化政府主导，创新社会组织服务社会管理的平台。在全市首创建立预警管控平台，有效预防和减少了特殊人员重新违法犯罪风险；建立全市第一家区域性社区矫正中心，促进了社区矫正依法、规范；建立风险评估、个别化教育矫正、“分类帮教”“三位一体”心理帮教等科学化帮教平台，减少了特殊人员重犯风险；创新建立促进就业、“中途之家”“温馨礼包”“用心关爱”等特殊人员民生服务解困平台，实实在在为特殊人员谋福祉，促进了特殊人员稳定。二是积极推进政社合作，夯实社会管理基础。一方面，成立新区帮教志愿者协会，建立了4 500余名个人会员和85家单位会员的帮教志愿者队伍，夯实了基层对特殊人员的服务管理基础；另一方面，采取购买服务、项目化运作等方式，探索运作社社合作新模式，“世博之光”“和谐起航”等社会组织之间的合作服务项目成效显著，并着力培育建立独立的社区矫正与安置帮教社工组织——上海中和社区矫正事务所，进一步推进了社工组织的职业化、专业化发展进程。与此同时，创立“一事一奖”、争先创优制度，并通过网络、媒体积极宣传，不断为社会组织发展营造良好的社会环境。三是不断推动自主运作，发挥社会组织优势。通过推行政社合作、社社合作，社会组织基础管理不断加强，社工组织专业作用有效发挥，帮教志愿者基础帮教作用不断显现。专业社工组织、新区社会帮教志愿者协会为浦东新区近三年来社区服刑人员每年重犯率控制在0.45%左右低位水平；五年内刑释解教人员当年重犯率连续低于全市平均水平，并

① 中国幸福城市社会管理案例创新实践案例调查．瞭望东方周刊，2012（2）．

于2011年创全市第二低的历史最低水平作出了应有的贡献，社会组织服务特殊人群社会管理的协同作用凸显。

此项政社合作探索中，创新点主要有以下几方面。

第一，新区司法局牢牢把握住人民群众是社会管理的直接参与者、推动者和力量源泉这一规律，促进社会组织健康有序发展，并引导其成为参与社会管理的主力。

第二，为社会组织服务社会管理搭建和创新工作平台。预警管控、社区矫正中心、科学帮教、服务民生等平台，为社会组织服务社会管理提供了广阔的服务平台，更为特殊人员办了几件实实在在的好事，让特殊人员看到了希望，得到了实惠，从而促进了自身转化。

第三，通过推动政社合作、社社合作等举措，促进了社会组织之间的资源整合和优势互补，进一步提升了社会组织服务社会管理的协同作用。

第四，通过扶持、激励、宣传等举措，为社会组织承接、分担政府部分职能和其自身健康良性发展打下了基础，并起到了事半功倍的成效。

由此可见，“政社合作”已成为许多地方政府加强和创新社会管理的一项重要尝试。

但是，2011年夏天爆发的“郭美美事件”使民众纷纷质疑政社合作的前景。作为一个在政府大力支持下建立并受到政府大力支持的慈善组织，红十字会为何会存在如此多的“丑闻”？政府对红十字会的监管、指导具体体现在哪些方面？如果红十字会完全自治，情况又会如何？同众多官方色彩极浓的社会组织相对应，近年来，我国也兴起了众多民众自发组织的“草根社会组织”。尤其是以2008年汶川地震为里程碑，草根组织犹如雨后春笋一般蓬勃兴起。但是，这些草根组织在经历了成立初期的迅速发展之后，或多或少都面临着两大困境，即优秀人才留不住、活动经费难以保证。这里又涉及另一个问题——草根社会组织在推进政社合作的过程中应发挥何种作用。

上述问题可简单归纳为政府同社会组织的关系应如何界定，政社关系今后将如何发展。对这个问题，笔者认为，政府要勇于创新自身管理理念，做到“有所为有所不为”，即通过政社合作适当分权、放权于社会，以充分发挥社会的自治功能。在此，主要就以下四个问题分别加以阐述，以辨析政社合作的概念、明确政社合作的现状、点明政社合作的方向：政社合作是社会管理创新的根本出路，当前我国草根社会组织发展面临的困境，现代公共治理中的政社合作观念，当前政府促进政社合作的主要方式及发展方向。

一、政社合作是社会管理创新的根本出路

（一）政社合作的概念、表现形式与基本特征

关于政社合作，当前主要有三种理解角度（如图 6－1 所示）。

图 6－1　政社合作角度

（1）参与治理角度。此角度强调政府在政社合作中的基础性作用，社会组织仅仅是“协助”政府参与社会管理。在《中共中央国务院关于加强社会创新管理的意见》中，参与治理具体表述为公众参与——作为社会管理的四大主体，其必须在党委领导、政府负责、社会协同的前提下才可成立。

（2）合作治理角度。此角度淡化“政府与社会组织孰优孰劣、孰轻孰重”这一问题，强调二者和谐相处、各司其职。合作治理就是政府、市场、第三部门等众多行动主体相互合作、分享公共权力、共同管理公共事务以实现公共利益的过程，其行动机制以反思的理性为基础，把目标定于谈判和反思之中，通过谈判和反思加以调整，借助谈判协商达成共识、建立互信、实现合作，在正和博弈中求得共赢。

（3）社会自治角度。此角度突出社会组织的重要地位，强调社会应充分行使其自治权利，国家不应过多干涉，尤以美国的社区自治最为典

型。作为“社会先于国家产生”的典型代表，美国社会呈现高度自治的景象，国家权力极其有限，社会对国家权力扩张倾向持高度警惕的态度。

在此，笔者倾向于从合作治理角度理解政社合作。理由是：第一，该角度具有极强的中立性和包容性，尽可能多地概括政社合作的不同情境，对探讨促进政社合作的不同途径的作用较为明显；第二，该角度有利于促进当前政社合作的观念创新，帮助人们打开思路，突破政府全能的思维定式；第三，该角度较为准确地反映了今后中国政社关系发展的方向。

政社合作可界定为：第一，政社合作的主体是各级政府机关与社会组织，其共同致力于为公众、企业合理表达其利益诉求、健康有序参与公共议程而搭建平台；第二，政社合作的客体主要集中于公共服务领域，如加强城乡公共设施建设，发展教育、科技、文化、卫生、体育等公共事业，为社会公众参与社会经济、政治、文化活动等提供保障，其以合作为基础，强调政府的服务性和公民的权利；第三，政社合作强调各主体间地位平等、相互合作、彼此信任；第四，政社合作的目标是在不侵犯社会公众私人事务及权利的基础上，更加有效地解决治理所面临的共同公共问题，提升共同体的公共利益。

（二）政社合作是我国社会管理创新的必然选择

近年来，各级政府积极改进民生，努力加强社会管理与服务，但与此同时，政府部门也面临着诸多困境。具体表现在：民众日益多样的服务需求同政府活动范围有限性的矛盾，强烈的自治和维权需求同政府内在扩张性的矛盾，社会不稳定的现状同政府维稳之间的矛盾（如图6-2所示）。

1. 民众日益多样的服务需求同政府活动范围有限性的矛盾

随着市场经济的深入发展，专业分工日益细化，公众的需求也更加多样化。市场经济秉承“有需求就有供给”的理念，并由此催生了无数新兴行业。这种趋势也同样适用于公共服务领域。计划经济时代，政

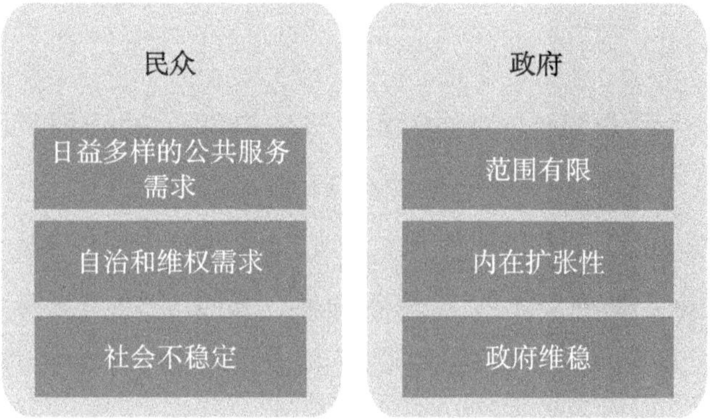

图 6-2　行政部门在社会管理中面临的困境

府、单位包办一切公共服务，“大锅饭”“平均主义”“一刀切”盛行。而随着经济社会的不断发展，这种提供公共服务的方式已越来越脱离公众的实际需求。无论是医疗、养老，还是教育，政府在上述公共服务领域的投入都普遍存在这样的问题：因为无法有效衡量所有人的具体需求，往往只追求总量的增加，在分配过程中变相增加了不公平，扩大了差距。而社会组织却能有效解决这个问题，因为社会组织的受众有限，涉及范围相对较小，该组织对其工作对象的情况更易把握、了解。社会组织的作用更直接的是“互助（互益）”而非全社会的“共益”。但是，社会组织在上述领域的作用被很多人看作“可有可无”。如何能将互助型的公共服务形式做大做强，还需要政府积极转变自身观念，有效加强政社合作。

2. 自治和维权需求同政府内在扩张性的矛盾

随着经济的发展及民众教育水平的日益提高，民众的自治维权需求也在相应地提升。但透过近年来发生的众多涉及自治与维权的公共事件看到，民众在行使维权诉求时面临以下困境：第一，自治、维权组织力量相对薄弱，无法有效代表民众表达其诉求，甚至经常同政府有关部门发生摩擦；第二，民众自我维权倾向较为明显，维权过程中的随意性、无序性较为突出，这也变相成为政府部门寻求权力扩张的依据。

案例 6－1

民众自治、维权组织与政府部门的矛盾

——居委会 VS 业委会

最近，家住燕江园小区的居民向记者反映，燕江门居委会与燕江园小区业主委员会势如水火，互不相容。居委会想重新选举业主委员会，业主委员会更想把居委会“扫地出门”。双方正上演一场“无烟战”。

［明争］张贴公告，互相“揭短”

燕江园小区建成于 1998 年。同年，居委会也应时而生。次年，小区业主委员会成立。多年以来，双方有过矛盾，但还算是互相支持。

“矛盾就从去年 5 月小区出新时被激化的。”业主委员会主任刘美兰说，小区出新中，墙壁只刷至二楼，下水道也没全部重新铺设，业主委员会“相当不满”。不过，居委会却并不帮业主委员会一起维护居民利益。

于是，一场没有硝烟的“战争”拉开了序幕，最典型的就是在小区内争贴“公告”。

业主委员会主任刘美兰带领其他委员做了一份调查，“小区有 55 套地下室，344 个小车棚，2 个大店，5 个小店，还有道路停车位出租，近 1 000 户居民上缴物业管理费。”刘美兰说，粗算一下，一年物业收入至少 35 万，而物业管理从没公布账目。刘美兰还从一个知情人士口中得知，“居委会从这笔物业费中抽取 30％的‘管理费’”。

她从此入手，在小区内张贴了一份“声明”，上面痛斥物业公司管理十年，从未向业主公示账目，而居委会不仅帮忙收取费用，还从中提取 30％作为“好处费”。“我是 3 月 17 日中午贴的。”刘美兰气愤地说，居委会晚上就把它撕了，还反过来贴了一个“反驳书”，还写“如再有与居委会不准确的言论，将追究其责任”。

认定居委会撕掉“声明”后，刘美兰又写了一份更大的“声明”，贴进小区公告栏，并给公告栏上了一把锁。“没过几天，居委会又把它

撕了。”刘美兰更加恼火。

“她贴的是‘大字报’。”居委会党支部书记查庆宝也很气愤，他认为业主委员会发现问题可以与居委会沟通，不应该这样贴声明，挑起业主与物业、居委会的矛盾。查庆宝还解释，“她写的不是事实，居委会2003年之前由物业公司发工资，当时确实为物业公司收取物业费，但没提成。2003年之后，居委会由宝塔桥街道管理之后，再也没代收物业费，更没提成一说。”

［暗斗］一个不承认对方合法，一个要把对方“扫地出门”

除了“明战”，居委会与业主委员会也在暗暗较劲。

业主委员会成员还对居委会利用小区业主公共场所做办公用房提出了质疑，“2003年，他们把办公用房出租给人家办了幼儿园，然后搬进了小区业主一个六角亭。”刘美兰认为，六角亭是小区业主公共活动场所，居委会“霸占”下来不合理，此外，居委会还把六角亭一楼出租，就更“荒唐”了。

“去年，我们跟很多部门反映，居委会才停止把六角亭对外出租，重新做了老年活动室。”刘美兰说，“居委会总是从业主身上捞钱，不好好为业主服务。”刘美兰表示，居委会必须向业主委员会道歉，并让业主委员会自己管理小区，否则就要将居委会赶出小区。

业主委员会要把居委会扫地出门，居委会当然也不甘示弱，他们认为“目前的业主委员会不符合规定”。查庆宝说，业主委员会成立时有11人，如今就剩3个人“在岗”。居委会正向宝塔桥街道反映，要求重新选举成立业主委员会。

此外，查庆宝还解释，居委会并未联合物业把办公用房出租给别人办幼儿园，居委会搬入六角亭，也是合法的。

在采访过程中，业主委员会与居委会双方互相指责对方眼里“只有钱”，不想为居民服务。如今，双方有事也不互相沟通。

［居民］居民希望双方把小区管好，街道表示会协调双方关系

居委会、业主委员会孰是孰非，记者随机采访的20位居民表示，“我们没法判断”。不过，有一点，居民们很肯定，“希望他们把小区管理好”。

在宝塔桥街道，一直负责调解燕江园居委会和业主委员会矛盾的原民政科刘科长说，居委会和业主委员会应当协商解决问题，双方都不能越权。他表示，目前街道正在联系居委会和业主委员会，准备找一个合适的时间协商解决此事。

资料来源：《现代快报》，2008 年 5 月 1 日，http：//news. sina. com. cn/s/2008 -05 -01/020413816799s. shtml

究竟谁才能真正代表民众，帮助其维权，帮助其有序地表达自己的主张？无疑，政社合作是必由之路——政府通过社会组织，有效听取民众意见，纠正自身不正之风；民众通过社会组织，表达利益诉求，理性参与公共事务。

3. 社会不稳定的现状同政府维稳之间的矛盾

近年来，为了维持社会稳定，各级政府进行了多种努力和尝试。具体做法有：积极推进“网格化管理”，切实提升部门之间合作及联动机制；建立健全群体性事件等突发事件的应急预案，力求在事件发生伊始就迅速解决；对重点人群、重点地段、重点单位采取重点措施，减少社会不稳定因素的出现。

但同时，我们也看到社会不稳定因素有所增长，尤以恶性暴力抗法、大规模群体性事件、恶性危害群众生命安全事件为代表。与“社会不稳定”相伴随，政府公信力也在日益下降，小道消息、“恶搞政府官员”层出不穷。可以说，我国政府的“维稳”工作已陷入“越维稳越不稳”的怪圈当中，此番图景与一百年前美国的“扒粪运动”相似。如何有效突破“维稳怪圈”，切实提升政府形象，加强政府公信力？无疑，政社合作为政府和民众的良性互动提供了平台和纽带，是民众利益表达的有效“缓冲机制”，最大程度上避免了政府与民众直接碰撞时可能产生的对抗与冲突。

专栏 6-1

美国“扒粪运动”

19 世纪下半叶，控制了美国经济命脉的经济巨头为了巩固这种垄断地位，对内无视员工的利益，对外以损害公众利益作为赚钱的重要手段，奉行所谓“只要我能发财，让公众利益见鬼去吧”的经营哲学，引起了社会公众舆论的强烈不满和抨击，出现了 2 000 多篇揭露实业界丑闻的文章，形成了近代美国史上著名的“扒粪运动”。

很多人将“扒粪民意”运用到当今的中国，分析目前“高额维稳成本”之下日益恶化的“干群关系”——一百多年前的美国，“扒粪”的对象是垄断利益集团；一百多年后的中国，“扒粪”的对象则是各级政府官员。但其产生的原因却是那样的类似——都是因为普通民众无法有效监督强势一方不得已而为之的选择，其手段也是极其类似——都是通过不遗余力地揭露真相而起到抹黑对方的作用。

二、草根社会组织发展面临的困境必须通过加强和改进政社合作予以解决

在我国名目繁多的社会组织中，“草根社会组织”独树一帜。草根社会组织是指因为没有业务主管单位而无法登记，身份不合法却实际从事非营利事务的社会组织。① 随着社会组织发展的“土壤环境”越来越适宜，近年来，我国社会组织的发展呈现出新特点：一方面，社会组织整体稳步发展，增长速度明显放缓；另一方面，社会组织发展质量进一步提升，正向作用发挥明显。尽管如此，仍不可忽视的是当前阶段，我国数量巨大的草根社会组织发展仍然存在诸多困境。草根社会组织“先

① 贾西津．中国 NGO 法律政策的若干问题．清华大学学报（哲学社会科学版），2003（增 1，100—106）．

天发育不足，后天环境失衡”[①]，普遍面临着发展困境，其中合法性、资源、能力和独立性困境成为制约“瓶颈”。

1. 合法性困境

草根社会组织的合法性困境，可归纳为“‘双重管理体制’使得社团登记的准入门槛过高、业务主管单位的‘风险’规避思维使多数草根组织不得不以非法状态存在”。一方面，“入门难”使社会自发形成的非营利组织很难通过正式的合法登记，“非法”存在的数目巨大[②]；另一方面，“非法阴影”也容易使草根组织及其内部人员的自我定位和认知发生偏差，长远看不利于其发展。尽管民政部门开始着手改革现有社会组织的规制，在一些地方放低了对服务类、公益类、慈善类社会组织的准入条件，下放了对其年审的权限，但由于地方政府对社会组织存在的普遍不信任，因而社会组织的合法性问题依然是困扰政社合作基础的大问题。

专栏6-2

我国法律法规对草根组织发展的规定

根据现行社会组织的管理办法，即《社会团体登记管理条例》《基金会管理条例》和《民办非企业单位登记管理暂行条例》，社会组织可能的身份主要有三种，即社会团体、基金会、民办非企业单位。这其中，社会团体和民办非企业单位的提法有重叠之处。现行管理规定对社会团体的规定是“中国公民自愿组成，为实现会员共同意愿，按照其章程开展活动的非营利性社会组织”，而对民办非企业单位的规定是“企业事业单位、社会团体和其他社会力量以及公民个人利用非国有资产举办的，从事非营利性社会服务活动的社会组织”。比如，社会团体可以举办民办非企业单位，那又如何将二者真正严格区分呢？

---

① 王名．改革民间组织双重管理体制的分析和建议．中国行政管理，2007（4：62—64）．

② 根据清华大学非营利组织研究所的报告数据，全国草根社会组织数量巨大，多以企业登记或不登记（“非法隐藏”）存在，无法准确统计，预估未登记在册的数量大约是登记在册组织数量的3～4倍。

> 而按照民政部副部长李立国的说法，“对工商经济类、公益慈善类、社会福利类、社会服务类的社会组织，民政部门2011年下半年已经开始按照民政部门业务主管和登记一体化来进行直接登记。”此种分类方法是按照社会组织从事活动的范畴加以分类，但并未被现行行政法规所认可。
>
> 另外，现行法规未彻底取消社会组织“双重管理”的体制，阻碍了社会组织的发展壮大。如《社会团体登记管理条例》规定，“国务院民政部门和县级以上地方各级人民政府民政部门是本级人民政府的社会团体登记管理机关”，“国务院有关部门和县级以上地方各级人民政府有关部门、国务院或者县级以上地方各级人民政府授权的组织，是有关行业、学科或者业务范围内社会团体的业务主管单位”。

2. 公信力困境

在很多人看来，涉及公共服务、公共利益的事务，只有政府组织才是“师出有名”“名正言顺”，政府的公信力级别永远高于社会组织。这种观念不光存在于很多政府工作人员当中，也存在于很多民众当中。

民众在遇到困难时，首先想到的是寻求政府部门的支持，而不是求助于社会组织。因为在很多民众眼里，社会组织“徒有其表”，不能有效回应其诉求。而政府的很多事务，本可以外包给社会，将权力让渡给社会，但很多地方的政府部门仍坚信“事必躬亲”是最高效、最稳妥的做法。

3. 资源困境、能力困境和独立性困境

首先，资源方面，多数NPO的初始力量薄弱，既不善于获取资源，又难以通过合法地位得到支持，因此面临没有场地、缺乏资金、少有设备等通病，尤其资金短缺严重，很多草根组织的账户经常亏空。

其次，能力方面，草根社会组织一般无力雇用专业工作者，又不能及时进行有效的组织能力建设，只依靠领袖力量或公益热情苦苦支撑，专业能力差、寿命短、作用小，如图6-3中对北京等7个城市的青年自组织平均寿命和专职工作人员所占比例的统计就说明，草根组织的能力和专业性亟待系统地提升。

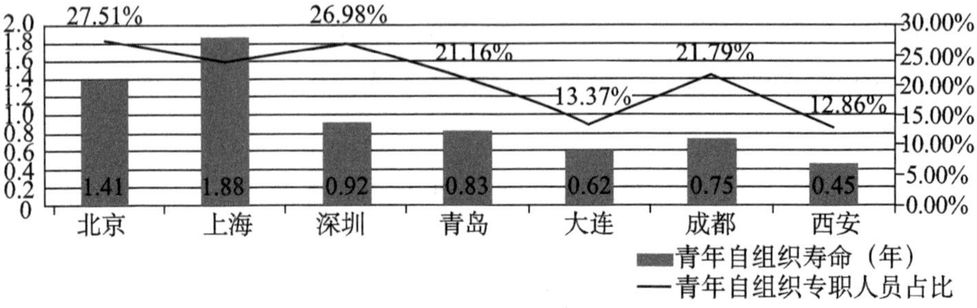

图 6-3　各地青年自组织平均寿命及专职人员工作人员比例（2010 年）

数据来源：北京团市委创建“枢纽型社会组织工作体系”工作汇报材料（2011 年 8 月）

最后，独立性方面，由于我国政社关系的特殊性，草根组织处于“资源”与“独立性”的博弈选择当中，现实中多数草根组织担心其获得资源支持会影响自己的独立发展，进而陷入“庇护—依赖”路径或者被其他力量操控、支配。[①]

4. 草根组织发展困境的潜在恶性循环

当前，草根社会组织发展主要面临的四类困境中，各自内部都有难以解决的棘手问题，同时各种困境之间又相互勾连，存在潜在的恶性循环，极易使社会组织的发展陷入“死结”和不利局面，如图 6-4 所示。

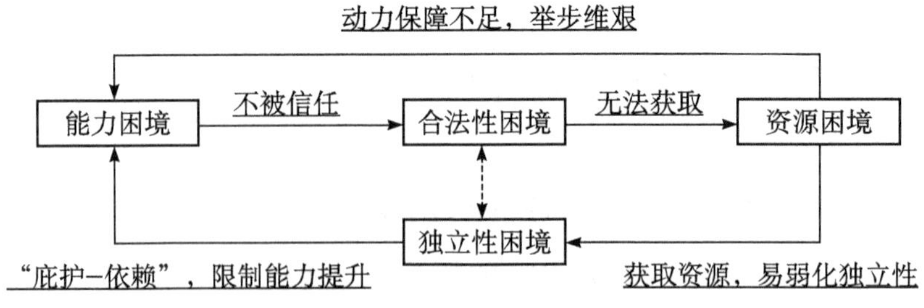

图 6-4　草根社会组织发展困境的恶性循环示意图

一方面，草根组织能力较弱，不易被政府信任，陷入合法性困境，

---

① 康晓光、韩恒．分类控制：当前中国大陆国家与社会关系研究．开放时代，2008（2：30—41）.

进而难以获取各方支持陷入资源困境，而资源缺口又使其发展的动力和保障不足，反过来制约组织的能力提升，形成第一圈恶性循环；另一方面，草根组织由于资源困境，向外寻求支持弥补自身资源不足，容易弱化其自主发展的独立性，陷入独立性困境，一旦与政府形成“庇护—依赖”关系或被其他力量支配，将造成其能力建设上客观的限制和主观的懈怠，进而引致能力困境，形成第二圈恶性循环。

三、现代公共治理中的政社合作观念

1. “第三条道路”

“第三条道路”① 集中回应当今公共管理中“市场失灵”（对于非公共物品而言，由于市场垄断和价格扭曲，或对于公共物品而言，由于信息不对称和外部性等原因，导致资源配置无效或低效，从而不能实现资源配置零机会成本的资源配置状态）和“政府失灵”（政府由于对非公共物品市场的不当干预而最终导致市场价格扭曲，市场秩序紊乱，或由于对公共物品配置的非公开、非公平和非公正行为，而最终导致政府形象与信誉丧失的现象）的问题，肯定自由市场的价值，强调解除管制、地方分权（非核心化）和低税赋等政策。

专栏 6－3

“第三条道路”主要观点

布莱尔

“第三条道路”最好地代表了英国和国外进步中左派人士的新政治主张，代表了一种现代形式的社会民主，“是现代社会民主复兴与成功的道路”。“我们必须坚决超越那些过时的思想方法，既要突破旧左派那种

① 关于“第三条道路”，学界的说法各有不同。也有一种观点将“第三条道路”界定为“独立于社会主义、资本主义的发展道路，即‘民主社会主义’道路”。本书仅将“第三条道路”定义为“政府、市场之外的社会组织途径”。

专注于国家控制、高税收和维护生产者利益的观念，又要突破新右派倡导的那种狭隘的个人主义，相信自由市场经济能够解决所有问题的放任自由主义。”

安东尼·吉登斯

“第三条道路”反映了传统阶级政治的衰落，最终目的是为了跨越（而不是在其中间）老右翼的新自由主义和老左派的社会民主思想。“第三条道路”的七个方面：政治联盟、经济的计划与市场、国家与政府、市民社会、民族、福利制度及全球秩序等。

必须超越“政府是个问题”和“政府是解决问题的答案”的观念，重建国家和政府。第三条道路主张进行全面的一揽子改革，界定新的民主国家。首先新民主国家建立的基础是下放权力，不仅向下而且也向上，向下把权力交给地方和地区，向上则交给跨国机构。其次，新民主国家要坚持实行“民主制度的民主化”，在公共事务中实现更大程度的透明，进行非正统形式的民主参与实验。再次，政府应该重塑在公民社会重建中发挥基础性作用的理念，以解决公民精神衰落和犯罪率上升等现实问题，这是与全球化的趋势相契合的。

资料来源：［英］安东尼．吉登斯：《第三条道路：社会民主主义的复兴》，北京：北京大学出版社 2000 年版

如果从社会管理的角度看，“第三条道路”的核心在于突出社会管理中多主体合作治理的作用（如图 6－5 所示），它构建了公共事务管理中政府—市场（企业）—社会（组织）三轮驱动、共同合作治理的基本框架。

“第三条道路”这一提法却给我们加强和创新社会管理提供了一些有益的视角。过去，我们曾经过度依赖政府或市场的力量，出现过严重问题：新中国成立初期至改革前，我们片面强调“一大二公”，政府、单位包办一切，导致效率低下、身份优先、人们的生产积极性不高。改革初至 21 世纪初，我们又相信“市场原教旨主义”，政府以“甩包袱”为名丢弃了自己应该承担的责任，将一切都交由市场，“医疗产业化”、“教育产业化”的后遗症直到今天还未完全消除。21 世纪初至今，政府

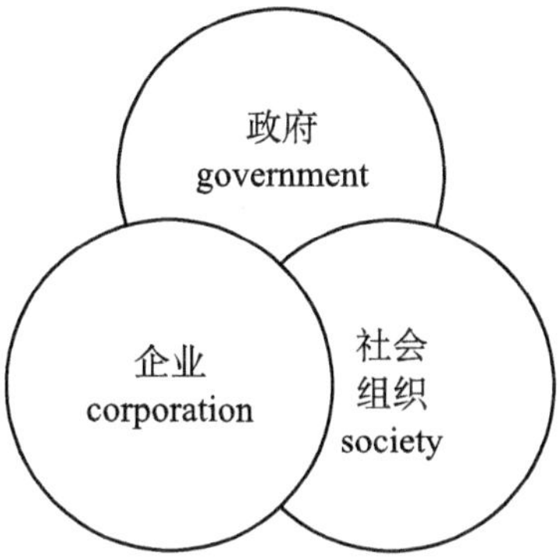

图6－5 合作治理的“三元治理”模式

逐步意识到了政府加强公共服务、落实公共责任的重要性，但如何避免前两个阶段已经出现的问题，不走之前走过的弯路？这就需要我们引入政社合作机制，通过促进政社合作发挥政府、市场、社会组织各自的功用，从“一元模式”“二元治理模式”过渡到“三元治理模式”。

2. 多元主义和法团主义

在政社关系方面，西方存在两大理论流派，即多元主义和法团主义。

多元主义也叫多头主义，以美国为代表。多元主义视角下的公民社会是一个区别于国家建制的、自主的活动领域，它通过社会自我管制，达成相互联系并依存的整合秩序，以防止对社会自由的干预，公民社会对于公共事务的积极关切和参与，形成了和国家的对等监督力量。因此，多元主义是一个典型的“社会中心论”，它伸张社会权利而限制国家的干涉，主张个体权利而限制公共权威的侵扰。

专栏6－4

多元主义

泰勒

多元主义视角下的公民社会主要有如下特点：一是最基本意义的公民社会。当存在着不受国家力量支配的民间团体时，这就是公民社会。

二是较严格意义的公民社会。当透过不受国家支配的公民团体，社会完全可以自我建设及自我协调时，这才是公民社会。三是作为对第二重意义的补充。当这些民间团体能够有效地影响国家政策的方向时，这就是公民社会。这其中，第一重意义的公民社会强调的是结构分化的情形，即国家和社会应各有自己的定位和各自的权力。而第二重意义则强调，社会的各部分通过市场互动自我建设、自我协调、自我联系和自我整合，达成一个有组织的公共体系，即一个制度化的社会自治领域。而第三重意义主要讲，公民社会有自己的公众和意见，是一种公共领域。

罗伯特·A. 达尔

一个国家能称为多元主义（多头主义），该政体需要达到如下条件：一是宪法规定，对政府决策的控制由选任制官员来进行；二是选任制官员是通过相对经常、公正、自由的选举产生和免除的，在那里，高压政治相当有限；三是所有的成年人都有权利在这些选举中投票；四是多数成年人也有权利在这些选举中作为候选人参与公职竞选；五是公民拥有有效而有力的权利，能够保障言论自由，尤其是政治言论的自由，包括对官员、政府行为，占主流地位的政治、经济和社会体制，以及主流意识形态进行批评的自由；六是公民们亦能够获取可供选择的信息，这些信息既不是由政府，亦不是由其他单一团体所垄断；七是他们拥有有效而有力的权利，组织或参加自治的社团，包括政治社团，比如政党或利益集团，通过竞选或是其他和平的方式来影响政府。

资料来源：[美] 罗伯特·达尔：《民主及其批判者》，长春：吉林人民出版社2006年版

而与美国多元主义的政社关系相对应，欧洲国家多主张法团主义（又称统合主义）的政社关系模式。在施密特看来，“法团主义是一个利益代表的系统，此系统中构成单位被组织成一些单一义务性的、非竞争性的、层次有序和功能有别的有限团体，它们被国家认可并赋予在其同行中的垄断代表权，以此为交换，国家对其领导人选择需要和支持的表

达实行一定程度的控制”[①]。

专栏 6-5

法团主义

首先，国家具有重要地位，法团主义的中心任务在于有序地将社会利益组织、集中和传达到国家决策体制中去，因而它主张促进国家和社会团体的制度化合作；其次，获批准的功能团体对相关的公共事务有建议、咨询责任，并把本集团成员完好地组织起来，限制他们的过激行动；再次，获批准的功能团体数量是限定的，功能团体在自己的领域内享有垄断性的代表地位，而作为交换对功能团体的若干事项，国家应有相当程度的控制；最后，不同团体间是非竞争的关系，每个行业内的不同代表组织以层级秩序排列，以反映它们与国家接近的机会和距离。

资料来源：赵子江：《社团组织的角色——法团主义视角下北京市大体协组织结构与运作的分析》，《中国劳动关系学院学报》2011 年第 2 期，第 108—112 页；安戈、陈佩华：《中国、组合主义及东亚模式》，《战略与管理》2001 年第 1 期，第 52—60 页

多元主义与法团主义的区别有以下方面。

（1）对公民社会的界定不同。多元主义认为公民社会不光先于国家产生，而且其力量同国家相抗衡甚至高于国家，而法团主义则认为公民社会是一系列有关中介团体的制度体系。

（2）利益团体的角色及其组成形式不同。多元主义认为，利益团体将分散的个体利益组织成群体利益，它构成了政治过程的主要行动单位。这些团体集中了个体的需求（偏好），形成组织化利益并以集体的形式表达出来，于是形成政治力量，也就是政治压力。而法团主义则认为，利益团体的面目不仅仅是自利和竞争性的，它不仅要向公共权威提

① Philippe C Schmitter. *Still the Century of Corporatism*. Review of Politics，1974（1）. 2-8.

出要求，还应当承担一种“准公共”的社会责任，即在社会整体的立场上协调、组织所属成员。

多元主义带给我们的启示是：要重视每个群体的利益表达和诉求。今后，我们要通过改进政社关系，使得社会组织吸纳更多的社会群体。比如，当前农民工群体、下岗职工群体、拆迁户群体等就更多地需要相关社会组织为其维权。

法团主义带给我们的启示是：在发展和完善政社关系中，既不能忽视政府的引导、促进作用，也不能忽视社会组织的公共性、利他性，防止政社关系走向另一个极端——碎片化。

3. “多中心治理”理论

“多中心治理”理论最早由卡尔·波兰尼提出。美国学者文森特·奥斯特罗姆、埃莉诺·奥斯特罗姆夫妇将此理论发扬光大。其理论主张是：首先，多中心治理是复合主体，包括政府、企业、非营利组织、公民社会、国际组织、社会组织等；其次，多中心治理的结构是网络型的；再次，多中心治理的目标是实现公民利益最大化和公民多样化的需求；最后，多中心治理的方式是“合作—竞争—合作”。“多中心治理”理论的启示在于以下几方面。

（1）政府要明确自己活动的范围和边界，不过多插手社会可以自治解决的问题。其主要立足点是：政府的活动边界要依法确立、不得随意更改，即政府需要增加、扩张其管制权力时，需要立法机关予以批准，不能“自说自话”地任意扩张。政府必须要退出一些领域，放弃一些管制活动，充分放权于社会，鼓励社会自治。但当前，政府在这些方面尚存在着不少误区。

案例 6-2

“馒头办”

H省Z市于2003年成立“馒头办”，分为市、区两级。“馒头办”主要向馒头生产者发放许可证，并收取一定数额的管理费。因市、区两级“馒头办”对管辖权有争议，两个办公室的工作人员甚至为争夺地盘而大打出手，最后Z市政府不得不撤销“馒头办”。

但近年来，又有个别地区的政府机关重新打起了此念头。2011年4月，G省政府发布《G省生产加工食品小作坊加工许可管理暂行办法》，再次将馒头等食品单独立法进行管理。好在2012年6月，该规定被叫停。

上述案例带给我们的思考在于：G省和Z市政府都没有按照“有限政府”的原则依法行政。因为，馒头生产的各个环节已经由具体部门加以管理（卫生状况由卫生防疫部门、质量检验部门管理），销售状况由工商部门管理，纳税情况由税务部门管理），不需要再凭空设置一个“馒头办”。此外，政府对馒头生产的管理应仅限于对假冒伪劣、食品安全问题的监管，而非越俎代庖替生产者决定如何生产。因此，即使工商局、税务局这些有着法定监管职能的部门，也不能随心所欲肆意寻租。

（2）政府应通过培育、支持社会组织，促进政社合作，保证政社合作的良性运行。回到开篇“郭美美事件”。事件发生后，有一种观点一度很受欢迎：既然红十字会存在这么多的问题，那以后捐款、慈善业不如由民政部门直接管理，以杜绝此类现象再度发生。这种观点依然未摆脱“非此即彼”一元模式的思维框架。而按照奥斯特罗姆“依赖他人行使政府特权的诱惑总是产生浮士德式交易”的观点，提出这种建议的人无疑要将我国的公共服务供给方式退回到三十年前。在“郭美美事件”中，政府的责任是显而易见的，那就是对红十字会的监管应该更加严格。政府应当积极引入社会组织的多元发展和竞争，以敦促那些老牌的、长期受政府指导的社会组织改进自身工作。比如，近日民政部门规定“发生重特大自然灾害进行社会捐赠动员，除政府有关部门依法直接接受捐赠外，民政部门不再指定个别或少数公益慈善组织接受捐赠”就是一大突破和进步。

四、当前我国政社合作的主要方式与发展方向

现阶段我国社会管理创新中，以政社合作机制为基础的政社关系构建是一条具有可为空间的推动路径，也是实现创新的根本出路。随着社会组织的兴起和作用发挥，我国越来越重视政社之间的良性互动，并以培育社会组织发展为契机，探索、形成了当前我国政社合作的不同途径。

（一）途径：当前我国政社合作的主要方式

近年来，我国政府在培育不同类型社会组织，促进其发挥作用方面进行了很多尝试。在社会空间日益扩大、社会性力量不断凸显的场景下，社会组织与政府关系及其发展途径也反映出当前我国政社合作的主要方式。按照组织作用社会性程度的高低和组织推动力量的不同，当前政社合作的主要方式分为延续途径、新建途径、收编途径和弱政府途径。（见表 6－1）

表 6－1　当前我国社会组织培育的路径与政社合作的主要方式

		社会性作用	
		低	高
推动力量	政府	延续途径	收编途径
	社会	新建途径	弱政府途径

上述政社合作方式的分类基于两个基本维度：一是组织推动力量（以政府和社会为区分标准），即关注社会组织发展过程中的主导或推动力量是谁，组织设立的门槛高低如何（难易程度、组织数量），组织发展过程中政府的作用如何（限制还是支持、程度怎样）等；二是组织作用社会性程度的高低，即社会组织发挥作用的领域、方式和实际影响如何，高的社会性作用一般会专注于社会性事务，主动回应草根性的利益诉求，相反，低的社会性作用一般更关注于政府外延的社会事务、以管理或类似管控的手段开展工作。

1. 延续途径——中华全国总工会案例

延续途径以政府推动和较低的社会性作用为特点。具体而言，政府

比较支持此类组织的发展，限制很少，同类组织数量较少，在领域内具有一定的“垄断性”和代表性；这类组织多专注于政府职能延伸领域的社会事务，采取类似监管的手段实现职能定位。延续途径实质是政府利用老的第三部门满足社会需求，即这些组织在改革开放前就已经存在，改革的过程中这些组织并没有被抛弃，而是被继续沿用，满足社会需求。作为新中国成立初期建立并长期存在的组织，中华全国总工会是延续途径的典型代表。

案例6-3

中华全国总工会

中国工会是中国共产党领导的职工自愿结合的工人阶级群众组织，是党联系职工群众的桥梁和纽带，是国家政权的重要社会支柱，是会员和职工权益的代表。全国总工会是各地方总工会和各产业工会全国组织的领导机关。全国总工会由中共中央书记处领导。按照组织成立的初衷和发展的实际，有制定方针、领导工会、维护权益、协助生产等核心职能。

近年来，“职工权益维护薄弱”引起公众的广泛关注，不得不说这与全国各级工会组织的双重性与延续性密不可分；中华全国总工会也出面干预过众多职工权益被侵犯的事件，体现了其“维护职工合法权益”的职能。2007年11月，为规避《中华人民共和国劳动合同法》(2008年1月1日实施) 中关于工龄十年以上的职工签订无固定期限劳动合同的规定，有少数用人单位要求这部分员工辞职或者重新签订劳动合同。这不但引起连锁反应，甚至在一些小范围内形成了一种风潮。这其中，以“华为10亿元辞退7 000名资深员工”最有代表性。因此，全国总工会对此事件展开调查，表示“华为事件的确在贯彻《中华人民共和国劳动合同法》方面形成一些负面影响。但根据现在掌握的情况，华为可能有它的特殊性。因为辞职后又重新上岗的华为职工没有提出过多反对意见，再加上他们可能拿的补偿金比较高。不过，全国总工会、劳动部以及广东省有关部门已在联合进行调查，对此情况正在研究中”。全国总工会还进一步明确了劝说辞退、逆向派遣、大量裁员等均属违法行为。

2010年5月，为苹果代工的“富士康”深圳工厂发生“十四连跳”事件，震惊全国。全国总工会负责人也多次表态，“‘富士康职工跳楼’事件凸显当前劳动关系的严峻形势”，“随着事态的发展，省总工会和全国总工会也多次过问富士康这个事件的情况，帮助富士康建立健全了企业的工会组织，使职工的一些愿望和诉求能够通过工会组织，通过合理合法的程序，反映到企业管理层，使问题得以解决”。全国总工会负责人在2011年全国政协会议的界别讨论会上表示，要逐步解决企业工会‘不敢说’问题”。

资料来源：中华全国总工会主页，www. acftu. org；中国人力资源网：《全国总工会调查华为“辞退门”事件》，http：//www. chinahrd. net/news/regional - news/2007/1107/64537. html；中国人力资源网：《全总副主席回应富士康跳楼事件，称劳资关系严峻》，http：//www. chinahrd. net/news/regional - news/2011/0308/67681. html

延续途径是各种政社合作方式中比较特殊的一类，北京市尝试的“枢纽型社会组织”体系建设也属于此途径的范畴。据北京市“1＋4”文件的部署，市社工委先后确认了22家“市级”枢纽型社会组织[①]，构建枢纽型社会组织工作体系。枢纽型社会组织的作用：一是在政治上发挥“桥梁纽带”作用，负责在所联系和管理的社会组织中贯彻执行党的路线方针政策，开展党建工作；二是在业务上发挥“龙头”引领和聚合作用，团结带领本领域内的社会组织形成合力、共同发展；三是在日常管理和服务上发挥平台作用，承担有关社会组织的业务主管单位职责，负责业务指导，进行日常联系、服务和管理。[②] 但是，枢

① 2009年3月确认第一批，共计10家，包括市总工会、团市委、市妇联、市科协、市残联、市侨联、市文联、市社科联、市红十字会和市法学会；2010年12月确认第二批，共计12家，包括市工商联、市贸促会、市私营个体经济协会、市志愿者联合会、市体育总会、首都慈善公益组织联合会、北京注会协会、市律师协会、北京工业经济联合会、市商业联合会、市建筑业联合会和北京民办教育协会。另据材料显示，2012年，市社工委将确认第三批市级枢纽型社会组织，预计5家，包括北京市人民对外友好协会、北京市民间组织国际交流协会、首都民间组织发展促进会、北京市民族联谊会和北京市企业联合会。

② 北京市委办公厅、市政府办公厅：《关于加快推进社会组织改革与发展的意见》（2008年9月）。

纽型社会组织的发展也暴露出“延续途径”的政社合作方式培育社会组织的弱点。

首先，行政化倾向明显，独立性不足。枢纽型组织由北京市社工委确认，前身一般是人民团体或规模较大的行业协会，这些组织在确认之前与政府就有密切的关联，大多是准政府性质的政策执行机构或者有官方背景的群众性力量，因此，从历史传统和政府确认得以形成的角度看，“先天”带有行政化倾向。① 成为枢纽型社会组织后，与政府关系也很“暧昧”：一方面，组织的人员编制由政府规定，人员工资、运行经费等均主要来源于政府，组织的存在、运行离不开官方支持；另一方面，组织的实际工作中有很大一部分是承接上级政府、相关部门的安排而负责具体执行，或者根据上级要求开展相应活动，组织运行的自主性较低，事实上还在为官方办事；同时，组织在运行中沿用了自上而下的组织结构设计、职权和权责划分，加之组织内部人员的认知偏好，其独立性严重不足，科层官僚特征明显。

其次，定位偏差，组织支持性不强。在公益链条视角下的社会组织分类中，枢纽型社会组织应该是政府发育、间接支持社会公益活动的中间型组织，因此，它应该是单纯的支持系统，而非操作系统，更不应该是管理系统。② 枢纽型社会组织的运行现状：一方面，它们大多亲自组织、直接参与社会公益活动，陷入“操作系统”误区；另一方面，它们大多带有行政色彩，不论是工作内容（执行上级命令），还是工作方式（行政指令形式），都体现出管理控制的特征，陷入“管理系统”误区；同时，多数枢纽型社会组织仅仅回应草根社会组织发展的政策空间、合法性和资源困境，对于能力建设、独立性保持和持续资源支持等诉求并未顾及，“支持功能”尚不完善，能力不足。综上，枢纽型社会组织的“管理性”和“操作性”有余，“支持性”不足，其自身定位存在较大偏差。

---

① 冯志明．共青团“枢纽型”社会组织建设浅探．思想教育研究，2011（10：85—89）.

② 唐文玉、马西恒．去政治的自主性：民办社会组织的生存策略——以恩派（NPI）公益组织发展中心为例．浙江社会科学，2011（10：58—65）.

2. 新建途径——中国注册会计师协会案例

新建途径以社会推动和较低的社会性作用为特点。具体而言，这类组织在成立过程中受到的限制较少，一般具有官办背景，但发展上政府干预不多，以社会性的力量为主；同时，组织的设立通常以一定领域内的日常事务管理、运行为目标，政府通过赋权这类组织将各自领域的事务管理起来，并退出实际运作。新建途径的含义是政府发起成立的新型第三部门组织，如各类行业协会、官办 NGO、官办基金会等。作为改革后成立的具有“官方色彩”的社会组织，“中国注册会计师协会”是“新建途径”的典型代表。

案例 6－4

中国注册会计师协会

中国注册会计师协会成立于 1988 年 11 月，是在财政部党组和理事会领导下开展行业管理和服务的法定组织，依据《中华人民共和国注册会计师法》和《社会团体登记条例》的有关规定设立，承担着《中华人民共和国注册会计师法》赋予的职能、财政部党组委托和财政部领导交办的职能，以及协会章程规定的职能。第五届会长由财政部副部长李勇兼任。

职能：审批和管理本会会员，指导地方注册会计师协会办理注册会计师注册；拟订注册会计师执业准则、规则，监督、检查实施情况；组织对注册会计师的任职资格、注册会计师和会计师事务所的执业情况进行年度检查；制定行业自律管理规范，对会员违反相关法律法规和行业管理规范的行为予以惩戒；组织实施注册会计师全国统一考试；组织、推动会员培训和行业人才建设工作；组织业务交流，开展理论研究，提供技术支持；开展注册会计师行业宣传；协调行业内外部关系，支持会员依法执业，维护会员合法权益；代表中国注册会计师行业开展国际交往活动；指导地方注册会计师协会工作；承担法律、行政法规规定和国家机关委托或授权的其他有关工作。

中国注册会计师协会最引人注目的一项职能当属“组织、开展注册会计师考试（CFA)”。但与红十字会相类似，此类“新建模式”的社会组织都存在着一个共同的问题，即政府部门如何监管其工作、保证其公信力。如2011年全国注册会计师考试暴露的“泄题事件”就说明了这一问题的严重性。事后，中国注册会计师协会也证实确实存在泄题情况，因此，当年考试的成绩也推迟半个月公布。CFA考试在考生心目中“地位神圣”的根源就在于组织考试的机构直接由财政部领导，具有极强的公信力。那么，如何破解“官办组织”在“职业认证”方面“公信力下降”的问题呢？我们也要摒弃“一元模式”的“非此即彼”，社会组织不行了就交给政府，比如，“考研泄题事件”也变相说明了此种解决之道的局限性。美国两大考试类机构ETS和GMAC在美国研究生入学考试方面的良性竞争、相互借鉴则是一个很成功的案例。

资料来源：中国注册会计师协会主页，www.cicpa.org.cn；新浪教育网：《注册会计师考试被疑泄题，考前已流传部分答案》，http：//edu.sina.com.cn/zgks/2011-09-19/0824313134.shtml

新建途径的政社合作方式与前述延续途径相比具有独特性，即组织尽管有官方背景，但其运行主要由社会力量推动，这与此类组织从事有一定专业性的活动有关。当前，此类政社合作方式发展面临的困境主要是由公开性、透明性、竞争性较低而导致的公信力日益下降。一方面，新建途径下的社会组织大多具有官方背景和社会运行的特点，按组织设计原理，政府及有关部门不参与具体的事务管理，但仍然负有监督管理的重要职责，而实际发展中由于政府精力、能力的有限和特殊的政社互动关系与惯性模式的影响，官方对此类社会组织的监管常常流于形式，甚至出现“既做裁判员，又做运动员”的角色定位混乱，无效或缺失的监管机制，这必然为其透明度危机埋下隐患；另一方面，新建途径的社会组织沿袭了官方科层管理、行政化等特点，因此，存在着管理成本高、管理效率低、公开不足等问题；同时，由于本来民众对此类组织抱有很高预期和信任，一旦出现问题将会引起巨大且不易弥合的反响，对该领域的社会建设和社会事务发展更为不利，如红十字会的“郭美美事件”，给民间慈善募捐带来巨大的危机。

鉴于该类社会组织的自身特点，当前在解决其面临的问题时，我们所要秉承的原则应该是“政府通过鼓励社会组织的竞争逼迫社会组织不断改进自身工作、提升自身公信力和透明度”。新建途径的社会组织可以作为一个有效的润滑剂，为我国促进政社合作提供具有示范意义的标本。

3. 收编途径——南京爱德基金会案例

收编途径以政府推动和较高的社会性作用为特点。具体而言，此类社会组织一般由政府主导成立，受到的限制相对较少，本应由社会性力量运作的事务由政府特别规定归口至相关部门进行统一管理。这类组织一般直接面对社会面的利益诉求，解决社会性较强的问题。收编途径实际上是把民间发起成立的第三部门组织纳入一定的管理框架之内，由特定的政府部门或者政府指定的部门对其进行管理。公益孵化器近年来的发展方兴未艾，由政府作为主导力量的南京市爱德基金会是政社合作和公益孵化的一种创新，也是收编途径的政社合作比较典型的案例。

案例 6－5

南京爱德社会组织培育中心

2009 年下半年，各地政府相继建立了各类公益组织孵化器，大部分采用的都是政府主导的形式，其中南京爱德社会组织培育中心的发展已经比较成熟。南京爱德社会组织培育中心于 2009 年 10 月成立，由南京市民政局、建邺区政府和爱德基金会联合筹办，2010 年底获得首届“中国社会创新奖”。

首先，培育中心采取的是政府与 NGO 联合运营的模式，具有强政府和培育中心非独立的特征。如培育中心的成立通过民政局特批，没有走人事部门批编制、设立事业单位的途径。在选择入驻组织的标准上，民政局要求应当是“社区群众有需求，政府的工作职能没覆盖到，企业又不愿意做的公益性社会组织”；同时，中心每周召开的例会，市和区民政局的负责干部都会出席，给中心带来一些政策信息，也参与日常的策划活动；政府在政策和资金上也给予了大力支持，在民政局的"培育中期计划"中明确规定要帮助孵化组织与政府部门对接，并且将政府购买服务作为今后重要的支持手段。

其次，南京市民政局给予培育中心一部分特别授权，使其在业务开展上享有一定的优势。如南京市民政局自2006年开始实施"两级登记、两级备案"管理体制，授权社区居委会或其他具备条件的组织作为社区公益组织的业务主管单位，可以在街道办备案，并由街道办负责日常管理工作；这些在街道备案的公益组织只能承接政府费随事转的一些服务，不能接受捐赠，也没有独立性。而在中心孵化成功的草根组织，则可在民政局注册，成为独立法人，并享有接受政府转移项目的优先权，也可以独立开展活动。

这种强政府模式的孵化器，相对于民间模式的孵化器，省去了一些中间环节，效率比较高，如民政局在政府层面努力为培育中心争取各方面的支持。例如由民政局牵线，为公益组织联系对应的政府管理部门时提供帮助，像老年管理服务中心对应老龄委、助残社对应残联；在进行需求调查时积极发动各街道居委会等。爱德基金会则利用自己的国际化资源，为培育中心联系了多家国际化的基金和协会，以期获得相应资助。在这个过程中，政府部门和爱德基金会都很明确自己"资源提供者"的角色，充分利用自己的资源，积极为孵化组织搭建资源网络。

资料来源：爱德基金会主页，http：//www. amityfoundation. org. cn/；吴津、毛力熊：《公益组织培育新机制——公益组织孵化器研究》，《兰州学刊》2011年第6期，第46—53页

收编途径的政社合作方式是中国现有社会场景和力量平衡下比较特殊的社会组织培育和政社互动的模式，"行政吸纳社会"最直接的含义即此，其最大特色在于组织由政府收编管理，同时处理社会性事务，如前述爱德基金会在成立和运行模式上对公益孵化机制的创新，从效率和实际作用发挥的角度具有优越性；但从长远看，也暴露出收编途径的政社合作方式面临的几个主要困境。

一方面，政府主导、收编的模式在工作目标和原则上也会发生冲突，即政府要求的是量，其工作方式是首先要出成果，而培育中心要求的是质，要求这个成果必须符合孵化的原则，因而需要政府、基金会和培育中心三者之间达成共识，避免给孵化器的健康发展造成不利影响；另一方面，此种政社合作的模式中，政府扮演了社会性力量应该完成的一部分角色，这本身就对政府职能边界、“有所为有所不为”提出挑战，政府职能入侵社会领域过多势必会不利于社会组织的独立发展和社会自运行能力的提升；同时，长久的收编很有可能导致此类创新的社会组织模式“名存实亡”，即变为延续途径中的“二政府”的尴尬角色，如果这样，政社合作、互动更无从谈起。

4. 弱政府途径——恩派（NPI）公益孵化组织

弱政府途径以社会推动和较高的社会性作用为特点。具体而言，此类社会组织由社会力量主导推动，政府对其干预不同程度上减缩；组织发挥社会性作用，集中回应社会性诉求，体现出极强的草根性和基层性。2006年1月，上海浦东非营利组织发展中心（NPI）在上海浦东新区注册为民办非企业单位，法定代表人为吕朝，发起机构主要有屋里厢社区服务中心、明善道CCIA、上海公益事业发展基金会。NPI是中国民间主导公益孵化器探索的先河，发展至今也是弱政府途径政社合作方式的典型。

案例6-6

恩派（NPI）公益孵化组织

恩派（NPI）是在政府主管部门、资助型机构、企业界、学界等“拥护群”的支持下发展起来的公益支持性组织集合体。中心以“助力社会创新、培育公益人才”为己任，旨在为初创期和中小型民间公益组织提供切实的支持。

（1）组织结构：NPI的公益孵化原则是“以项目孵化组织”，即通过扶持草根组织完成申请项目，孵化有独立发展能力的组织出壳。为配合项目运作机制，NPI优先采用了项目制式的组织结构，以便组织的日常运转和功能发挥。

（2）人事流程：由于NPI社会组织的性质，其人事招聘完全是社会化、公开性质的，具体操作类似于企业招聘。上海总部每年初会做出年度的人力资源规划，各分部、项目试验基地根据自身需求在招聘网站上发出相关职位的招聘启事，通过筛选简历、笔试，圈定候选人，组织面试（NPI的面试很正规，总部会派人事专员与分部的业务主管、人力资源负责人共同面试）并最终确定录用人员，整个招聘过程公开、透明。NPI在人力资源的绩效考核、退出机制等方面有明确规定。关注组织的人才梯队建设，不断吸纳新鲜元素加入，进行组织更新；所有工作人员都必须从基层做起，管理人员中也不存在“空降”情况，这实际上是一种注重公平、效率至上的考核和晋升机制。

（3）人员特征：整个NPI系统现有工作人员一百余人，人员构成有以下特点。首先，呈现年轻化特征，这与年轻人开放志愿的价值观念、有从事公益事业的热情直接相关，也保证组织运行所需要的活力；其次，学历以本科为主，高中（中专）以下、研究生以上的学历极少，与组织性质和日常工作的难度基本匹配，但如果有高学历人才加入团队，对组织的整体、长远发展是有利的；再次，人员的专业化背景较强，以社会学、社会工作专业为主，同时，人员招聘时将社会工作或学生社团经历作为重要的衡量标准，有利于保证组织的专业化水平和职业化程度。

（4）资金构成：NPI公布的资料显示，2010年NPI系统一共募集到资金人民币20 157 362.4元，其中基金会、合作企业的募捐共计16 935 234.5元，约占84%；政府拨款的资金支持（也多以政府购买公共服务的形式存在）为2 346 900元，约占12%；其他来源（如服务收入、产品销售）占4%；整体上形成了“社会募捐为主，政府拨款为辅”的财务来源模式。

（5）信息管道：NPI的信息管理由总部统筹，各分部从基层收集信息，通过总部审核、统一发布，信息更新的工作由分部完成。NPI的组织支持性表现在对信息资源的整合上，其信息存在供需两个方向：一是向资方负责，NPI定期向资方发布信息，内容包括资助资金的使用情况、受资助组织的进展以及组织活动信息等；一是向被孵化组织负责，NPI需要公开诸如组织资源现状、可提供的资源以及活动信息等。

（6）治理路径：在治理路径选择中，NPI根据问题类型不同选择不同的路径进行内部管理，形成具有特色的“双向治理路径”模式。一方面，NPI采取项目制式组织结构，属于自上而下的管控结构，组织的任务执行、资源配置、权责划分都依此展开，形成常规的管理方向；另一方面，NPI关注组织内部意见，尤其是来自基层工作人员和自组织联结点的诉求，因此，设计了董事会、监事会的运行机制，定期召开内部代表性质的会议，实现自下而上的制约能力与影响因子，形成第二条路径。

NPI实际是通过“资源接口、支持平台”的定位，完成对资源的“募捐—整合—提供”过程，使资源最终在被孵化组织内被享用。其外部运作机制的特点是间接支持方式，不直接管理和干预。

资料来源：张粱、金立达：《聚光灯下的公益变局》，《公益前沿》2011年第4期，第50—53页；黄晓勇、潘晨光、蔡礼强：《中国民间组织报告（2011—2012）》，北京：社会科学文献出版社2012年版，第74页；李慧芹：《推进我国公益组织孵化器建设的思考》，《成都行政学院学报》2009年第2期，第7—10页；杨幽红、冯爱明：《对我国非营利型企业孵化器认识上误区的思考及建议》，《商业研究》2007年第6期，第90—92页；上海壹周：《公益孵化器助力“公益创投”》，《机构录》2009年第1期，第16页

NPI的发展为弱政府途径的政社合作提供了良好的模板和示范，也是当前阶段建设公民社会的可行思路，但这种政社合作模式下的社会组织自身发展面临新的问题，并且有从弱政府途径向收编途径变化的可能和趋向。

首先，与政府、草根社会组织的关系处理不当。弱政府途径下的社会组织一般发育于社会力量，在支持草根组织发展的过程中面临着政府和其他社会组织组成的复杂生态环境，需要与多方互动才能发挥作用。

由于其非营利组织的特性，在身份确认和关系处理上存在困难：一方面，政府出于风险规避和“惯性不信任”的思维[①]，认为NPI只不过是登记注册了的社会组织，对于它的组织意图、发展能力持不信任态度，一旦在双方互动过程中出现问题，将会被无限放大，并在之后的关系中极力压制，这将会给其带来不利的制度环境；而NPI会孵化、培育出更多的社会组织，从风险规避的角度出发，政府不能预期它的走向，可能会选择非正向的政策，造成组织发展的关系性障碍。另一方面，NPI与自己孵化的草根组织之间也存在关系错乱，由于孵化期内草根社会组织没有法人的身份，自身合法性仍受质疑，要想在社会中参与公益、壮大力量，只能使用NPI的名义从事相关活动，这给NPI带来很大的不确定性风险，埋下了双方纠纷的隐患，这种状况下NPI要么默默承担组织风险，要么僵化与草根社会组织的关系，但无论哪种选择都不利于社会组织的长远发展。

其次，自身能力出现缺口，亟待建设。以公益孵化器为典型代表的弱政府途径组织以解决草根社会组织发展中的能力建设困境为特色，尤其对孵化NPO进行人才培训和组织能力建设，由此很容易产生一个问题：支持型社会组织是否需要能力建设？如果需要，又由谁来提供？此类组织是否有能力完成？当前阶段，NPI组织对孵化组织提出的需求回应能力不足：一方面，被孵化组织的需求逐渐增多，在量上变得巨大，NPI疲于应对；另一方面，被孵化组织的需求在类型和内容上呈现逐渐多元化的趋势，有很多需求是NPI自身没有思考过或者根本无法满足的。基于这样的困惑，此类组织既要完善自身，又要对角色定位进行重新的思考，是扩容还是缩小，是全面还是专工，都是现阶段NPI这类社会组织要面对的问题。

综上所述，近二十年来我国政府与社会组织之间进行互动，经过“一元控制”“二元对立”等阶段的探索，逐渐走向政社合作的思路上来。由于社会场景和行为选择的区分，出现延续途径、新建途径、收编

---

① 冯晓英、高勇．北京社会服务管理创新．北京：社会科学文献出版社，2011：237.

途径和弱政府途径等不同方式的政社合作机制，其发展具有各自的特色和局限，但都为我国下一步理顺政社关系、推进政社合作和进行社会管理创新提供了经验借鉴和发展方向的思考。当前我国政社合作主要方式对比见表6-2。

表6-2 当前我国政社合作主要方式对比

具体途径		特　点	当前困境	对促进政社合作的作用
自上而下	延续途径	政府主导 低社会性	作用的发挥受来自体制内及自身惯性的限制	龙头
	新建途径	社会主导 低社会性	公开性、透明性、竞争性较低导致的公信力下降	润滑剂
自下而上	收编途径	政府主导 高社会性	发展空间有限、后劲不足	突破口
	弱政府途径	社会主导 高社会性	边界未明确所致的畏首畏尾	生力军

（二）创新与尝试：我国政社合作的发展方向

我国的政社关系经历了政社不分和政社分离的阶段后逐渐回归到政社良性互动的构建轨道上来。政社合作是一个系统、全面的概念，理解政社合作可以从宏观、中观、微观三个层面展开，即政社合作的价值导向、互动机制与行为选择。其中，宏观层面的政社合作发展方向就是政社合作机制的价值导向，即政社合作是国家权力回归社会的自然过程和人的自由发展的重要途径，也是对“市场失灵”与“政府失灵”的有效补充，还是政府与社会组织的合作、保证经济社会稳定发展的共同选择。[①]

政社合作机制是当前进行社会管理创新的重要抓手和路径，在社会组织培育、政社互动的过程中许多创新尝试和问题思考都给我们提供了进一步推进政社合作的思路。关注政社合作中政府与社会组织互动机制的建立（中观视角）以及各自行为的选择（微观视角），总结我国政社

① 曾永和．关于公共管理主体的边界及其互动——政社合作的理论与实践思考．社团管理研究，2012（3：34—37）．

合作的发展方向进行如图 6-6 所示。

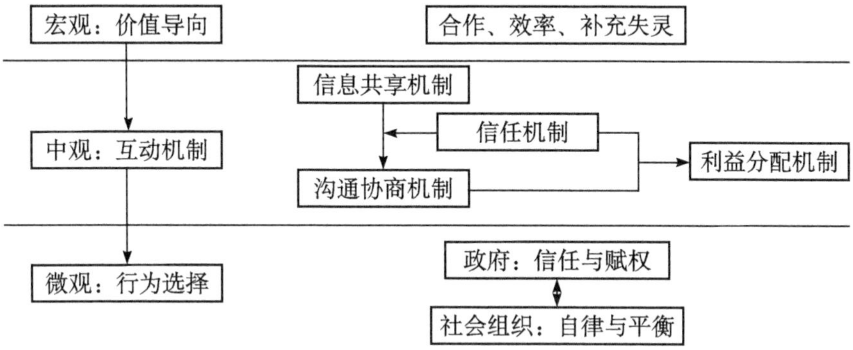

图 6-6　政社合作发展方向

1. 中观：政社合作的互动机制

（1）沟通协商机制。由于立足和需求不同，政府与社会组织要想合作，协商沟通显得尤为重要，可以保证政社之间发现共同利益与合作空间；通过表达、宣传和说服构建政社合作的先决环境，明确合作方向与手段，把各自的期望收益调整到一个利益均衡点。①

沟通协调的实现首先需要一个可以交换意见、平等对话的空间，即由一定的规范和机制约束，并提供沟通协商平台。在共同治理社会中，合作应满足公共利益最大化，之后考虑各个参与主体利益的相对最大化。因此，协商中要注意平衡政府与社会组织各自的利益诉求和行为着眼点，同时，要平衡考虑经济因素、社会治理效果、环境以及公众对公共治理的评价等多方面的因素。由于我国的特殊制度环境和政社互动传统，二者沟通时政府通常处于强势地位，社会组织的观点要想更加有效地进入沟通和政策议程，就要建立一个民主的沟通协商机制，政府给予社会组织更大的自主权，使双方能够在一个相对平等的环境下进行合作协商。有效沟通协商是政社合作的基础，同时也会降低政府在社会管理和社会组织培育中的诸多成本，是政社合作机制的重要基础。

---

① 方国平．新型政社关系的重构——上海市的探索与实践．中国行政管理，2010（4：43—46）．

（2）信息共享机制。不论对于政府还是社会组织，信息都是十分重要的资源。从个体行为角度看，信息是依据和潜在优势；从合作发展视角看，信息既是发展可利用的条件，也可能造成合作的障碍。

多主体参与的社会治理要求信息透明化，政社之间要想实现合作也不例外。政策的维度上，政府在信息占有方面有很大优势，这一方面容易沦为官员“寻租”以谋私利的工具，另一方面也容易形成沟通不畅和信息不对称带来的社会组织发展困境。因此，合作治理社会要求完善信息披露机制，向各利益主体及时传递信息，增强共同治理运作过程的透明度，降低政社交易成本，提高共同治理社会的效率。同时，从管理技术的维度看，信息共享机制的建立是有成本和效益的，因此，必须建立一个经济合理的信息共享机制，才能促进信息共享持久有效，并进一步保证效率和效果。

（3）信任机制。由于政府与社会组织的根本目标和思考立足不同，加上社会环境和发展场景的不断变化，政社关系呈现出复杂多变和不稳定性，而我国政社分离的传统又加剧了上述问题的负向影响。

政社关系的不稳定需要在政社之间合作过程中形成并不断加固信任关系，这样才有可能将这种合作持续和深入，即在政社实现合作博弈的过程中，必须培养和增强政社之间的信任关系。一方面，政府对社会组织的信任程度会直接影响政府赋予社会组织权力的大小、边界的明确程度。政府将一部分公共管理的职能授权于社会组织，相信其能够承担这些职能，但如果社会组织的行为超出政府预期的范围，就会使政府蒙受损失，此时政府在重复博弈中，就会考虑到信任因素的影响，长远看甚至选择不合作的政策作为行为导向。另一方面，社会组织也会根据政社互动中政府表现出的可信任程度调整自己的行为，从而导致自身资源、属性情况的改变，影响政社合作的效果。因此，完善合理的个人信任和制度信任两套维持信任的机制，政府认为预期的收益远超过损失，就会对社会组织给予更多的信任，授予其更多行动的权力，吸引更多的社会组织参与合作，另一方面也增强了社会组织对政府的信任感。

（4）利益分配机制。政社在合作中的目标和行为取向不同，但利益和资源的寻求导向是共识，并且“共赢”是政府与社会组织之间合作联盟形成的基础。政社合作中应建立相对公平、合理的收益分配机制和资源流动渠道，使合作治理的参与主体都能在合作中受益。这一机制首先应保证治理主体都能从合作中受益，而不影响治理参与者的积极性；其次应从实际情况出发，综合考虑各种影响因素，合理确定利益分配的最优结构，促进双方实现协同发展；此外，在确定收益分配方案时，应充分考虑双方所承担的风险大小，承担风险较大的一方应得到一定的补偿；最后，应该为政府与社会组织的合作创造一个相对公平的环境，能够实现双方资源的有效转移，实现资源的共享，以增强各自合作的积极性和诚意[①]。在资源的流动上，要注意平衡政府资源对社会组织的流入设计，以及资源与自主性博弈的困境，尽量避免政府不给资源或者给了资源就强迫控制的固有逻辑，将管理思维带回合作发展的思路上来。

2. 微观：政社合作的行为选择

（1）政府行为：信任与赋权。重新审视政社关系、厘清政府角色与职能定位，明确建立良好互动的政社合作关系需要政府认可社会组织，善用社会力量，进行恰当适度的赋权。

首先，为社会组织提供足够的发展空间和法律环境。一方面，重新界定与社会组织的关系，这是能否建立与社会组织新型合作伙伴关系的前提。长期以来政府方面对政社合作持怀疑、不信任甚至是抵制的态度，对政社合作产生了消极影响和现实阻力。因此，要突破社会组织发展就会与政府对立的“二元”观念，主动适应形势变化，大力培育和扶持发展社会组织，逐步减少管制和控制色彩，促进其健康成长；培育良好的合作氛围和合作文化，激发社会组织介入公共行政和公共服务的热情。另一方面，在现有行政法规的基础上，积极推动制定规范统一的社会组织基本法律和专门的法规制度，增强相关法律规范的严肃性、指导性和可操作性；同时，探索既简化登记审批手续又有效监管的工作机制，采取分类指导的办法，在一些社区公益性组织、行业协会、农村专

① 王剑峰．以政社互动推进社会管理创新．现代管理，2012（9：29—30）．

业经济协会和基金会中进行单一管理制度的试点，并允许同类组织的竞争，以打破部门分割，更广泛地调动社会力量开展社会服务。对一些社科类、专业性社会团体则仍沿用双重管理体制并限制竞争，以保证其广泛的代表性和正确的发展方向。[①]

其次，鼓励参与，在政社合作的实践中逐步推开和形成多中心治理结构。[②] 政府应该恰当定位，从宏观层面规约公共事务领域中的多元治理格局，使政府、私人企业和社会组织能够在法律与制度框架内本着互利合作、诚实守信的态度展开合作。政府职能部门继续主动培育或物色自发生成的社会组织作为合作伙伴，逐步将微观层面的事务性服务职能、部分行业管理职能、城市社区的公共服务职能、社会慈善和社会公益等职能转移给社会组织，使社会组织通过向社会提供广泛、有效的服务，增强服务的功能，获得社会的认可和支持。

再次，健全完善社会组织的监管和评估监督机制。一方面，在法律法规对立和体系形成的前提下，逐渐改变多头管理或缺位管理的社会组织管理中的权、事、责不匹配现象，建立协调统一、相对集权的社会组织行政监管体制。另一方面，引入社会评估机制，实现监督管理社会化，通过第三方等权威的中介机对社会组织进行评估，使政府从管理者逐步转变为裁判者，提高监督管理效率，提升社会组织的社会公信度。同时，在相对完善的信息共享与披露机制的基础上，明确和规范社会组织运作机制，提升社会组织自律的意识和能力，增强社会组织运作的透明度、公开化、诚信度和公信力，建立社会组织与社会公众之间的信任关系。

最后，建立适应社会组织健康发展的财力和政策保障体系。一方面，健全税收减免政策，以增强社会组织的“造血”功能；强化资源流动机制，使社会组织的资源多元和充足。另一方面，积极做好政府购买服务以提升社会组织活动能力的工作，通过政府购买社会组织的服务，

---

① 侯妍妍，黄晓雪，鞠明明．构建社会管理多方参与合作机制的现实意义和实现路径．群文天地，2012（6：252—253）．

② 陆燕芬．公共服务中政府与社会组织的伙伴关系．复旦大学硕士学位论文，2009．

构建新型政社关系，引导社会组织按照政府意愿、社会需求开展活动，通过这样的方式迅速强化社会组织自主发展的能力建设，培育出相对具有公民精神和公民能力的志愿性力量，这对于政社关系的进一步深入发展大有益处。

（2）社会组织行为：自律与平衡。社会组织在政社合作中要特别注意加强自身能力建设，增强自身素质，完善内部治理机制，确保非营利性，提高社会公信力；培养志愿精神、利他主义和使命感，赢得政府和公众的信赖和支持；建立信息交流、经验分享和相互学习、相互合作的交流机制，提升公共服务水平；承担部分社会公共产品和服务的提供；积极参与政府决策等。

首先，主动处理与政府的关系。社会组织要明确自己的定位，摆正位置，既要反映民众诉求，为民解忧，又要寻找到与政府合作的利益交叉点，这样才可能将政社合作关系维持和推向深入。社会组织发挥作用的重点应放在国家机制和市场机制最难以有效运作，也是各种社会经济问题容易滋生的地方，适当地发挥作用。

其次，完善自身的内部治理结构和强化能力建设。社会组织要完善权责明确、运转协调、有效制衡的法人治理结构，强化章程的主导地位，改善治理结构，提高组织效率[①]；充分利用其超脱的身份、灵活的形式、有效的服务的优势和诚信自律的社会形象，发挥在社会生活中的服务、沟通、管理、协调、凝聚、参与的社会作用，形成良性的发展动力，获得政府、企业和社会公众的认同支持，进而赢得立足现代社会的重要地位。

再次，及时有效表达公民利益。一方面，这是社会组织产生和发展的原动力，同时，从实践上看也是当前阶段我国政社合作的利益交叉点之一。社会组织可以起到良好的利益聚合作用和矛盾缓冲作用，通过谋取利益表达职能，在民众与政府之间建立制度化的利益表达渠道，成为公众和政府沟通的桥梁和中介。另一方面，社会组织更具专业性和更理

① 方国平．新型政社关系的重构——上海市的探索与实践．中国行政管理，2010（4：43—46）．

性的利益表达方式，较之公民个人的表达更具影响力，能更准确更有力地反馈政府公共行政的实际效果，降低政府提供公共服务的回应成本，提高公共服务的水平。

最后，社会组织具有规模小、灵活机动和能够利用基层的活力等优点，在有效提供公共产品和服务方面具有突出优势。具体而言，社会组织在提供公共产品方面既有政府的公共性特征，又有类似于企业的运作方式，因而更加灵活，应变力强，在提供公共产品时比政府更加低成本、高效率。[①] 社会组织可以整合社会资源，参与公共产品的产出过程，协助政府逐步建立和完善公共产品的供给、管理、监督机制，弥补政府公共产品供给不足的缺陷；主动承担由政府和企业中转移出来的微观领域的社会服务和管理工作，协调政府与企业、政府与市场的关系，帮助政府提高宏观调控的能力，支持企业的发展，提高公共产品的供给效率；帮助政府解决容易被忽视的边缘问题，降低公共治理成本；主动服务政府决策是实现社会“善治”的最终目标。

---

① 陈吉．构建公共服务的政社合作机制——以2010年北京市首都社会组织民生行动为例．社会研究，2012（2：89—91）．

第七讲

社会管制机制

- ⊙社会管制的沿革与理论依据
- ⊙社会管制体系
- ⊙中国政府社会管制现状分析
- ⊙提升政府社会管制能力的对策

缺乏同意，政府就只能依靠高压手段。

——［美］迈克尔·罗金斯：《政治科学》

管制的实质是政府命令对竞争的明显取代，作为基本的制度安排，它企图维护良好的经济绩效。

——［美］卡恩：《规治经济学：原理与制度》

人的意志并没有受到桎梏，而是被软化，变得卑躬顺从；人们的行动很少受到强制，但他们在行动时总是受到阻碍。这样的权力并未摧毁什么，但它阻碍着生活；它没有变成暴政，但它限制人民，使他们变得萎靡不振、心灰意懒、糊里糊涂，直到每个民族都退化为一群胆小而勤劳的动物，政府则是它们的牧主。

——［法］托克维尔：《论美国的民主》

政府监管缺失

民以食为天。2011年3月央视《“健美猪”真相》的报道，再一次令国人倒吸冷气。早在2002年，农业部、卫生部、国家食品药品监督管理局在相关法律文件中就明文规定禁用盐酸克伦特罗、莱克多巴胺、沙丁胺醇等“瘦肉精”饲养生猪。而“健美猪”事件中河南孟州等地养猪场竟采用“瘦肉精”喂养生猪，有毒猪肉进入了在全国食品行业有着重大影响的双汇集团。“健美猪”的出现，在产业链条的每一环节都存在着不同程度的问题，我们可以指责见利忘义、道德缺失的养殖户，可以指责企业的内部管理混乱和企业间的恶性竞争，但食品监管体制的制约、食品安全监管的漏洞、监管法律法规间冲突与滞后更是难辞其咎。

生命诚可贵。2009年6月发生在郑州的“开胸验肺”事件则是一起不惜以牺牲生命为代价来维护自身合法权益的震撼之举。河南新密市农民工张海超因对郑州市职业病防治所给自己的“肺结核”诊断结果产生怀疑，不惜开胸验肺，以此违背常理之举来揭开自己患有职业病“尘肺”的真相。《中华人民共和国职业病防治法》《职业病诊断与鉴定管理办法》等相关法律虽然对于职业病患者的确认及救助都有相关的规定，但“开胸验肺”充分暴露了我国职业病防治体制之弊，以及政府种种不作为对污染企业“明管暗纵”的社会现实。卫生部2009年通报：2009年新发各类职业病1.8万余例。2009年共报告尘肺病新病例1.4万例，死亡病例748例。尘肺病例数占职业病报告总例数的79.96%。[1] 劳动者职业病认定之难，患者维权路之艰在中国已存在多年，如果不对现有的职业病鉴定制度及政府对相关企业的环境监管制度进行改革，那么，“开胸验肺”的就不会仅仅是一个张海超！

中国正处在转型期，各种矛盾错综复杂，尚不完善的市场机制造成

① 中华人民共和国中央人民政府网站，http：//www.gov.cn/jrzg/2010－05/01/content_1597269.htm.

了广泛的市场失灵，政府服务和管理不到位，造成了严重的社会福利受损。日益凸显的环境污染，假冒伪劣商品的泛滥，频繁发生的矿难以及各种人为而非天灾的“事件”等对劳动者和公众的健康、生命安全和生活环境都造成了极大危害。面对如此严峻的社会现实，政府应该如何应对？政府应该如何确保劳动者和公众的健康和生命安全，如何为社会提供一个安全良好的生活环境，如何使社会达到真正的“和谐”，要从根本上解决这些问题，就不能不涉及政府的社会管制问题。

从逻辑上讲，社会是先于政府的，但社会的良性和有序发展却离不开政府，正是社会选择了政府。政府从社会中吸取自身发展需要的资源，同时又为社会良性和有序发展创造和提供各种制度性的养分。政府管制就属于这种养分。政府管制分为经济管制和社会管制两大类。20世纪70年代中期以后，西方国家的经济受到了失业与通货膨胀的双重打击，诸多国家纷纷放松了经济管制，同时，社会管制开始逐渐兴起并日益强化。尽管中国改革开放三十多年已经形成了初步的社会管制体系，但面对转型期的矛盾与问题，当前的社会管制体制和机制已经明显滞后。

一、社会管制的沿革与理论依据

管制（regulation）是现代政府的重要治理工具，政府管制是政府直接运用强制权力，以法律法规或者政策作为依据，通过剥夺、限制或规范个人和企业等组织的自由以实现政府治理。社会管制是政府管制的重要环节，社会管制对于社会自身的发展，对于政府职能的改善，对于公众生活的每一环节都至关重要。尽管“管得越少的政府是越好的政府”，公众也都以追求自由为其最高精神境界，但实际上，政府的社会管制是一种客观存在，没有社会管制，社会就会陷入无序状态。

（一）社会管制的历史沿革

1. 社会管制的内涵

管制，又称规制、监管，对应的英文为 regulation，《新帕尔格雷夫经济学大词典》将 regulation 译为管制。管制是一种复杂的社会现象，为经济学、政治学、法学、社会学等诸多学科所关注。早期学者多从经济学角度来认识管制，表述上各具特色。如斯蒂格勒认为“管制通常是产业自己争取来的，管制的设计和实施主要是为受管制产业利益服务的”[①]；日本学者植草益认为，管制是“社会公共机构依照一定的规则对企业的活动进行限制的行为”[②]；其他学者，包括中国学者在内，对此也有论述，但其内涵与上述定义基本一致，都涵纳了管制主体、管制对象、管制依据及管制目标等管制所应具备的基本要素。

社会管制是从管制的类型来对管制进行考察的一种结果，由于采用的标准和区分目的不同，对管制的划分也存在分歧。美国学者丹尼尔·F. 史普博按市场可能失灵的领域把政府管制活动分为三类，即对进入壁垒的管制、对外部性的管制和对内部性的管制。[③] 经济合作与发展组织（OECD）以管制的原因和目的为依据，将政府管制划分为经济性管制、社会性管制和行政性管制。[④] 日本学者植草益按照管制主体的不同，将管制区分为私管制和公管制。私管制属于私人约束活动，公管制则是公共管理机构的管制，政府管制属于公管制。在公管制内部，根据管制手段与目的的不同，又有直接管制和间接管制之别。间接管制是以制约不公平竞争为目的的管制，直接管制是以防止产生自然垄断、外部不经济及非价值物品为目的的管制，直接管制又区分为经济性管制（economic regulation）和社会性管制（social regulation）。其他国外学者及国内学者也对管制进行了分类研究，但基本没有脱离上述研究框架。不同学者对管制的划分不同，导致社会管制所处的分类位阶也存在差别，但无论如何划分和界定，其共同之处都在于把环境保护、安全生产、消费者健康作为社会管制的主要目标。植草益更是直截了当地认为：社会管

① ［美］乔治·J. 斯蒂格勒．产业组织与政府管制．潘振民译．上海：三联书店，1989：210.

② ［日］植草益．微观规制经济学．朱绍文等译，北京：中国发展出版社，1992：2.

③ ［美］丹尼尔·F. 史普博．管制与市场．余晖等译．上海：上海人民出版社、上海三联书店，1999：10—11.

④ OECD. *The OECD Report on Regulatory Reform*：*Synthesis*，OECD. 1997. 6.

制是以保障劳动者和消费者的安全、健康、卫生、环境保护、防止灾害为目的，对物品和服务的质量和伴随着提供它们而产生的各种活动制定一定的标准，并禁止、限制特定行为的管制。

基于前人研究，我们可以把社会管制概括为：政府围绕人类生存环境、健康和安全等领域展开的，通过缓解或消除信息不对称（信息偏在）、外部不经济、内部性等非经济因素出现的问题而进行的增进社会福利和维护社会可持续发展的一系列活动。

2. 社会管制的历史沿革

西方国家社会管制真正得到重视并逐渐强化是在 20 世纪 70 年代，而社会管制的出现和初步形成则在更早的 20 世纪初期。发展到目前，西方国家的社会管制大致经历了四个阶段，即 20 世纪 70 年代前的形成、发展阶段，70 年代的强化阶段，80 年代的改革调整阶段，以及 90 年代中期以后管制改革在全球的推进阶段。社会管制的出现是以一系列法律法规的出台和相关管制机构的设置作为载体的。美国作为现代管制的发源地，从 1906 年到 1973 年先后通过了关于食品、药品、化妆品、水、空气、交通等一系列以维护健康、安全和环境为己任的法律法规和管制机构。作为发展型国家管制模式的代表，日本社会管制的发展也以大量的相关立法为标志，立法高峰集中在战后十年（1945—1955 年）及日本经济的第一个高速增长阶段（1965—1974 年）①。这一时期保障健康、卫生、安全、防止公害和环境保护的法律都已经得到确立。进入 20 世纪七八十年代，西方国家的政府在大规模地解除经济性管制的同时，开始逐步强化社会管制，政府投入到社会管制领域的人员和资金大幅度增加。1976 年美国联邦管制机构中从事社会性管制的全职工作人员有 77 049 人，2001 年增加到 95 719 人；1976 年从事经济性管制的全职工作人员有 30 785 人，2001 年减少到 29 905 人。社会性管制成本在整个管制成本中占的比例从 1979 年的 12%上升到 2000 年的 37%，经

① ［日］植草益．社会的规制经济学．NTT 出版株式会社，1997：26.

济性管制的成本从1979年的67%下降到2000年的30%。[①] 英国也抓住这一契机，通过建立相关机构来加强社会管制，如国家河流监管局(1989)、皇家污染监管局（1987)、铁路安全与标准理事会、食品标准局（2000）等，对环境保护、产品和服务质量等社会问题进行监管。[②] 20世纪80年代以后，美、英等发达国家针对社会管制领域出现的管制成本剧增、中小企业负担加重、消费者支出增加等一系列问题，着手进行重大改革。1995年后，特别是进入21世纪后，管制改革开始在全球铺开。通过改进管制影响评价程序、创新管制方式、改革管制机构等有力措施，发达国家社会管制的质量得到了改善，社会管制的效率进一步提高。

与西方国家政府管制先经济管制后社会管制的发展模式不同，1949年新中国建立后，首先确立了社会管制，到目前为止，中国基本形成了完善的社会管制体系。这一过程大体分为三个阶段，即计划经济体制下的社会管制（1949—1978年)、有计划商品经济时期的社会管制(1979—1994年)、社会主义市场经济体制下的社会管制（1995年至现在)。中国社会管制首先出现在矿山安全、建筑安全和环境保护领域，但监管范围有限、监管力度不大，出台的各类规定多采用企业内部工作规程的方式，不具有或不完全具有法律约束力。改革开放以后，随着经济的发展，伴随经济活动产生的假冒伪劣商品问题、工作场所安全问题、环境保护问题日益突出，为加强社会管制，国家在这一时期共出台了近20部关于环境保护、产品质量、卫生管制、生产安全和劳动保护方面的法律法规；同时成立了全国安全生产委员会、国家环境保护局和国家技术监督局等监管机构，我国的社会管制开始走上法制化和组织化的轨道。党的十四大以后，通过法制建设和机构改革，我国的社会管制体系最终得以确立，社会管制具有了明确的管制主体、管制对象、管制依据和管制方式。正如余晖指出的："改革以来，我国政府行政机构职

① 苏晓红．社会性管制改革的国际经验与我国的路径选择．经济纵横，2008（12）.
② 苏晓红．我国的社会性管制问题研究．华中科技大学博士学位论文，2008.

能转变方面的最大进展，就是行政管制制度的初步形成。政府在特殊产业、特殊产品及特殊市场的管理方面，在保护消费者安全、健康和利益方面，在防治环境污染、维护人类社会生存和持续发展条件方面，都基本进入了有法可依的阶段，尽管这是一个自觉或不自觉的过程。”①

（二）社会管制理论

西方管制经济学最初以研究政府经济管制为重点，并以诸多理论作为政府进行经济管制的理论支撑。社会管制成为专门的研究领域后，那些作为经济管制的支撑理论也被用来解释社会管制，尽管这些理论在很大程度上对社会管制的解释并不尽如人意。这些理论包括公共利益理论、部门利益理论和成本—收益理论。社会管制不但要解决市场失灵问题（经济管制也要解决市场失灵，只不过二者采取的方式和手段不同），同时社会管制更要关注非经济因素对社会和市场的干扰，可见社会管制领域的理论非常复杂。

1. 公共利益理论

公共利益理论是20世纪30年代美国政府管制改革的基础理论，它主张政府管制是对市场失灵的反应。公共利益理论假定政府是从公共利益出发制定管制政策，以纠正因市场失灵导致的资源配置低效率和分配不公，从而维护经济秩序和社会稳定，以增进社会福利。关于社会管制的公共利益理论，20世纪90年代后至21世纪初，为很多学者所倡导，并对原有理论进行了一些修正。植草益认为社会性管制是为对付公共性物品、非价值性物品、外部经济及信息偏差等市场失灵现象；伯吉斯认为政府建立社会管制的经济理由在于不受管制的市场不能完美地运行，政府干预有助于使其提高效率；伯特尼认为社会管制形成的原因是政府为了弥补外部性和不完全信息的存在；司德纳认为政府对环境直接管制的目的是为了纠正外部性等市场失效。

公共利益理论认为政府管制的目的是为了防控受管制企业实施价格

① 余晖．中国的政府管制制度．改革，1998（3）．

垄断或对消费者滥用权力，具体措施包括限定价格、反垄断、控制进入等。并假定在此过程中，政府可以代表公众对市场做出理性判断，使管制过程符合“帕累托最优”。政府代表公共利益的假设有其合理性和现实性，对于一个由公众选举产生的政府而言，代表公众的利益、从公众利益角度行使政府权力是其根本特征，因此，一旦市场的经济因素或非经济因素导致的不公正或低效率使公众的利益受到损害，政府就可以通过社会管制来恢复公正和效率，从而保护社会公共利益。

然而政府真的能代表公益吗？管制真的起作用吗？管制的效果又如何测量？学者们又开始怀疑和批评公共利益理论。施蒂格勒通过实证研究，认为政府监管主要不是政府对公共需要的有效和仁慈的反映，而是产业内一部分厂商利用政府权力为自己谋取利益的一种努力，即政府监管是为满足特殊利益集团的需要而产生的。实际上作为“理性经济人”的监管者，为了自身利益，常常成为特殊利益集团的代表者，监管者成了利益部门的“俘虏”，而不会与一般大众“为伍”。这就是作为公共利益理论反面的“管制俘虏理论”，它与管制的“过桥收费理论”和“铁三角”理论共同构成了下文将要论述的利益集团理论。

2. 部门利益理论

管制的部门利益理论由施蒂格勒开创，他认为管制是为产业集团利益服务的。施蒂格勒运用经济学的“供给—需求分析框架”，阐述了产业集团和政治家为谋求各自利益的交换过程。在这一过程中，政府管制与其说是保护了消费者免受剥削，不如说是保护了生产者免受竞争的压力。在施蒂格勒分析基础上，佩尔兹曼认为，政治家所选择的管制政策，不仅要满足选票数的最大化，还要使政治的边际替代率等于企业利润与消费者盈余之间互相转移的边际替代率，从而达到一种均衡，而这个价格一定处在竞争性价格与垄断性价格之间。政治家做出管制决策以使他们所期望的选票数量最大化。为此，他要采取迎合选民的政策，以赢得选民的选票，或者得到参加竞选活动所需要的捐助。政治家面临的问题是，单个选举者事实上对选举几乎没有影响，经济组织能够轻易地与政治家们进行讨价还价。讨价还价的前提是经济组织支持政治家，政治家赞成经济组织所偏好的政策。由施蒂格勒开创并经佩尔兹曼发展的管制理论被称为管制的部门利益集团理论，即“管制俘虏理论”，它强调管制为有组织的利益集团带来了利润。

麦克切斯尼等人认为政治家和官员为了自己的利益也希望管制。在这些学者看来，政府严格的准入限制、烦琐的审批程序和各种各样的收费就是政治家和行政官员手中的权力，他们运用这些权力可以寻租，产业集团通过给政治家和官员行贿可以得到更多利益。严格的政府管制非但没有显示政府高质量的服务，反而带来了更多的腐败机会。要想得到行政机构的审核与批准，如果不向政治家和官员行贿就极有可能争取不到项目。这就好像高速公路收费站，不交费就难以通行。因此，学者们将这一理论又发展为管制的“过桥收费理论”。它强调管制为政治家和官员带来了利益。“管制俘虏理论”和管制的“过桥收费理论”，分别解释了管制产生的两个极端倾向：一是管制为产业集团谋求利润，政治家和行政官员被产业集团俘获；二是管制成为政治家和行政官员获利的手段，产业集团成为被宰割的对象。

威尔和麦克宾斯认为，管制为政治家、行政官员和产业集团都带来了好处，他们形成了一个操纵法规倾向或法规偏好的稳定的“铁三角”联盟，即政治家（国会议员）、行政官员（行政监管机构）和产业集团三方联盟。在这一联盟中，国会议员批准议案、规章或项目，行政监管机构管理和执行议案、规章或项目，产业集团从管制中获利。“铁三角”在给产业集团创造丰厚利润的同时，也为政治家和行政官员离任后有一个稳定的工作和一份高薪创造了条件，他们在离开政治舞台和行政机构后，就会进入那些曾被管制的产业，这种现象被学者们称为管制的“旋转门”。

一种旨在限制垄断、促进竞争的管制制度安排，最终演化成少数利益集团的获利制度。这些都是管制制度失灵的表现和结果。部门利益理论为反政府规制提供了合适的理由，英、美等国 20 世纪 70 年代出现的放松规制运动均与此有关，但这一理论也为政府科学地制定和实施规制政策敲响了警钟，为管制理论的“升级”提供了契机。

3. 政府管制的“成本—收益”理论

成本—收益分析是指以货币单位为基础对投入与产出进行估算和衡量的方法。在市场经济条件下，任何一个经济主体在进行经济活动时，都要考虑具体经济行为在经济价值上的得失，以便对投入与产出进行科学估计。监管机构在行使管制权时，究竟是促进了资源的有效配置，还是给市场戴上了更多的枷锁，必须解决这一问题，政府规制才能发挥作用。因此，自 1980 年以来尤其是 1995 年以后，学者们开始用成本—收益分析来研究政府规制。

桑斯坦首开先河，他用成本—收益方法对美国第 104 届国会在公法方面的变化进行了深刻分析。他把国会、总统、最高法院、联邦监管机构、州政府、地方政府、企业和个人联系在一起。之后，理查德、哈恩及桑斯坦等人认为，成本—收益分析对提高市场效率、保护健康、安全和环境质量等问题的研究同样适用。成本—收益分析将市场配置资源的方式引入政府公共政策领域，成本最小化和收益最大化成为制定公共政策的约束条件。它对一项政策所有可能的影响要进行充分的调查，并将治理市场失灵的成本和收益进行比较，由此可以提供一个清晰的管制思路，用市场方法分析、衡量、解决市场失灵。成本—收益分析提供了衡量市场效率的基本方法，既有实证分析的市场基础，又有规范分析的价值取向，它可以解释现有政策的效率程度，又可以预测未来政策的走势。

利用成本—收益分析既可以解决部门利益集团理论的难题，又可以解决资源配置的效率问题，从而实现社会福利的增加。波斯纳认为，成本—收益分析能够帮助国会、总统和法院监督和控制监管机构。国会和总统作为委托人，监管机构作为代理人，由于信息不对称，代理人可以违背委托人的意志谋取利益。委托人克服信息不对称的重要条件，是要求代理人实施成本—收益分析，代理人必须收集市场信息和披露信息，委托人通过成本—收益分析控制代理人。代理人如果依据不充分、不真实或错误信息制定规章，必然遭到政治制裁或者法律制裁。通过管制成本和管制收益透明化，如果没有管制收益，那么，就不可能实施监管，因此利益集团就难以操纵监管机构。同时，管制的成本—收益分析又以量化成本和收益的方法，解释了管制对福利的增加或损失，从而实现资源配置的“帕累托最优”。

4. 外部性和内部性

由外部性引起的市场失灵是社会管制产生的重要原因。外部性由马歇尔在《经济学原理》中首先提出，庇古在《福利经济学》中对之予以充实而形成外部性理论，后经科斯发展，外部性理论日臻成熟。外部性主要指一个经济主体的活动对旁观者福利的影响，而这种影响并不是在有关各方以价格为基础的交换中发生的。如果给旁观者带来的是福利损失则是负外部性；反之，如果给旁观者带来的是福利增加则是正外部性。萨缪尔森指出，外部性具体是指“企业或个人向市场之外的其他人所强加的成本或利益”①。可见，外部性是一种伴随效应而非原本效应，更不是故意效应。

外部性的存在使资源配置无法达到最优状态，其原因就在于由外部性造成的成本（收益）并不反映在市场交易中。在正外部性情况下，经济主体虽为社会带来收益，但其活动并未得到相应的报酬。在负外部性的情况下，经济主体为社会带来损失，但也并未对此支付代价。政府管制是解决外部性尤其是负外部性的主要途径。负外部性意味着私人成本与社会成本、私人收益与社会收益的相互偏离，意味着经济活动主体向社会转嫁了本应由其自身承担的成本，最为典型的就是环境污染问题。环境污染涉及众多的受害者和施害者，受害者和施害者之间的私下谈判成本太高，也就是说通过市场无法完全解决环境污染问题。只有通过政府社会管制，强制性地制止污染企业向外转嫁成本，才能使污染得到治理，减少整个社会的福利损失。

内部性的存在也是政府进行社会规制的原因之一。首次在经济学中使用内部性概念的是美国经济学家丹尼尔·F. 史普博，他认为：“内部

① ［美］保罗·萨缪尔森，威廉·诺德豪斯．微观经济学．萧琛等译．北京：华夏出版社，1999：28.

性是指由交易者所经受的但没有在交易条款中说明的成本和收益"[①]。史普博把内部性分为正内部性和负内部性，负内部性对应于内部成本，正内部性对应于内部收益。负内部性的经典表现是产品缺陷给消费者带来的伤害，正内部性的经典例子是就业者的非正式上岗培训，这种培训对厂商有明显的好处，但这种好处并不一定会在合约条款中体现。产生内部性的主要原因是信息不对称，信息不对称是指有关交易的信息在交易双方之间的分布不对称，一方比另一方占有较多的信息，处于优势地位，另一方则由于信息占有少，而处于劣势地位。信息不对称的直接结果是造成逆向选择和道德风险。[②] 内部性问题的广泛存在造成了社会公平的损失和社会福利的下降，而市场机制在解决内部性问题上虽有所作为，但却效率不足。政府社会管制可以直接向交易双方施加影响，强制地解决侵权和伤害，因此成为解决内部性问题的一种有效机制。解决内部性问题的关键在于有效的信息传递，市场固然可以提供信息传递的许多渠道，但高昂的成本有时会使市场无效。在市场不能提供信息或市场提供信息成本很高时，社会管制可以发挥替代作用。采取社会管制的政策取向有二：一是取消信息沟通限制，要求市场参与者之间信息沟通的词语标准化，强制信息披露，必要时政府直接生产并传播信息；二是直接干预消费者和厂商之间的交易，如确定产品质量、工作场所安全卫生标准，限制或禁止某些行为等。社会管制的收益在于它降低了人们在健康、安全和环境方面面临的风险，但管制也有成本，只有当管制的收益大于管制成本，且政府提供信息比市场提供信息成本更低时，社会管制才是最有效率的。

---

① ［美］丹尼尔·F. 史普博．管制与市场．余晖等译．上海：上海三联书店、上海人民出版社，1999：64.

② 逆向选择：是指由于交易双方信息不对称和市场价格下降产生的劣质品驱逐优质品，进而出现市场交易产品平均质量下降的现象，经典案例是发生在旧货市场。道德风险是 20 世纪 80 年代西方经济学家提出的一个经济哲学（经济伦理）范畴的概念，即"从事经济活动的人在最大限度地增进自身效用的同时做出不利于他人的行动"。或者说：当签约一方不完全承担风险后果时所采取的自身效用最大化的自私行为。由于卖方的信息不完全，买方对于是否会受到欺诈，只能寄希望于卖方的道德水准，经典案例发生在保险业。

（三）社会管制的立场

社会管制是为了追求安全。自古以来，安全就是人们生活的最重要价值，没有安全，人们就不会有能力、机会和动力投入物质生产和精神生产的实践活动。安全有传统安全和非传统安全之分。传统安全是由政治、军事和治安因素引发的安全，如外敌入侵、社会动荡、刑事犯罪等；另一类安全是人类步入现代化以后出现的危险因素，它们往往不是单纯以负面的形象出现在我们面前，而是作为一种进步事物呈现在我们面前，是伴随进步产生的安全隐患，如大规模的工业化生产、科学技术发展、交通运输工具的革新等，这类安全我们称为非传统安全。这些体现文明发展进步的事物本身蕴涵着极大的风险因素，威胁着人类的安全。非传统安全主要包括劳动生产安全、经济金融安全、科学技术安全、生态环境安全、食品药品安全、公私信息安全、公共场所安全、公共交通安全、资源供应安全等方面。导致非传统安全问题的因素不是一种单纯的恶，它能给我们带来巨大的益处，但又存在极大的风险，而且非传统安全问题本身具有极强的专业性和技术性，越来越多地要由专业化的行政机构、职业官僚和技术专家来解决。更为重要的是，非传统安全问题虽然可以通过市场机制如竞争、信誉来解决，但市场失灵以及市场本身的脆弱并不能完全或是更有效地解决非传统安全问题。因此政府必须在非传统安全问题的解决上发挥效用，非传统安全问题是建立政府社会管制制度的重要动因。政府通过进入管制、设置安全标准和严密的安全执法监管，可以约束企业等市场组织的经营性功能行为和公民个人的生活生产行为，从而实现社会的个体安全和公共安全。

政府管制可以解决安全问题，但政府管制也可能损害到自由。自由是人之为人的本质规定，是人类的最高价值。没有安全的自由是残缺的自由，没有自由的安全，宁无安全。自由而又安全才是人类追求的理想状态。因此，政府管制在确保安全的同时，也要顾及自由，做到自由和安全的平衡。从性质上看，政府管制是一种具有强制性的限制行为，是政府为追求某种特定目的，依据立法机关通过的特殊法律、法规对企业、公民的生产生活行为进行的微观干预。尽管这种限制和干预可能会给特定群体有时甚至是受管制者本身带来一些利益，并因此而被这些受益者所欢迎和追求，但政府管制限制自由的特点并没有改变。政府管制本身是一种不平衡的权力结构安排，管制者与被管制者之间的权力天平总是向管制者倾斜。管制者可以单方面设定标准和规范强制被管制者执行，管制者也有可能被被管制者“俘获”，构成利益“铁三角”，但无论怎样，管制都会限制自由，不是限制了生产者的自由，就是限制了消费者的自由。从逻辑上讲，任何权力都有扩张的本性，经济社会问题的层出不穷推动了政府管制的发展，但政府管制本身也在推动着自身的扩张，管制大有无处不在的迹象，自由随时都处于被“监视”之中。所以为了社会稳定和谐，政府管制必须采取“既有安全，又有自由”的立场，做到二者平衡。法国思想家托克维尔指出，政府管制“成功地使社会的每一个成员都处在它的强大控制之下，可以随意对其进行塑造之后，这个至高无上的权力便会把它的手伸向全社会。它用一张复杂、细密、统一的规则之网将社会罩住，使最具创造力的头脑和最有朝气的人也绝无出人头地的可能。人的意志并没有受到桎梏，而是被软化，变得卑躬顺从；人们的行动很少受到强制，但他们在行动时总是受到阻碍。这样的权力并未摧毁什么，但它阻碍着生活；它没有变成暴政，但它限制人民，使他们变得萎靡不振、心灰意懒、糊里糊涂，直到每个民族都退化为一群胆小而勤劳的动物，政府则是它们的牧主”①。为避免这种“新专制”的出现，政府管制本身也应该受到限制，政府管制应该在安全和自由之间进行价值比较。如果某项特定的政府管制所追求的安全价值高于因此而受损的那种自由的价值，那么，为此安全价值而进行的政府管制就是必要的，也是正当的；如果情况正好相反，那么，就应该放弃特定的政府管制或是管制努力。政府管制是一把双刃剑，它在追求一种价值或是一种诉求时，随时可能反过来伤及另一种价值或诉求。因此，政府管制必须要有严格的范围、程序和行动指向，必须在法治的框

① [法] 托克维尔．论美国的民主（下卷）．董果良译．北京：商务印书馆，1988：870.

架下依法运行，只有这样，政府管制才能做到安全和自由的平衡。

二、社会管制体系

社会管制体系是社会管制各组成部分及各组成部分之间的相互联系与相互作用。政府要有效地实施社会管制，必须构建一个完善的社会管制体系。从行政学角度看，社会管制既是公共行政过程，又是公共行政体系。作为过程，社会管制涉及管制问题的确认、管制立法、管制执行、管制评估与监控、管制终结等环节。作为体系，社会管制包括管制依据和目标、管制主体、管制客体、管制方式和工具等要素。

（一）社会管制目标

1. 社会管制的总体目标

社会管制的目标包括总体目标和具体目标。社会管制的总体目标是为了校正市场失灵、增进社会福利、维护社会公平和正义。

市场失灵指市场无法有效率地分配商品和劳务。导致市场失灵的原因主要来自市场自身的缺陷，包括垄断、外部性、道德风险和逆向选择。这些问题都会影响市场运行，破坏市场秩序。市场失灵的存在为政府介入提供了前提。通过政府干预，可以限制垄断，解决外部性问题，减少逆向选择和道德风险，进而推动宏观经济的平稳运行。同时，政府的介入还可以为市场经济的运行提供平稳的外部环境和良好的社会秩序。政府介入可以解决市场失灵，但政府在介入市场的同时也要防止政府自身的失灵。

社会福利是一个复杂的概念。台湾学者张世雄认为，“社会福利的核心问题是社会需要的存在，以及如何来满足需要的问题。”社会福利包括“对问题的界定和回应策略”及“对其功能范围的界定和发展”，前者涉及对社会需要和社会风险的界定问题，后者关心的主要是“照顾、治疗和安全”问题。[①] 社会管制必须要解决社会福利问题，只有以

---

① 张世雄．社会福利的理念与社会安全的制度．台北：唐山出版社，1996：5、4、17．

增进社会福利作为最高宗旨，政府才能合理地分析和运用各类社会管制工具，定位管制领域和具体管制目标，并把管制限定在提高效率和增进效益的基础上。

政府管制要保证社会正义。社会管制要对社会生活进行干预，它所追求的目标及价值就是维护公共利益，实现社会公平与正义，从而做到社会能够在秩序的轨道上发展，“正义是社会制度的首要价值”①，“正义是树立社会秩序的基础”②。政府是公共利益的代表，实现公共利益最大化是政府社会管制合法性的来源。政府必须持公共目的，承担公共义务或公共责任。同时，社会管制是公共行政的一部分，公共行政的核心价值在于代表和最大限度地表达公共利益；反对“价值中立”，主张通过积极的公共政策而有效地反映和体现社会各阶层的意愿、需求和利益。因此，政府管制所追求的目标应与公共行政的总体目标保持一致，实现公共利益，保障公平正义。

2. 社会管制的具体目标

社会管制的具体目标是指各项管制政策的目标。管制政策是政府或管制主体以权威形式发布的、具有标准化特征的，在一定的历史时期或一定时间内，应该达到的管制目标、遵循的管制原则、完成的管制任务、实行的管制方式、采取的管制步骤和具体管制措施的总称。由于社会管制的领域不同，所以具体目标差异很大，具有专业性，因此管制的具体目标不可能做到整齐划一。如环境管制必须将环境污染水平控制在环境的自我净化能力之内，以实现保护环境的目标，实现环境的永续利用；同时，环境管制必须提高资源的配置效率，促进企业提高内部管理效率。使用的管制工具一般可分为三类：技术上的约束（实施强制的控制污染的标准）、组织上的联合（使监管者、污染者、受害者共享信息）和经济上的激励（提高逃避控制污染的成本）。有些领域的社会管制目标则更为具体，比如城市泊车的管制措施。对城市泊车进行社会管制，

① ［美］约翰·罗尔斯．正义论．何怀宏等译．北京：中国社会科学出版社，1988：3.
② ［古希腊］亚里士多德．政治学．吴寿彭译．北京：商务印书馆，1996：9.

基本目标是协调车辆行驶与泊放之间的道路再分配的矛盾问题，缓解违章泊车造成的交通混乱和交通阻塞，保障交通安全。在这一总体思路之下，具体的管制政策还要考虑下列微观目标：合法泊车量最多化（原则上应为100%）；违章泊车被发现量最多化；在有限的资源下，合法泊车水平最高化；在限定的合法水平下，管制成本最小化；成本效益最优化，即合法泊车率与管制运行成本的比率最大化等。[①]

（二）社会管制立法

1. 社会管制立法的原则

在社会管制领域，各国都建立了一系列法律制度，尽管法规内容和具体标准各异，但立法的原则都是为了应对在安全、环境和健康领域的市场失灵，保护公民的生命和安全，建立良好的社会秩序，这些原则也体现了社会管制的基本精神和神圣理念。

以人为本原则。社会管制立法应坚持把人的生存、发展、健康、安全放在首位，要关注人的需求，提高人的生活质量，把宪法规定的人的生存权、健康权、生命权、发展权落到实处。

公平、公正原则。经济管制法的公正主要是关注处于平等主体地位的企业之间的关系，而社会管制法的公正原则主要是关注形式上平等但实质上不平等的主体之间的关系，包括雇主和雇员之间的劳动关系，生产者、销售者和消费者之间的关系，污染者与污染受害者之间的关系等。他们之间的关系表面上是平等的，但由于双方之间存在严重的信息不对称，存在着经济力量上的巨大差异，甚至存在着支配与被支配的关系，因此双方的地位实质上是不平等的。面对这种事实上的不平等，必须通过立法、执法、司法等环节，努力矫正强势一方与弱势一方事实上的不平等关系。

公开透明原则。坚持公开透明，努力缓解信息不对称，减少因信息不对称对信息劣势一方造成的损害。公开透明一是指消费者和公众的知

---

① 章亚南、冯俊文．城市泊车管制政策目标评价．生产力研究，2005（11）.

情权及经营者和雇主披露信息的义务。如劳动法规定劳动者对工作场所的风险有知情权，雇主有披露工作场所风险的义务；消费者权益保护法规定，消费者有权获得清晰的食品质量、成分、营养物含量等方面的信息，经营者有披露相关信息的义务。二是指法律、法规的制定、执行、修订都应在公开、透明、互动的方式下进行。三是指当安全危险发生时，政府应及时向消费者发布警告信息。

2. 中国社会管制法律法规概况

自改革开放以来，中国已经初步形成了社会管制法律法规体系，在环境管制、产品安全与卫生管制、职业安全与健康管制领域都制定了相应的法律法规。这些法律法规明确了社会管制的管制主体、管制对象、管制依据以及管制方式。具体立法情况参见表 7－1。[①]

表 7－1　中国社会管制法律法规概况

管制类别	管制机构	管制依据（法律法规）	管制方式
环境管制	环保部、水利部、国土资源部、卫生部、农业部、公安部、交通运输部、铁道部	水污染防治法、城乡规划法、节约能源法、可再生资源法、固体废物污染环境防治法、防沙治沙法、放射性污染防治法、草原法、环境影响评价法、水法、清洁生产促进法、海域使用管理法、渔业法、大气污染防治法、气象法、环境噪声污染防治法、煤炭法、水土保持法、环境保护法、标准化法、野生动物保护法、土地管理法、矿产资源法、森林法、海洋环境保护法	市场准入管制（许可证）、标准管制（环境质量标准、污染排放标准、技术标准）、环境影响评价制度、三同时制度、排污费、信息管制（提供信息、信息标识、认证标志、培训服务）

① 苏晓红．我国的社会性管制问题研究．华中科技大学博士学位论文，2008.

（续表）

管制类别	管制机构	管制依据（法律法规）	管制方式
产品安全与卫生管制	农业部、国家质量监督检验总局、国家工商行政管理总局、卫生部	产品质量法、标准化法、消费者权益保护法、计量法、农产品质量安全法、食品卫生法、药品管理法、动物防疫法、国境卫生检疫法、传染病防治法、进出境动植物检疫法、进出口商品检验法、广告法	市场准入管制（生产许可制度、强制检验制度、市场准入标志制度）、标准管制（产品质量标准、安全卫生标准）、产品质量监督检查制度、质量认证制度、信息管制（风险信息的收集、分析、预警、快速反应、产品标识、广告管制）、产品召回制度
职业安全与健康管制	国家安全生产监督管理总局、人力资源和社会保障部、公安部、交通运输部、卫生部	劳动争议调解仲裁法、劳动合同法、道路交通安全法、安全生产法、职业病防治法、工会法、消防法、煤炭法、劳动法、矿山安全法、铁路法、海上交通安全法	市场准入管制（许可证、营业执照、登记、批准）、标准管制（安全标准、技术标准、职业卫生标准）、安全设施三同时制度、信息管制（危险物品标识、安全警示标志）、安全教育与培训

（三）社会管制主体及管制方式

1. 社会管制主体

由于对管制的理解不同，对管制机构的界定也存在差异。英国的麦格雷戈、普罗瑟等人认为："管制是基于建立和维护市场秩序的需要，管制不一定必须由政府当局进行，可以采取私人秩序的方式，公共监管和私人监管之间没有明显区别。"① 在这种理解下，管制主体包括社会公共机构（国家立法机构、行政机构、和司法机构）、行业协会及其他形式的社会中介组织、私人（如企业内部的自我管制机构等）。史普博则认为"管制是由行政机构制定并执行的直接干预市场配置机制或间接改

① Laura Macgregor，Tony Prosser. *Regulation and Market beyond* 2000，*Dortmouth and Asugrte*. pp. 348—349.

变企业和消费者供需决策的一般规则或特殊行为”。① 据此，管制主体只是政府行政组织，不包括立法机关、司法机关、行业协会和其他社会组织。虽然政府管制与社会中介组织、企业自我管制等非政府管制是相互配合、相互补充的，但政府管制与非政府管制在管制依据、管制方法、管制程序等方面都存在很大的差距。所以，社会管制的主要主体应该是政府机构，而且多国的管制实践表明，政府机构在管制行为中发挥着主导作用。因此，管制机构是一种政府行政组织，它依法履行国家对市场经济的监管职能，行使公权力，具有强制性。根据社会管制机构的定义，可以看出社会管制机构具有如下特征。第一，管制机构集准立法权、行政权、准司法权于一身。第二，政府管制机构具有专业性。管制一般是对特定产业、特定领域或特定问题的监督与管理，管制的过程复杂多样，管制的事项具有高度的技术性、专业性。第三，管制机构具有独立性。独立性是指管制机构独立于传统的官僚体系之外，不受不正当的政治干预和行政影响，独立自主运作。但管制机构的独立性是相对的，管制机构的管制权来源于立法机构的授权，而且管制权还要接受司法权的监督和审查，社会管制是行政机关、立法机关、司法机关共同作用的过程。正如史普博所说：“管制机构的行为总要受政治力量的控制及利益集团的影响……因此，管制政策的决定独立于政治影响的说法本身就是矛盾的。”②

2. 社会管制方式

社会管制方式是社会管制主体所采取的具体管制方式。

禁止特定活动。管制主体以强制性规则直接禁止某些危害社会和市场的不良行为或是违法行为。如贩卖枪支、毒品交易、市场欺诈等。这类行为损害社会公平，有违社会伦理，管制机构必须以禁令的方式完全取消此类活动。

限制特定活动。管制主体通过制定与执行强制性规则，将被管制者

①② ［美］丹尼尔·F. 史普博. 管制与市场. 余晖等译. 上海：上海三联书店、上海人民出版社，1999：45、88.

的行为、行为过程或是行为结果限制在许可的范围内。如管制部门无法禁止工厂排放污水和废料，也无法禁止汽车排放尾气，但管制主体可以强制性地规定工厂排污和汽车排气的限度，限制工厂、制造商的生产经营活动可能产生的负外部性。

资格认证。这是社会管制领域的进入管制。社会管制中的资格认证和经济管制一样，是通过设定准入资格，限制被管制者从事某种经营或活动，但目的不在于防止过度竞争，而在于消除与减轻特定活动或经营造成的负外部性。

标准设定与认证。标准设定与认证是指从确保产品质量及设备操作、管理的安全性出发，对其结构、强度、安全性等方面设置标准并进行认证，没有达到标准或未进行认证的产品被禁止使用或销售。[①]标准设定与认证是常见的社会管制形式，这项制度有助于消除和缓解厂商与消费者之间的信息不对称，也可以消除和缓解内部性问题，减少生产、消费中事故的发生率。最为定型的标准设定与认证是政府对于食品和药品的管制，每一个国家都建立了非常严格的食品和药品监管制度。

行政检查与鉴定。行政检查与鉴定是指管制主体为确保产品生产环节的安全与产品质量，或是为保证某类社会活动不致增加社会成本，而进行的针对被管制者的各种行政性检查、审查和鉴定。管制机构必须通过持续的监督检查才可以确保被管制者的活动不至于产生负外部性或是内部性问题，检查有定期检查和非定期检查。

社会管制各组成要素之间相互关联，缺一不可。管制立法是社会管制的重要依据，立法必须符合社会发展和社会和谐的要求。管制目标的制定既要统筹兼顾，又要具有专业和行业特色。社会管制机构要有相对独立的权力，并且能够合理与科学地运用各种管制方式和具体的管制工具对社会管制对象施以管制，以期取得良好的社会管制效果。只有保证社会管制体系的有序运行，才能确保社会管制的质量。社会管制体系框

① ［日］植草益．社会的规制经济学．NTT出版株式会社，1997：25.

架如图 7-1 所示。

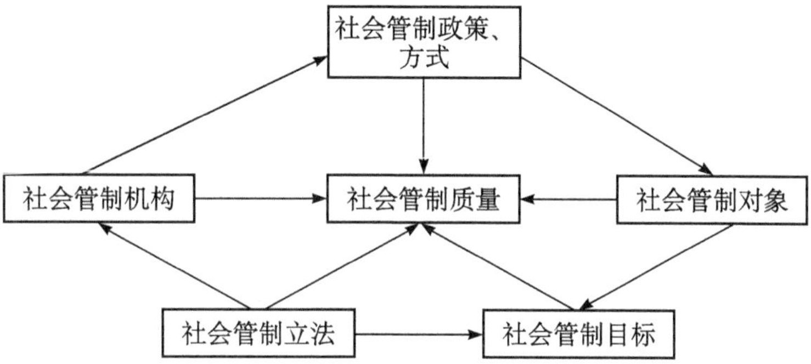

图 7-1　社会管制体系框架

三、中国政府社会管制现状分析

（一）社会管制利弊分析

社会管制是政府对微观主体所进行的某种限制，是政府运用强力直接对微观主体的经济活动作出限制。社会管制作为协调人们行为的一种规则，作为资源配置的一种方式，对社会生活既有有利的一面，也存在着诸多弊端。

1. 社会管制的功能

首先，政府管制是通过限制自由而达到自由的一种制度安排。社会管制强制性地规定被管制者必须做什么、能够做什么、做到什么程度而将人们的行为限定在不直接损害他人利益、不直接损害社会利益的范围内，从而利于社会发展。例如，在界定和保护产权的基础上，通过界定非市场手段（如诈骗、盗窃等）和相应的明确的惩罚规则，禁止以各种非经济的方式获取利益，并监督这些规则的实施，使违反者受到确定的制裁，从而保证市场交易建立在自愿、平等的基础上。其次，现实的经济社会是不完全竞争市场，因而单纯依靠市场机制进行资源配置无法达到帕累托最优状态。社会管制可以弥补市场缺陷，纠正市场失灵，使资源配置达到帕累托改进。最后，政府管制可以对企业行为进行程度控制，可以避免重复建设造成的资源浪费，规范经营者的行为，促进经济结构合理化。

2. 社会管制的弊端

没有政府是万万不能的，但政府也不是万能的。因此，政府在进行社会管制时，也存在着政府失灵。“当政府政策或集体行动所采取的手段不能改善经济效率或道德上可接受的收入分配时，政府失灵便产生了”①。美国著名经济学家斯蒂格利茨认为：“可以肯定地说，某些市场失灵非常需要政府的某些合适的干预形式。问题在于政府干预并不是完美无缺的，它会滋生浪费和无效率，这是事实。”② 因此，政府采取社会管制为达到矫正市场失灵的总体目标时，也会出现制度失灵、信息失灵、决策失灵和权力滥用等诸多弊端。

（二）中国社会管制的绩效评价

社会管制的绩效评价是对社会管制效果的评估，有定性评估、定量评估，比较流行的方式是成本—收益评估。社会管制评估结果主要集中在健康、安全和环境领域，而健康、安全和环境又很难量化和货币化，即便能够量化，其标准也未必完全科学和权威。就成本—收益法而言，在许多情况下，管制机构不能量化所有社会管制的成本和收益。比如量化执行和落实法律法规及政策所产生的收益就很难。有些收益较为明显，可以模糊评价（如直接估算），有些收益可能要等到数年以后才能体现出来，而对生命的延长等模糊指标进行计量，对致癌物质的确切危害程度，对某种污染引起的风险到底有多大，精确地评估其收益则更为困难。中国的信息公开并不完善，因此，进行成本—收益分析的数据就不会全面，即便能做到相对全面，能否客观还需要权衡。在严格的成本—收益法不能采用的情况下，可以采用定性混合定量的方法来对中国

---

① ［美］保罗·A. 萨缪尔森．经济学（下）．高鸿业等译．北京：中国发展出版社，1992：1189.

② ［美］斯蒂格利茨．政府为什么干预经济——政府在市场经济中的角色．郑秉文译．北京：中国物资出版社，1998：97.

的社会管制进行绩效分析。

（三）中国政府社会管制存在的问题

1. 体制性问题

市场经济体制的发育、完善程度直接影响管制体系的建立和发挥作用。中国虽已建立起市场经济体制的初步框架，但计划经济体制的一些核心部分尚未彻底触动，深层问题没有完全解决，这些问题构成了中国社会管制体系建立的体制性障碍。目前中国存在的体制性障碍主要是党政关系及行政管理体制。

中国共产党是中国处于领导地位的唯一执政党，党政关系不是一种单一的政治关系，而是一系列复杂的政治关系。党政关系要符合市场经济体制的要求，符合现代生活逻辑。

中国的行政管理体制虽然几经调整，但与当前市场经济发展相比，仍然存在诸多问题，公共权力机构与体制如何在市场经济的基础上重新建构的问题始终没有根本解决，政府职能越位、错位、缺位现象没有得到根本改变。一方面，政府通过批租土地、审批项目、价格管制、行政垄断、地区保护等手段，掌握和控制资源配置权，市场的活动空间严重受限；另一方面，政府职能定位不清，各级政府把追求 GDP 增长放在首位，忽视经济调节、市场监管、社会管理、公共服务职能，出现大量社会问题不足为怪。

2. 机制性问题

社会管制立法存在问题。其一，立法过程的公众参与性不够。公众参与是解决信息不对称的重要环节，听证是有效手段。公众参与立法，《中华人民共和国立法法》和《行政法规制定程序条例》均有原则规定，但没有相应程序和实施细则，因此，没有法律层面的操作依据，对于何种法律法规需要听证、如何听证、如何听取意见等都不明确。其二，地方利益化和部门利益化倾向严重。按照中国的立法体制，地方人大和地方政府根据立法权限划分，可以制定法规和规章。为谋取本地利益，地方立法滥设行政许可、实施行业垄断、超越国家法律授权范围扩充职权、随意创设权利义务规范等现象普遍存在。一些部门多以加强管理为名，力图多搞行业管理法规，尽一切机会通过立法或参与立法的机会极力扩大本部门的管辖权，行政权力的部门化、部门权力的利益化及部门利益的法制化在我国现行的立法程序下极易实现。

社会管制机构存在问题。其一，管制机构缺乏独立性。独立既包括权力独立（法律授权）和人事独立，也包括职权独立和经费独立。目前我国的社会管制机构基本不具备上述特征。比如，在医药行业，卫生部、国家医药管理局既是国有药品工商企业和国有医疗卫生机构（事业单位）的顶头上司，又是药品管制的行政机构，管制者和被管制者之间是一种“父子关系”，必然造成管制者偏向于自己所属的企事业单位，无法保持公正、独立的管制，最终保护的是企事业单位的利益，牺牲的是消费者的利益。其二，多头管制现象严重。同一领域很多行政管理部门都有管制权。如我国食品安全的监管职能散布在农业部、卫生部、国家食品药品管理局、国家工商行政管理总局、商务部、国家质量监督检验检疫总局等九个职能部门。我国法律没有详细规定各个部门的职责和权限，存在着部门各自执法的问题。而且，食品药品监督管理局无法有效支配其他部门的资源，从而使食品药品监督管理局的统一和协调工作力不从心。

社会管制对象存在问题。政府管制过程涉及消费者、企业和管制机构三方主体。三方主体博弈的过程就是政府社会管制的完整过程，因此，三方主体的力量和地位的完整性就至关重要，否则博弈就会失衡。一方面，企业（主要是国有企业）没有建立起规范、完善的法人治理结构，因此缺乏社会责任意识，政府管制部门和垄断企业之间还存在着千丝万缕的联系。另一方面，消费者缺乏有效的组织，无法与大企业集团相抗衡。消费者组织作为半官方机构，并不能真正代表消费者的利益。在这种情况下，市场准入、价格调整、标准制定等一系列管制措施的出台就不可能对消费者和小企业的利益给予足够重视。这也为政企勾结共同危害消费者利益提供了可能，“在中国政府管制制度的均衡中，消费者的地位基本上可以忽略不计，他们就像奥尔森所称的被人遗忘的、忍气吞声的集团”。[①]

社会管制方式存在问题。我国社会管制的方式主要有市场准入管制、标准管制、市场化管制方式等，这些方式都不同程度地存在着问题。如标准管制，标准总量少、覆盖范围小，标准滞后、水平低，标准重叠交叉、不统一，市场化管制方式运用较少等。“苏丹红”事件发生前，没有制定苏丹红检测标准；酱油中的三氯丙醇（3—MCPD）为可致癌物质，《欧盟技术法规》规定的限量为 0.02mg/kg，我国《酱油卫生标准》（GB2717—2003）中并未列入三氯丙醇，在新发布的酱油行业标准中，三氯丙醇的限量与欧盟比较相差 50 倍。我国食品标准采用国际食品法典委员会标准的只有 12%，采用国际标准化组织食品技术委员会标准的只有 40%。

四、提升政府社会管制能力的对策

由于社会管制存在诸多问题，所以必须提升社会管制能力。

（一）贯彻良好管制的基本原则

1. 实现公共利益

政府管制是公共权力的运用过程，因此，政府管制的目的只能是实现公共利益。从公共行政角度看，每一个社会都存在“为理性所一致同意”的行为准则，这些准则“为个人所接受并被视为不仅对于他自身，而且对于其他人都有约束力”[②]。从政府的性质来看，“政府应该为实现公共利益而存在，公共政策必须服务和增进公共利益，这是对政府行为最基本的约束性义务和责任”[③]。政府管制应符合公共利益的要求，良好政府管制的目的不是实现管制者的私利，也不是为被管制者的利益服务，政府管制只能服务于公共利益。良好的政府管制必须保障公民的基

① 陈富良．利益集团博弈与管制均衡．当代财经，2004（1）.
② ［英］詹宁斯．法与宪法．龚祥瑞等译．北京：生活·读书·新知三联书店，1997：233.
③ ［法］卢梭．社会契约论．何兆武译．北京：商务印书馆，1996：135.

本权利，对公民合法权益施以平等的保护，不能妨碍公民基本自由之实现。政府管制旨在提升整个社会的福利水平，管制的结果必须符合帕累托最优原则，既不损害任何社会群体的合法权益，又有利于社会总福利的提高。实现公共利益是社会管制的根本目的，公共利益原则是良好管制的首要原则。

2. **法治**

法治包含两重意义：已成立的法律获得普遍的服从，而大家所服从的法律本身是良好的法律。法治，即良法与守法的结合。现代民主国家遵循法治原则，确立了法律在整个社会中的权威地位。法治原则要求政府行为必须被限制在法律许可的范围内，社会管制作为政府行为的一种，也必须遵循法治原则。社会管制是政府制定具有普遍效力的规则并付诸实施的行为过程，本身就是一种特殊的立法与执法行为。社会管制必须以宪法、法律等具有法律效力的规范为依据，这是法治原则的前提，此外，管制程序、管制内容、管制执行也必须在法治的框架内运行。

3. **必要、可行、透明**

政府管制必须是必要的而并非多余的，管制必须有其存在的必要理由。英国研究者认为只有在四种情况之下才可视管制为必要选择，即有充足的证据证明市场失灵的确存在，无管制、联合管制等管制替代措施均无充分效力，管制确可避免政府失灵，管制是现有最有效之选择。①良好的政府管制必须是必要的政府管制，是问题指向的政府管制，是有的放矢的政府管制。

政府管制必须具有可行性，要量力而行，主要在于弥补市场不足，因此，社会管制的能力是有限的。可行性原则要求政府管制决策要以现有主客观条件为基础，要求管制规则必须具有可操作性，要求管制效果必须可以用现实的技术手段进行测评，要求社会管制的可预见性后果能够为社会承受。

---

① 张成福．论政府管制以及良好政府管制的原则．北京行政学院学报，2003（3）．

透明性原则要求社会管制的全过程都必须实现透明化，社会管制规则的制定过程必须广泛听取社会各阶层以及相关利益群体的意见。管制政策的出台与执行都必须杜绝“暗箱操作”或形式主义，向全社会公开，并接受社会舆论的监督。透明性原则还要求公民有合法、顺畅的途径参与社会管制规则的制定与执行，同时，社会管制结果必须公之于众。经验证明，封闭式的政府管制模式往往导致低效与腐败，开放透明则可以保持社会管制的健康与活力。

4. 协调、比例、简明

协调要求管制体系内部、管制体系与现行法律、政策体系间的兼容与协调。协调原则主要表现为新管制规则必须与现行其他管制规则相协调，同一行业或领域中的管制规则不得相互矛盾，不同行业或领域中的管制规则力求相互兼容。管制规则不得与现行的法律与政策内容相冲突。管制规则必须与通行的国际规则相一致。管制机构要避免功能重叠，权限职责要相互协调，防止利益冲突、多头执法。

比例原则要求社会管制必须符合理性。社会管制必须聚焦于主要问题，管制规则的制定与实施必须围绕主要的政策目标，将有限的资源用于解决主要问题。社会管制必须重视成本效益比例，尽量保证以有限的投入获取较大的产出，以尽量小的代价换取全社会福利水平的提高。社会管制应补偿管制造成的最大受损者，这是正义原理的体现。

社会管制的规则要简明。社会管制往往会陷入繁文缛节，这表明社会管制进程中规则数量的过度膨胀。良好的社会管制要求管制规则不宜过多。此外社会管制规则必须明确，避免出现自相矛盾。社会管制规则的文字表达应浅易直白、通俗易懂，便于公民和被管制者理解。

5. 有效、信息

社会管制执行过程要有效。有效的管制执行主要来自于有效的执行体系、直接的执行方式与绩效导向。

信息的获取与传播是管制效力的核心。政府管制本身的作用就在于克服信息偏差，管制的效果如何在很大程度上取决于管制是否减轻了市场信息不对称。政府管制规则的制定必须以充分的信息为前提和依据，政府管制的执行过程需要不断的信息反馈，政府管制的评估也需要以充分的信息为基础。从某种意义上讲，政府管制整套程序就是一个信息收集、整理、转化、反馈的过程，良好的社会管制需要在管制的各个环节上保证信息的充分、真实与畅通。①

（二）提升社会管制能力

社会管制能力指政府在现行政治法律框架下，在政府、市场、企业、公民互动关系中，通过界定管制职能，授予管制权力，制定并有效执行管制法规和政策，从而维护社会公正、实现社会福利的能力。政府管制能力关系到市场竞争活力、企业生产效率和分配效率、消费者的权益保护和经济交易秩序，因此，在国家宏观调控能力增强的背景下，矫正政府社会管制失灵，提升政府社会管制能力刻不容缓。

1. 提升社会管制的法治化能力

社会管制的法治化能力，首先，是指管制主体的地位、职能范围、组织结构、运行方式要有明确的法律规定；其次，是指管制主体履行管制职能的依据必须是法定的，即管制规则必须是法定的；再次，是指管制职能履行的程序必须是法定的，任何一项管制政策的制定和执行都必须经过一定的程序，程序不合法则管制不合法。具体说，就是要制定一部统一的管制法规，明确界定管制主体的范围、职权和可以采用的手段，当被管制者的权利受到侵害的时候，可以有相应的程序进行申诉和救济。法治化能力是提升政府社会管制能力的最基础要求，是实现管制有据的硬件基础。

2. 提升社会管制的制度化能力

制度是比法律更具体、更具操作性的规则安排，制度化能力指政府必须通过一系列的制度设计来保证良好管制的实现。制度建设是约束管制主体的要求，也是实现管制的首要手段。制度包括约束被管制者的制

---

① 张成福．论政府管制以及良好政府管制的原则．北京行政学院学报，2003（3）．

度和约束管制者的制度，更重要的是约束管制者的制度，这些制度包括人大授权制度、听证制度、信息公开制度、告知制度、听取陈述和申辩制度、职能分离制度、非单方接触制度、回避制度、记录和决定制度、说明理由制度、时效制度、救济制度，以及管制决策失误问责制度、管制执行过错追究制度、管制政策的评估制度等。通过人大授权制度，提升政府管制的合法性基础；通过听证制度，了解各方利益偏好，提供充分的讨论和协商；通过对管制政策失误的责任追究，强化公众对管制的监督，促进科学、民主决策；通过实行管制执行过错的追究，有效抑制管制者与被管制者的政企合谋行为，为公众合法权益提供合理保障和及时救济；通过管制政策的评估，了解管制政策与管制目标的差距，纠正政策偏差。提高制度化能力，首先是要把原有的好的制度贯彻下去，使其真正落到实处；其次是要进行制度创新，比如信息披露制度、情报公开制度等，增加政府的透明度和公信力。

3. 提升社会管制的专业化能力

专业化能力包括管制机构在设置上的专门性和管制手段的专业化。管制机构的专门性是指管制机构对某一领域的管制具有其他部门不得干涉的排他性，行使职能不受其他因素的影响。国外普遍的做法是建立立法、司法和行政三权合一的独立管制机构。中国应该构建更多的独立的管制机构，将与某一领域管制相关的职能合并到一个机构，并赋予这个机构相应的立法和执法权力。在体制设计上，应该建立垂直的领导机构，下级机构的人员配置、经费划拨和业务指导均由上级部门管理，避免地方保护主义的干扰，维护管制机构公平管制的实施。管制手段专业化是指政府有相对于公民来说更强的信息优势、技术能力，通过信息收集和分析，通过先进的技术平台（如电子政务、网上政府等）更好地实施管制。

4. 提升社会管制的工具使用能力

管制工具是实现政府管制的最直接手段，管制工具与管制目标并非一一对称关系，不同的工具随着管制目标的不同、工具特性的不同、使用背景的不同和使用程度的不同会有不同的效用，因此，有必要对具体问题进行具体分析，采用负外部性最小的管制工具。建立管制目标与工具的匹配分析制度是选择合适管制工具的合理的制度安排。在管制目标的约束下，综合工具的特性、工具应用的背景及当下的意识形态和公共舆论等因素，对社会管制进行政治可行性、经济可行性和技术可行性分析，以确定最后的工具。这种工具有可能是单一的，也有可能是工具组合。中国目前最急迫的是改变过去命令式的单一的管制工具，而使用一些替代性工具，如可交易产权、信息公开、界定权利与程序、公共教育、主要法律范围的扩展、保险与保证金、第三方认证等。

5. 提升社会管制的成本—收益分析能力

中国政府的社会管制一直采用命令—控制式的管制方式，虽然这种方式可能会达到一定的效果，但是完全没有考虑到所投入的成本。只有将政府管制建立在科学量化分析的基础上，政府社会管制职能才能得到正确配置。管制的目的是解决市场的无效率和低效率问题，提高资源配置的效率和增进社会福利是政府管制的目标，但政府管制本身也存在成本，而且很多成本还无法具体衡量。强化管制的效益必须对政府管制的成本—收益进行评估，这也是绩效导向管制的要求。通过成本—收益分析，可以为管制政策可行性提供理论依据。具体的成本包括管制政策的制定成本、管制执行的成本、纠错成本，主要的计算方法是利用消费者剩余和生产者剩余增量之和来计算。如果私人成本高于社会成本，则需要适度管制；如果社会成本高于私人成本，则不需要管制。

社会管制是经济、政治、社会诸因素共同作用的结果，社会管制对于转型期的中国而言至关重要，它可以维持社会公正、增进社会福利。中国已经建构起由管制立法、管制主体、管制对象、管制目标、管制政策和方式组成的社会管制体系，社会管制的力度不断加强，管制的效果已经初步显现。但与此同时，管制的成本逐年增加，管制的总体绩效较差，很多领域都存在着管制失灵，因此，中国必须改善社会管制的质量，提高社会管制的效率，提升社会管制的能力。

第八讲

社会稳定风险评估机制

- ⊙社会稳定风险评估机制的提出及其意义
- ⊙社会稳定风险评估机制的理论背景
- ⊙社会稳定风险评估机制及其制度架构
- ⊙进一步完善我国社会稳定风险评估机制

中国的问题，压倒一切的是需要稳定。没有稳定的环境，什么都搞不成，已经取得的成果也会失掉。

——邓小平：《邓小平文选》（第三卷）

风险概念表明人们创造了一种文明，以便使自己的决定将会造成的不可预见的后果具备可见性，从而控制不可控制的事情，通过有意采取的预防性行动以及相应的制度化的措施战胜种种（发展带来的）副作用。

——［德］乌尔里希·贝克等：《自由与资本主义》

没有评估你就不可能进行管理，同样，如果没有长期、认真思考如何让评估与自己的使命相一致，你也就无法使用它们进行管理。

——［美］琼·玛格丽塔、［美］南·斯通：《什么是管理》

有预见的政府做两件根本性的事情。它们使用少量钱预防，而不是花大量钱治疗；它们在作出决定时，尽一切可能考虑到未来。

——［美］戴维·奥斯卡、［美］特德·盖布勒：《改革政府：企业精神如何改变着公营部门》

案例引入

遂宁市的“重大事项社会稳定风险评估机制”

2012年1月8日，第六届（2011—2012年度）“中国地方政府创新奖”揭晓。共10个项目获得了“中国地方政府创新奖”优胜奖，其中包括四川省遂宁市的“重大事项社会稳定风险评估机制”。遂宁市政法委在获奖项目描述中指出，“2005年以来，我市共对500件重大事项开展了社会稳定风险评估工作，群众拥护顺利实施和分步实施441件，占88.2%；暂缓实施34件，占6.8%；被否决、不准实施25件，占5%。凡经评估的重大事项，均未发生因决策失误而酿成的涉稳重大问题。”① 早在2009年5月，遂宁市就曾被中央综治委评为全国社会治安综合治理优秀市。

改革开放以来，随着我国经济的快速发展以及人民群众民主和权利意识的日益增强，社会矛盾和社会冲突明显增加，社会稳定问题日益突出。② 在此背景下，对“维稳”新思维、“维稳”新机制的探索成为一个重要的实践与理论课题。社会管理新机制包括了利益表达机制、社会服务与保障机制、矛盾化解与调处机制等方面。而由遂宁市率先探索建立的重大事项社会稳定风险评估机制也是社会管理新机制之一，这一机制得到了中央的关注和肯定，并被写入了《国民经济和社会发展第十二个五年规划纲要》以及党的十八大报告。

一、社会稳定风险评估机制的提出及其意义

2005—2006年，四川省遂宁市在全国率先探索建立了重大事项社会

① 四川省遂宁市委政法委：《重大事项社会稳定风险评估机制》（2011-06-17），http://www.chinainnovations.org/Item.aspx?id=33611。

② 2005年7月7日，中组部副部长李景田在新闻发布会上明确指出，当前中国改革进入了关键时期，有些矛盾集中显现，并因此发生了一些“群体性事件”。根据孙立平等（2010）引用中国社科院社会学所《社会蓝皮书》的数据，从1993年到2003年全国每年发生群体性事件的数量从1万起增加到了7.4万起，参与人数也从73万人增加到376万人，呈现明显上升的趋势。2007年全国群体性事件更高达8万多起，2008年还爆发了一些震惊全国的群体性事件。即便2009年各地政府对维稳工作高度重视，群体性事件仍保持多发态势。这些数字和事件表明了我国社会稳定问题的日益突出。

稳定风险评估制度。2007年，中央维稳领导小组在全国推广遂宁经验，各省市也先后建立了自己的社会稳定风险评估机制。本节将从这两个方面介绍社会稳定风险评估机制的提出与推广，并讨论社会稳定风险评估机制的实践意义与理论意义。

（一）社会稳定风险评估机制的提出

在推动经济社会发展的同时，如何把改革的力度、发展的速度与社会可承受的程度有机结合起来？2005年初，针对一些地方在重大工程建设时酿成群体性事件的实际，遂宁市市委、市政府按照中央和四川省委省政府抓好源头治理、维护社会稳定的总体要求，在全国率先探索建立了《重大工程社会稳定风险评估制度》。该制度明确规定，凡新建重大工程未经社会稳定风险评估不得盲目开工，评估出的涉稳重大隐患尚未妥善化解时不得擅自开工。

2006年2月，遂宁市将重大工程稳定风险评估的成果引入其他涉稳重要领域，建立了《重大事项社会稳定风险评估机制》，要求在作决策、上项目、搞改革和其他事关群众切身利益的重大事项出台实施前，都必须组织开展社会稳定风险评估，最大限度地避免或减少因决策失误或时机不成熟给社会稳定带来冲击和负面影响。此后，遂宁市又出台了《深化规范社会稳定风险评估机制的意见》（2007年）和《重大活动社会稳定风险评估办法》（2008年），促进了社会稳定风险评估工作的常态化和规范化。

2009年，遂宁市开始在市发改委、市国土局、市环保局等7个部门进行行业评估试点，并于2010年将行业评估扩大到22个市直部门。同时，探索建立社会稳定风险评估的各类专业评估中介机构，逐步建立覆盖各领域的社会稳定风险评估专家库，进一步增强了社会稳定风险评估机制的针对性和实效性。

2011年，遂宁市的行业评估范围扩大到31个市直部门。同时，按照《四川省社会稳定风险评估暂行办法》的要求，研究制定了《关于深入推进社会稳定风险评估工作的意见》和《遂宁市社会稳定风险评估工作细则》，大力推进社会稳定风险评估工作，广泛覆盖了各个领域，并逐步实现分级分类、深化细化，力求做到应评尽评。

（二）社会稳定风险评估机制的推广

遂宁市探索建立的社会稳定风险评估机制，得到了中央、省维稳办的关注与肯定，并向全国推广。中央维护稳定工作领导小组办公室从2005年起，对遂宁市运用社会稳定风险评估机制，从源头上化解矛盾，维护社会稳定的做法进行跟踪掌握。2007年5月，中央维稳领导小组转发了中央维稳办《风险评估消除隐患，从保到创谱就和谐——关于四川遂宁推行社会稳定风险评估机制，做好维护稳定工作的调研报告》，向全国推广遂宁市的经验。

胡锦涛、温家宝等党和国家领导人多次强调建立社会稳定风险评估机制的重要性。2009年9月和2010年10月，胡锦涛分别在党的十七届四中全会第二次全体会议、五中全会第二次全体会议上明确指出：要加强源头治理，坚持科学民主依法决策，建立健全重大社会决策、重大工程社会稳定风险评估机制。2010年8月，温家宝在全国依法行政工作会议上的讲话，要求尽快健全完善社会稳定风险评估机制。

2009年12月，中办、国办转发《中央政法委员会、中央维护稳定工作领导小组关于深入推进社会矛盾化解、社会管理创新、公正廉洁执法的意见》，要求地方各级党委政府必须建立重大社会决策、重大工程项目社会稳定风险评估机制。2010年10月，《国务院关于加强法治政府建设的意见》也要求尽快健全完善社会稳定风险评估机制。

2011年3月，“建立重大工程项目建设和重大政策制定的社会稳定风险评估机制，正确处理人民内部矛盾，把各种不稳定因素化解在基层和萌芽状态”写入了我国《国民经济和社会发展第十二个五年规划纲要》。2012年3月，温家宝在《政府工作报告》中指出，“健全重大决策社会稳定风险评估机制和突发事件应急管理机制”。2012年11月8日，胡锦涛在党的十八大报告中指出，“建立健全重大决策社会稳定风险评估机制”。

2012年1月20日，中共中央办公厅、国务院办公厅印发《关于建立健全重大决策社会稳定风险评估机制的指导意见（试行）》的通知，明确了社会稳定风险评估的指导思想和基本要求，划定了评估的范围和内容，确定了评估主体和程序，同时对评估结果和决策跟踪、责任追究及组织领导进行了规范。

目前，社会稳定风险评估工作已在全国各地不同领域深入推进。很多省、直辖市、自治区及其下辖的市县等都制定出台了规范本行政区域范围内重大事项社会稳定风险评估工作的文件。表8-1列出了各省、自治区、直辖市出台的社会稳定风险评估文件的相关情况，以便对我国社会稳定风险评估机制的实施状况有一个概略的了解。

表8-1　各省、自治区、直辖市出台的社会稳定风险评估文件的相关情况

	文件名称
北京	《北京市建立重大事项社会稳定风险评估机制的意见》(2010)，2011年出台了实施细则
天津	《天津市重大事项社会稳定风险评估暂行办法（试行）》、《天津市重点建设项目社会稳定风险分析和评估实施细则》
上海	《关于建立重大事项社会稳定风险分析和评估机制的意见（试行）》(2009)、《上海市重大决策社会稳定风险分析和评估实施办法（试行）》《上海市重点建设项目社会稳定风险分析和评估试点办法（试行）》
重庆	《关于对重大决策事项推行信访稳定风险评估工作的意见》(2009)《重庆市重大事项社会稳定风险评估办法（试行）》
内蒙古	《建立重大事项社会稳定风险评估制度实施意见》(2011)
宁夏	2011年将完善社会稳定风险评估机制
西藏	制定出台《社会治安综合治理重大事项社会稳定风险评估机制》(2010年)
新疆	《自治区重大事项社会稳定风险评估工作意见（试行）》(2010)
广西	《关于推动建立重大社会决策、重大工程项目社会稳定风险评估机制工作的意见》(2011)
河北	《河北省维护稳定工作领导小组关于重大事项社会稳定风险评估的实施意见》
山西	将建立社会稳定风险评估机制（2010年时）

（续表）

	文件名称
辽宁	《关于建立信访稳定风险评估制度的指导意见》
吉林	《关于在全省推行社会稳定风险评估工作意见的通知》（2009）
黑龙江	《关于实施重大事项社会稳定风险评估的指导意见》（2009）、《关于加强社会稳定风险评估的指导意见》（2010）
江苏	《关于积极开展社会稳定风险评估试点工作的意见》（2007）、《江苏省社会稳定风险评估办法（试行）》
浙江	全省11个市和90个县（市、区）已全部制定出台实施办法，并组织开展了风险评估工作（2011）
安徽	《安徽省重大事项社会稳定风险评估办法（试行）》（2010）
福建	《关于建立重大项目社会稳定风险评估机制的意见（试行）》（2010）
江西	《关于建立重大事项社会稳定风险评估机制的意见》（2010）
山东	《关于在全省建立健全社会稳定风险评估机制的意见》
河南	《关于深入推进社会稳定风险评估工作的意见》（2010）
湖北	《关于建立重大决策事项社会稳定风险评估机制的意见》
湖南	《湖南省重大事项社会稳定风险评估办法》
广东	《关于对重大事项进行社会稳定风险评估的实施意见》（2011）
海南	2012年年底前要在省、市、县全部建立重大工程项目建设和重大政策制定社会稳定风险评估机制
四川	《四川省社会稳定风险评估暂行办法》（2010）
贵州	《关于在全省建立重大决策重大工程社会稳定风险评估机制的意见》（2010）
云南	《云南省重大事项社会稳定风险评估制度》（2010）
陕西	《关于建立重大社会决策和重大工程项目社会稳定风险评估机制的意见》
甘肃	《甘肃省建立健全社会稳定风险评估机制的意见》及《实施办法》
青海	《省委政法委省维护稳定工作领导小组关于建立重大事项社会稳定风险评估机制的指导意见》（2010）、《青海省重大事项社会稳定风险评估实施办法》

资料来源：以上资料主要来源于互联网并经整理后得到，截至2012年8月15日；上海的资料还参考了董幼鸿的《重大事项社会稳定风险评估制度的实践与完善》，《中国行政管理》，2011年第12期；内蒙古、黑龙江的资料参考了袁许林、张鸿、吴晓璐、黄有良的《社会稳定风险评估制度的起源、发展与成效》，《城市建设理论研究》2011年第26期

以上只是我国各省份正式出台社会稳定风险评估文件的相关情况，在此之前，各地大多已进行了社会稳定风险评估机制的调研和试点工作，此后也大多出台了相应的实施细则。例如，北京2009年就启动了社会稳定风险评估机制的调研工作，并在2010年和2011年先后出台了相应的实施办法和细则。[①]

从各省建立和实施社会稳定风险评估的具体情况来看，虽然也有进度上的差异，但总体上都已得到了推广和实施。表8-2是浙江省政法委课题组提供的统计数据：截至2009年9月底，浙江省90个县（市、区）中，已有85.6%的县（市、区）建立了风险评估机制。在已建立风险评估机制的77个县（市、区）中，开展过评估的占63.7%，而已开展评估、有台账可查的占已开展评估的49个县（市、区）的81.6%。

表8-2 浙江省社会稳定风险评估机制实施基本情况统计

建立风险评估机制情况	正式下文建立的	77个	85.6%
	尚未建立的	13个	14.4%
风险评估机制实施情况	尚未开展过评估的	28个	36.3%
	评估过1项的	20个	26%
	评估过2～4项的	21个	27.3%
	评估过5项以上的	8个	10.4%
	已开展评估、有台账可查的	40个	81.6%

资料来源：浙江省政法委课题组，2010（23），数据截至2009年9月底

发布省级社会稳定风险评估相关文件的单位一般是省委、省政府，或者省委办公厅、省政府办公厅，文件内容主要包括指导思想和基本要求、评估的范围和内容、评估主体和程序、责任追究及组织领导等方面。社会稳定风险评估机制的具体框架结构将在下文专门介绍。

① 李松、黄洁．北京社会稳定风险评估提升政府科学决策水平．（2012-06-20），http://legal.people.com.cn/GB/188502/18251466.html.

（三）社会稳定风险评估机制的意义

随着改革进入攻坚阶段，社会矛盾和社会冲突呈增加趋势，社会稳定问题日益突出。如何处理好改革、发展、稳定的关系，成为各级政府加强社会管理所面临的一个重要课题。在此背景下，中央提出科学发展观和构建社会主义和谐社会，各地也进行了一些有益的探索。

建立健全社会稳定风险评估机制，是党中央、国务院审时度势，从改革发展稳定大局出发，为源头预防和减少社会矛盾作出的重大决策，是深入贯彻落实科学发展观、构建社会主义和谐社会的必然要求，是统筹协调各方面利益关系、维护广大群众根本利益的重要举措，也是维稳工作的重大理念创新、制度创新、机制创新。

首先，从社会管理机制的创新来看，社会稳定风险评估机制促使政府向服务型政府、法治政府转变，促进了政府决策的民主化、科学化。

孙立平等将僵硬的稳定压倒一切思维下所形成的维稳方式称为“运动式治理”模式，认为它具有维稳成本高昂、“越维稳越不稳”、助长社会溃败等缺陷，并呼吁建立维稳新思维。作为社会管理的新机制之一，社会稳定风险评估机制从理念和制度方面体现了维稳新思维，提高了政府的社会管理水平和技术。①

从理念上来看，一方面，社会稳定风险评估机制不是不稳定了才去维稳，而是居安思危、防患于未然，“注重从源头上减少人民内部矛盾的发生”；另一方面，在社会稳定风险评估中要尊重群众的民主权利，能够促使政府向服务型政府转变，也有助于政府决策的民主化。在这一机制中，更加注重预防，更加注重民意，把改革的力度、发展的速度和社会可承受的程度有机统一起来，实现了社会管理理念的根本转变。

从制度方面来看，社会稳定风险评估机制不是传统的自上而下的管理模式，而是通过利益协调机制、诉求表达机制、矛盾调处机制和权益

---

① 孙立平、沈原、郭于华、晋军、应星、毕向阳．以利益表达制度化实现长治久安．领导者，2010（33）.

保障机制等来统筹协调各方利益，将社会风险化解在萌芽和基层。这些机制不仅是社会管理模式的创新，也提高了政府的制度化水平，促使政府向法治政府转变。

此外，社会稳定风险评估是运用一定的科学方法和技术来评估重大事项社会风险水平的活动，它所使用的科学的计量方法和技术手段，如指标设计、社会调查、数据处理等，能够为决策的科学化提供客观的依据，提高社会管理的技术含量和科学化水平。

其次，从实践意义来看，社会稳定风险评估机制有助于预防和化解社会矛盾，实现社会稳定与和谐。一方面，社会稳定风险评估机制能够预防和化解改革、发展过程中产生的社会矛盾和社会冲突，有助于社会稳定。随着改革进入攻坚阶段，一些重大政策、重大决策的出台，必然涉及利益关系的调整，利益关系调整得不平衡，就有可能引发社会矛盾和社会冲突。同时，随着社会主义市场经济体制的建立和完善，一些重大项目可能因为利益关系的驱动而上马，却忽视了其环境影响与社会影响，也有可能引发社会矛盾和社会冲突。而建立健全社会稳定风险评估机制，把维稳的关口前移，有助于预防和化解社会矛盾，实现社会稳定。例如，2010 年以来，通过社会稳定风险评估，河南省先后否决了105 个群众不支持的项目，占整个评估项目的 11%；对比 2009 上半年，群众对定政策、做决策、上项目不满而引发的群体性事件，同比下降了11.2%。[①] 另一方面，利用社会稳定风险评估机制预防和化解社会矛盾，也能够为一些重大事项的顺利实施提供保证。据法制网报道，2012 年首钢北京产区停产涉及 2.2 万名职工，涉及面大、风险高。[②] 为此，首钢在停产工作中实行了社会稳定风险评估，梳理出了不同级别的风险点并有针对性地建立起了三道保障线，有效预防和化解了各类风险因素。至停产工作结束，没有发生任何乱子，没有一起越级上访事件。

---

① 袁许林、张鸿、吴晓璐、黄有良．社会稳定风险评估制度的起源、发展与成效．城市建设理论研究，2011 (26).

② 李松、黄洁．北京社会稳定风险评估提升政府科学决策水平．(2012 - 06 - 20)，http：//legal. people. com. cn/GB/188502/18251466. html.

可见，社会稳定风险评估机制有助于我们把改革的力度、发展的速度和社会的承受程度统一起来，不仅体现了科学发展观的要求，也有助于社会主义和谐社会的构建。

二、社会稳定风险评估机制的理论背景

社会稳定风险评估机制与我们党和政府对改革、发展、稳定关系的认识密不可分，同时也与西方的风险社会理论和风险评估有着较为密切的关系。

（一）社会稳定事关全局，实现改革、发展、稳定的统一

改革、发展、稳定这三个关键词，表明了我国社会主义现代化建设的基本动力、根本目标和必要条件，是事关全局的基本关系。发展是目的，是硬道理；改革是经济社会发展的强大动力，是社会主义制度的自我完善和发展；而稳定是发展和改革的前提，改革和发展必须要有稳定的政治和社会环境。

改革开放的总设计师邓小平认为："没有安定团结的政治局面，不可能搞建设，更不可能实行改革开放政策，这些都搞不成。开放不简单，比开放更难的是改革，必须有秩序地进行。"[①]

江泽民把改革发展稳定关系列在社会主义现代化建设中需要正确处理的十二个重大关系之首，提出把改革的力度同发展的速度、社会可以接受的程度统一起来，在社会稳定中推进改革发展，通过改革发展促进社会稳定。

2011年7月1日，胡锦涛在庆祝中国共产党成立90周年大会的讲话中明确提出稳定是硬任务："正确处理改革发展稳定关系，实现改革发展稳定的统一，是关系我国社会主义现代化建设全局的重要指导方针。发展是硬道理，稳定是硬任务；没有稳定，什么事情也办不成，已经取得的成果也会失去。"

① 邓小平文选（第三卷）. 北京：人民出版社，1993：199.

（二）风险社会理论与风险评估

20世纪80年代后期，以乌尔里希·贝克（Ulrich Beck）和安东尼·吉登斯（Anthony Giddens）为代表的西方学者提出了“风险社会”理论。该理论认为，人类社会进入现代化的一定阶段后，必然伴随社会风险的增长，并进入风险社会。贝克认为：“风险是个指明自然终结和传统终结的概念，或者换句话说：在自然和传统失去它们的无限效力并依赖于人的决定的地方，才谈得上风险。”[①] 他认为“人类进入了风险社会”“我们生活在文明的火山口上”[②]。吉登斯则认为，现代科学技术和现代制度提高了人类应对风险的能力，同时也带来了技术和制度运转失灵的风险，即风险的“制度化”有可能转变成“制度化”风险。[③]

从风险社会理论的角度来看，随着改革开放以来我国经济的快速发展，社会转型不断推进，融入全球化程度不断加深，原有计划体制下的社会平衡状态被打破，各种社会风险在不同领域产生和积累起来。付翠莲认为，这种风险具有“风险共生”的特征，是前工业社会的传统风险、现代化进程中的各种风险及超越国界的各种风险的混合；而在改革开放和社会转型过程中出现的严重的利益失衡，是当前我国社会风险不断累积的主要原因。同时，由于保障机制不完善，弱势群体还要承担由改革和发展所带来的风险，容易引发底层社会的不稳定。[④]

既然风险是现代性的基本要素，就有必要对风险进行评估和管理。童星认为，存在着“风险—灾害（突发事件）—危机”的因果链条，灾害管理只能控制事态，危机管理旨在减少损失，风险管理才能消除隐患、杜绝危机。因此，建立社会稳定风险评估机制是政府风险管理的重

① ［德］乌尔里希·贝克等．自由与资本主义．路国林译．浙江：浙江人民出版社，2001：119.

② Beck, Ulrich. *Risk Society: Towards a New Modernity*. London: Sage Publication, 1992. 18.

③ ［英］安东尼·吉登斯．现代性与自我认同．赵旭东、方文译．北京：生活·读书·新知三联书店，1998：135.

④ 付翠莲．重大事项社会稳定风险评估机制研究．北京：中国社会科学出版社，2011：18—23.

要内容。①

风险评估是指在风险事件发生之前或之后（但还没有结束），对该事件给人们的生活、生命、财产等各个方面造成的影响和损失的可能性进行量化评估的工作。② 国内外评估理论和方法大致经历了财务评价、SCBA 评价、环境评价和社会评价四个发展阶段，见表 8-3。

表 8-3 评估理论和方法四个阶段的比较③

项　目	时　间	内　容	特　点
财务评价	20 世纪 50 年代以前	财务评价	保证利润最大化
SCBA 评价	20 世纪 50-70 年代	公共项目社会费用效益分析	国家立场，国民经济角度
环境评价	20 世纪 70-90 年代	注重环境因素的分析	缺乏公众参与、信息公开
社会评价	20 世纪 90 年代以后	以人为本的可持续发展	从以物为中心到以人为本

重大事项社会稳定风险评估机制与新公共管理理论、新公共服务理论、政府协同治理理论、“流程再造”理论、协商民主理论等公共管理理论关系密切。这些公共管理理论对于社会稳定风险评估机制的启示主要体现在公民本位的核心治理价值、畅通无阻的民意表达机制、协商式的治理机制、“流程再造”与绩效管理等方面。④

三、社会稳定风险评估机制及其制度架构

社会稳定风险评估机制作为一种社会管理的新机制，有其特定的含义和一系列的制度架构。

（一）社会稳定风险评估机制

建立社会稳定风险评估机制，是防范社会风险的重要制度性措施。

① 童星．公共政策的社会稳定风险评估．学习与实践，2011（9）．

② 付翠莲．重大事项社会稳定风险评估机制研究．中国社会科学出版社，2011：12—13.

③ 杨芳勇．重大事项社会稳定风险评估机制建设刍议．中共南昌市委党校学报，2011（5：60）．

④ 付翠莲．重大事项社会稳定风险评估机制研究．北京：中国社会科学出版社，2011.

社会风险可分为狭义和广义两种。狭义的社会风险是与政治风险和经济风险相对应的一种国家风险形式，指的是“所得分配不均、发生天灾、政府施政对抗、结社群斗、失业人口增加造成社会不安、宗教纠纷、社会各阶层对立、社会发生内争等因素引发的风险”。[①] 而广义的社会风险是指“由于经济、政治、文化等子系统对社会大系统的依赖，任何一个领域内的风险都会影响和波及整个社会，造成社会动荡和社会不安，成为社会风险”。[②] 一般认为，广义的社会风险即是社会稳定风险评估机制中所指的社会稳定风险。

改革开放三十多年来，我国的经济社会结构、社会运行机制、思想观念等方面都发生了深刻的变迁，伴随着现代化进程、社会转型以及全球化而来的诸多社会问题日益凸显。经济风险的冲击、政治风险的考验、文化风险的凸显、社会风险的加剧以及生态风险的呈现，都使我国的经济社会发展面临严峻的挑战。

如何应对这些社会风险和问题，以加强和创新社会管理，保持社会的和谐稳定，是一个值得探讨的时代课题和执政难题。而社会稳定风险评估机制正是这种探索和实践之一。

社会稳定风险评估制度，是“对涉及较多群众利益的重大事项出台之前或实施过程中可能出现的社会稳定风险进行先期预测、先期评估、先期化解，并将评估结论作为各级党委和政府作决策、定政策、搞改革、上项目的主要依据的一项制度”[③]。

而社会稳定风险评估机制，则是指社会稳定风险评估制度得以贯彻实施的组织运行方式，主要包括社会稳定风险评估的评估原则、评估范围、评估内容、评估主体、评估程序、评估方法、责任追究和组织领导等内容。

各地对社会稳定风险评估机制的探索和实践，既有共性，又存在差

---

① 宋林飞．中国社会风险预警系统的设计与运行．东南大学学报，1999（1：70）．

② 童星、张海波等．中国转型期的社会风险及识别——理论探讨与经验研究．南京：南京大学出版社，2007：89．

③ 陈红爱．关于完善我国社会稳定风险评估机制的思考．科技创新与生产力，2012（1：34）．

异。下文将从三个大的方面概略介绍社会稳定风险评估机制的相关架构，即社会稳定风险评估的评估范围、评估原则和评估主体，社会稳定风险评估的程序，社会稳定风险评估的内容和方法。

（二）社会稳定风险评估的范围、评估原则和责任主体

1. 社会稳定风险评估的范围

对于社会稳定风险评估的范围，各地的规定较为一致：凡与人民群众切身利益密切相关、牵涉面广、影响深远、易引发矛盾纠纷或有可能影响社会稳定的重大事项实施前，都要开展社会稳定风险评估。

从社会稳定风险评估制度的含义及各地的规定来看，社会稳定风险评估主要是指重大事项的社会稳定风险评估。其中的重大事项主要指重大决策、重大政策、重大项目、重大改革、重大活动等方面，具体范围则包括企事业单位重组改制、机构人事与收入分配制度改革、征地拆迁补偿及安置、重大工程项目、社会保障政策调整等内容。

专栏8-1

《四川省社会稳定风险评估暂行办法》

（2010）关于社会稳定风险评估范围的规定

重大决策、重大政策：一是重大自然灾害和重大疫情的预警防控方案，食品、药品安全预警防控监测方案，重大安全、质量事故处置；二是水、电、燃气、粮食、公共交通、教育、医疗、药品等关系群众切身利益的商品、服务价格和收费标准重大调整；三是涉及养老、医疗等社会保险制度及促进就业政策等重大调整，社会救助政策重大调整等；四是经济适用住房、廉租住房等住房保障政策重大调整，城市基础设施建设、旧城改造中的拆迁补偿、居民安置等政策重大调整，房地产市场、物业服务管理等政策重大调整；五是涉及农村土地经营权流转及农民土地征收征用、拆迁、补偿、安置和移民安置等方面的重大政策；六是有关民生问题的行政规范性文件的制定。

重大项目：一是可能造成环境严重恶化或加大污染物排放的重大建设

项目等；二是洪水、干旱、地震等重大自然灾害后的重要恢复重建项目建设。

重大改革：一是涉及职工分流或职工利益变动的国有企业（国有控股企业）改制、重组、上市、拆迁等事项，事业单位机构改革事项，国有企业（国有控股企业）职工收入分配制度重大改革事项；二是涉及农村土地经营权流转及农民土地征收征用、拆迁、补偿、安置和移民安置等方面的改革措施。

重大活动：涉及人员多、敏感性强，可能对社会稳定产生影响的重大活动。

此外，办法中所列的重大事项还包括可能引发历史遗留问题的重大事项和其他涉及群众切身利益的重大事项。

2. 社会稳定风险评估的原则

对于社会稳定风险评估的原则，各地的规定大同小异。概括而言，主要有以下三个原则。

（1）权责统一原则。管理者所拥有的权力应当与其所承担的责任相适应。由重大事项的责任单位组织实施社会稳定风险评估，并按照“谁主管、谁负责”“谁决策、谁负责”“谁审批、谁负责”的要求，对评估过程及结论的全面性、真实性、客观性、公正性负责。

（2）合法合理原则。把推行社会稳定风险评估工作与推进依法行政结合起来，确保拟实施的重大事项符合国家的法律、法规和政策规定。把改革的力度、发展的速度与社会可承受程度统一起来，实现政治效益、经济效益、社会效益的有机统一，促进社会公平正义。统筹考虑人民群众的长远利益与现实利益，最大限度地反映不同群体的合理诉求，以人民群众是否拥护作为风险评估的重要依据。

（3）科学民主原则。依照相关法律、法规和政策制定科学、规范的评估标准，深入调查研究，多渠道、多方式、多层次征求意见，定性定量分析相结合，充分论证，确保评估工作全面、客观、准确。充分尊重人民群众的民主权利，广泛听取各方面意见，切实保障人民群众的知情权、参与权和监督权。

3. 社会稳定风险评估的责任主体

根据权责统一原则和“谁主管、谁负责”“谁决策、谁负责”“谁审批、谁负责”的要求，这里的责任主体主要包括重大事项的评估责任主体和审批部门。

重大事项的评估责任主体，主要指重大事项决策的提出部门、政策的起草部门、项目的报建（批）部门、改革的牵头部门及工作的实施部门。评估责任主体负责重大事项社会稳定风险评估工作的组织实施，并要对评估过程及结论的全面性、真实性、客观性、公正性负责。一个事项涉及多个部门，职能交叉而难以界定评估具体部门的，牵头部门为责任主体；特殊情况下，由同级党委政府指定责任主体。

重大事项的审批部门，一般为主管部门或决策机关，有的地方为信访部门、维稳部门。审批部门负责对评估报告进行审查，并对审批结果负责。各级政府的维稳办要对重大事项实施情况进行督导检查。

（三）社会稳定风险评估的程序

评估的程序有广义和狭义之分。狭义上的评估程序指具体评估活动的步骤及环节，即重大事项的评估责任主体组织实施社会稳定风险评估、形成评估报告的过程。广义上的评估程序则是指社会稳定风险评估机制的步骤及环节，除了狭义上的评估程序外，还包括报告审批、落实维稳措施、监督检查和责任追究等内容。

对社会稳定风险评估机制而言，其评估程序指的是广义上的评估程序。各地的相关规定也可以印证这一点。一般来说，社会稳定风险评估机制的程序主要包括以下六个步骤。

1. 确定评估事项，制定评估方案

凡是涉及广大群众切身利益、可能因实施带来利益性矛盾冲突的重大事项，都要确定为社会稳定风险评估对象。对确定开展评估的对象，由决策方案提出部门、政策草案拟制部门、项目报建部门、改革牵头部

门、活动主办部门作为评估实施主体，组织有关部门和单位的专家、学者、专业技术人员或委托有资质的第三方机构，成立社会稳定风险评估小组。

社会稳定风险评估小组根据评估的要求和原则，在广泛征求相关方面意见、建议的基础上，制定评估方案。评估方案要准确把握评估重点，明确评估牵头和协助部门责任，适时组织实施。

2. 组织相关人员，进行调研评估

评估实施主体要采取多种形式，向重大事项所涉及的群众公示重大事项的内容，全面收集合法性、合理性、可行性、安全性等方面的基础资料、信息数据和社情民意，为评估提供真实、准确、全面的第一手资料，以全面、准确地辨识各类风险源及可能发生的社会稳定风险类型。

为此，评估小组要根据重大工程项目社会稳定风险评估的实际需要，采取召开座谈会、专家咨询、实地走访、问卷调查等多种方式，广泛听取利益各方的意见，准确了解、把握相关利益群体的利益诉求；对争议较大、专业性较强的评估事项，要按照有关法律法规要求，组织相关群众和专家进行听证和论证；充分发挥人大代表、政协委员和基层组织联系群众的优势，准确把握群众对重大事项的反应及心理动态等。

3. 汇总分析论证，形成评估报告

结合调研评估掌握的情况，评估小组应采取定量和定性相结合的方式，对重大事项的合法性、合理性、可行性、安全性等进行全面评估，确定该事项的社会稳定风险程度。根据社会稳定风险的大小和可控程度，提出防范、化解风险预案，形成初评报告。

评估责任主体采取集体讨论或组织相关部门、社会各方代表、专家学者（单位）共同研究的方式，对评估工作小组提出的社会稳定风险评估报告（草案）进行全面审查和修改完善。必要时，可以对有关情况进一步核实，或举行论证会、评审会等方式对评估报告草案进行进一步研究论证。

4. 审查评估报告，作出审查决定

评估责任主体将评估报告送主管部门审定。主管部门可邀请维稳、法制等有关部门、重大事项直接责任部门、有关专家、相关地区干部群众代表等参与评估，有的地方还有人大代表、政协委员参加。

主管部门根据评估情况，按照法定程序和民主集中制原则，将重大事项涉及的相关情况形成评估报告，对评估事项提出实施、部分实施、调整实施、暂缓实施、不实施等意见。各级党委常委会、政府常务会根据评估报告，对评估事项做出实施、暂缓实施、暂不实施的决定。

5. **落实维稳措施，进行风险控制**

在重大事项获准实施后，重大事项的责任主体要根据风险评估情况，严格落实化解不稳定因素、维护稳定的具体措施，有针对性地做好相关工作。对虽存在一些矛盾和问题，但经评估决定实施的事项，要落实解决矛盾和问题、维护社会稳定的具体措施。对符合有关法律法规规定、亟须实施但又容易引发矛盾冲突的事项，在实施前要制定应急预案，有针对性地做好群众工作。

对部分实施的重大事项，要注意落实相关方面的维稳措施。对暂不实施的重大事项，要及时研究对策、化解矛盾，待时机成熟后实施。

6. **跟踪评估事项，实行责任追究**

重大事项实施过程中，主管部门应指定监管部门全程跟踪了解，及时掌握动态信息，确保各项工作措施落实到位。对实施过程中出现的新矛盾、新问题，及时进行研究，调整对策措施，完善实施方案，确保将各类社会稳定风险隐患消除在萌芽状态。

目前，各地都把重大事项社会稳定风险评估工作纳入了党委、政府绩效目标考核，规定对应进行社会稳定风险评估的事项而未实施评估、在评估过程中弄虚作假、未按照评估办法进行评估或未按照化解方案和应急预案开展工作，引发大规模集体上访或影响社会稳定的群体性事件的，要严肃追究有关单位和相关人员的责任。例如，四川省遂宁市根据不同情况，采取“检查述职、一票否决、组织处理、纪律处分、追究刑责”等五种方式，实施责任追究。

最后需要提及的是，在社会稳定风险评估的过程中，各级维稳办起着信息综合、指导推动、督促协调、检查考核等重要作用。例如，《贵州省维护稳定工作责任制暂行规定》指出，“维稳办主要职能是协调地区、部门、单位落实维护稳定工作的措施，指导地区、部门、单位做好处置重大群体性事件工作，督促地区、部门、单位搞好矛盾纠纷的排查调处；做好信息综合、调查研究、检查考核、协调督办和发挥参谋助手五项基本工作”。

（四）社会稳定风险评估的内容和方法

各地确定的社会稳定风险评估的内容表现出较高的一致性，即评估重大事项的合法性、合理性、可行性、安全性等四个方面。下面逐项介绍这四项内容及相应的评估方法。

1. 合法性

合法性主要包括内容方面的合法性和程序方面的合法性。内容合法性指重大事项的制定实施是否符合党和国家的大政方针，是否有充足的政策、法律依据；程序合法性则是指评估过程和审批过程是否符合规定的议事决策程序。

合法性评估主要使用经验判断法或专家打分法，即主要由评审部门或法律专家参照相应的法律、法规和政策规定进行评估。

2. 合理性

合理性主要看重大事项的制定实施是否坚持了以人为本的科学发展观，一是看重大事项是否符合经济社会发展规律，是否把改革的力度、发展的速度和社会可承受程度有机地统一起来；二是看是否代表最大多数人民群众的利益，是否兼顾了人民群众的现实利益和长远利益。

合理性评估主要采用调查统计分析法，即主要通过座谈会、实地走访、问卷调查、听证会等多种方式，广泛听取利益各方的意见，准确了解、把握相关利益群体的利益诉求。也可以采取专家咨询法。

合理性分析应注意尊重群众的知情权、参与权等民主权利，使群众特别是利益相关者能积极地参与到评估活动中，调查分析他们对重大事项的态度和意见等。利益相关者的参与通常包括信息分享、磋商、参与三个层次。[①]

3. 可行性

可行性主要指重大事项的实施条件是否具备，包括是否征求了广大群众的意见，是否为绝大多数群众所接受和支持，是否充分考虑到时间、空间、人力、物力、财力等制约因素，实施方案和配套措施是否周密、完善等。

可行性分析的方法，一是定性、定量地分析重大事项实施的外部条件是否具备，如通过调查了解该事项是否符合群众意愿；二是检查重大事项实施的内部条件，如实施方案是否周密、完善，人力、财力、物力是否足够等。

4. 安全性

安全性主要指是否存在引发群体性事件和其他影响社会稳定的隐患，是否有相应的预警措施、应急处置预案和对策措施，是否在可控范围之内。这是社会稳定风险评估分析的重点。

安全性分析的方法，主要是在信息、资料收集的基础上，通过定性和定量分析，确定重大事项实施中可能的风险点，提出相应的预警方式、对策措施及应急处置预案，研究判断这些风险的可控性。

对可能出现的影响社会治安和社会稳定问题的风险因素的分析，可以从以下几个方面着手：重大决策出台后是否会使利益相关者受损或感到不公平；重大工程项目建设是否影响生态、资源、环境；重大事项的实施是否与当地的风俗习惯有强烈冲突，是否会给当地的文化和社会价值观造成负面的冲击；项目实施过程中是否会出现较大的社会治安问题，以及其他可能影响社会稳定的重大问题等。特别要注意识别利益相关者，并分析他们受重大事项影响的程度及其对项目的影响力。

重大事项涉及的风险因素有些是可以量化的，有些则不可量化，因

① 胡建一、杨敏、黄玮．公共项目社会稳定风险分析与评估概论．上海：上海社会科学院出版社，2011：114—115.

此安全性分析应采取定性描述与定量分析相结合的方法，对重大事项面临的风险做出全面的估计。对可以量化的因素，可以通过调查统计分析计算其风险程度；对难以量化的因素，则可以采取风险因素等级评定或取值评定的方法，请专家评估或打分。

关于社会稳定风险评估的内容和主要参考因素，可以总结为表 8-4。

表 8-4 社会稳定风险评估的内容和主要参考因素

类别	序号	主要参考因素
合法性	1	是否符合党和国家的大政方针，是否有充足的政策、法律依据
	2	是否符合规定的议事决策程序
合理性	1	是否符合科学发展观的要求
	2	是否统筹兼顾各方利益
可行性	1	是否符合大多数群众的意愿
	2	决策所需人力、物力、财力是否在可承受范围
	3	实施方案和配套措施是否周密、完善
安全性	1	是否存在影响社会稳定的隐患，包括利益相关者、生态环境、社会治安等方面
	2	是否存在相应有效的风险化解措施和应急处置预案
	3	是否有预防预警措施

最后，可以根据以上评估内容建立合理的评估指标体系，通过指标赋值确定重大事项的总分，确定重大事项的风险等级；进而结合定性评估的意见，做出评估结论。①

案例 8-1

贵州铜仁重点项目风险评估先行、防范化解联动②

项目背景。总投资 38 亿元的大兴科技工业园区和川硐教育园区，是贵州省铜仁地区的两个区属重点工程。项目初步选址在铜仁市川硐镇

① 例如，杨芳勇根据评估总分把风险程度划分为三级：71～100 分，表示可能引发重大群体性社会事件，项目不应实施；31～70 分，表示社会风险程度高于社会稳定的承受范围，需要限期整改；0～30 分，表示社会风险在社会承受力范围之内，可以实施，同时对承办单位告知风险，并适当加强风险控制措施，以保证项目的顺利实施。

② 伍军、罗华山．风险评估先行 防范化解联动——铜仁地区建立社会稳定风险评估机制有效化解社会矛盾观察．贵州日报，2011-05-30：9.

尖岩村一带，该村共有580多户2 600多人。这里以前曾因征地拆迁和山林土地权属纠纷多次引发集体上访，成为当地政府最头疼的老大难问题。尖岩村被征地面积仅占两个园区征地总量的九分之一，像尖岩村一样属于项目选址范围的还有其他两个乡镇的6个村庄。

（1）确定评估事项，制定评估方案。从2009年开始，铜仁地区把开展社会稳定风险评估工作引入所有重大决策领域。为了对两个园区项目的建设进行风险评估，2009年6月，铜仁地区确定由地区发改委牵头组织开展两个园区项目的风险评估工作。同时，按照“谁主管、谁负责、谁评估”的原则，确定由国土、建设、林业、水利、社保、环保、安监、政法、维稳等部门负责，就园区建设可能遇到的风险分头组织开展评估工作。

（2）组织相关人员，进行调研评估。地区发改委将两个园区项目规划的选址、占地面积等内容进行公示公告，广泛征求群众意见。同时，各评估主体派出80多名干部深入园区开展摸底排查，了解群众的反映和诉求，为预测风险提供第一手资料。在摸底排查过程中，共制作各类表格20多种，发放征求意见表2 000余份，召开村民大会、恳谈会40余次，调查走访近万人，做到了不漏一户、不漏一人。

（3）汇总分析论证，形成评估报告。各评估责任主体根据群众反映的意见和问题，分类整理后共评估出六大风险：农民失地风险、拆迁安置风险、资金链断裂风险、干部能力风险、施工安全风险以及诱发性风险。针对评估预测出的六大风险，除资金链断裂风险和施工安全风险由园区建设单位具体负责外，其他四类风险由评估责任主体分类提出防范化解措施，制定防范化解方案。第一，对农民失地、拆迁安置风险，明确由国土、建设、林业、社保等部门对土地补偿、建房安置、就业转移等提出具体标准，拿出具体方案。第二，对干部能力风险，明确由组织、纪检、监察等部门及检察院机关进行监督。第三，对诱发性风险，明确由政法、维稳等部门按照公安警务、治安防范、人口管理、纠纷调处、法律宣传、信访接待、处置群体性事件“七进工区”的要求制订防范预案。2009年9月，各评估主体将风险防范化解方案送交发改部门汇总后，铜仁地区发改委组织召开了两个园区项目风险评估听证会，充分听取了相关专家、人大代表、政协委员、群众代表的意见和建议，并对防范化解方案进行修改、补充、完善后，形成风险评估报告。

(4) 审查评估报告，做出审查决定。区维护稳定工作领导小组对评估报告进行审查，通过综合权衡园区建设中潜在风险的类别、等级及防范化解方案，认为方案可行，可以进行项目申报。最后，地区发改委将风险评估的最终结论纳入项目审查，认为园区建设虽然存在六大风险，但防范化解考虑周全、措施可行，只要落到实处，风险完全可防可控。2009 年 11 月，地区发改委决定准予立项。

(5) 落实维稳措施，进行风险控制。把“四个同步”作为前置条件来考虑：项目选址与征地拆迁同步考虑，项目规划与人员安置同步考虑，产业布局与促进就业同步考虑，城镇化推进与社会保障同步考虑。四个同步考虑，最大限度地将利益向老百姓倾斜，打消了群众的后顾之忧。广大群众从项目建设中得到了实惠，看到了希望，经历了从担忧、迟疑到拥护、赞成项目建设的思想转变过程。在项目实施前，川硐镇尖岩村群众积极支持项目建设，自发与党委、政府签署了矛盾纠纷化解承诺书。

(6) 跟踪评估事项，实行责任追究。园区开始动工后，因权属界限、补偿分配、水源污染、房屋炮损等引发的矛盾纠纷仍会出现。为此，他们始终坚持调解紧跟进度走，深入开展“平安和谐工区”创建活动，把矛盾纠纷排查调解工作贯穿到园区建设的始终，真正做到了将矛盾和风险防范在发生之前，化解在萌芽状态，降低在最小限度。在责任追究方面，铜仁地区明确要求，对不开展或不认真开展社会稳定风险评估的，坚决落实责任追究。

四、进一步完善我国社会稳定风险评估机制

作为一种社会管理的新机制，社会稳定风险评估机制已经在实践中取得了显著的成效，有助于我们正确处理改革、发展与稳定三者之间的

关系，是全面落实科学发展观和构建社会主义和谐社会的重要举措。同时，在社会稳定风险评估机制的探索实践中也反映出一些问题，需要我们加以注意和解决，从而进一步完善我国的社会稳定风险评估机制。

（一）社会稳定风险评估实践中反映出的问题

各地在社会稳定风险评估工作中，主要反映出以下六方面的问题。

（1）一些地方对社会稳定风险评估的重要性认识不足，影响了社会稳定风险评估制度的推广和落实。这表现在：各地制定出台社会稳定风险评估实施办法的进度并不相同，有先有后；一些地方虽然建立了社会稳定风险评估机制，但真正列入评估的事项还比较少；一些地方虽然对一些重大事项开展了社会稳定风险评估，却存在“走程序”等现象（可参见表8-1和表8-2）。

当然，由于客观条件的不同，各地在推广和落实社会稳定风险评估机制时会存在进度上的差异。但思想认识上的差异也会影响到社会稳定评估制度的推广和落实：一些地方不能正确看待风险评估与改革发展的关系，致使社会稳定风险评估的内生性动力不足，有些地方甚至担心风险评估会影响经济发展的速度和城市建设的进程；一些地方认为评估工作增加了行政成本，人为增加了重大事项的出台程序，影响了工作的效率等。

（2）社会稳定风险评估机制的法制化程度不足，规范性、权威性不够，影响了风险评估的效果。影响社会稳定风险评估机制落实的，除了各地主客观条件上的差异外，机制本身的法制化程度不足也是原因之一。例如，各地多将社会稳定风险评估作为一种行政行为，但有些事项超出了行政许可项目的范围，这就面临如何与现行法律法规相衔接的问题；有些地方对社会稳定风险评估结果运用的权威性规定不明显，并不能真正做到“一票否决”等。

（3）评估责任主体与重大事项本身往往存在利益纠葛，难以保证评估结果的客观性和公信力，容易掩盖甚至激化社会矛盾。从各地的实施办法来看，虽然评估人员中也包括专家学者或者第三方评估机构，但主要的评估责任主体是重大事项决策的提出部门、政策起草部门、项目申报审批部门、改革的牵头部门及工作的实施部门等。评估责任主体兼运动员及裁判员于一身，往往使社会稳定风险评估成为“走程序”。这样做，不仅难以保证评估结果的客观性、真实性与准确性，而且难以取得群众的支持和认同，容易掩盖甚至激化社会矛盾。虽然各地大都建立了责任追究机制，但它只能“事后”追究评估者对评估结果的责任，并不能预防和化解评估结果错误可能会造成的社会问题。这也有悖于建立社会稳定风险评估机制的初衷。

（4）群众参与度不高，使社会稳定风险评估难以真正吸纳和体现民意，影响了风险评估的质量和效果。目前的社会稳定风险评估，主要是由决策部门组织相关部门、单位及有关专家成立评估小组，由评估小组完成评估事宜。虽然规定中也提到了专家座谈、抽样调查及听证会等形式，但有时评估小组所接触的当事人并不能真正反映民意；一些地方还存在着不愿意接触群众甚至害怕群众知情的心态，关门搞评估。公众参与程度不高，民意得不到及时反馈，必将影响社会稳定风险评估的质量和实际效果。

（5）评估指标的设计比较笼统和抽象，评估技术相对落后。各地多将重大事项社会稳定风险评估内容确定为合法性、合理性、可行性、安全性等四个方面，但在实际工作中还缺乏可操作的指标体系，在评估指标选取与设置、评估指标的权重、具体测评技术等方面，还缺乏科学、系统的论证。与国外社会评价所采用的利益群体分析、机构分析、有无对比分析、逻辑框架分析等较为完善的方法相比，国内社会稳定风险评估所用的专家咨询、专题座谈、抽样调查、召开听证会等方式方法略显简单。

（6）目前主要由政府相关部门从评估结果方面对评估责任主体进行监督和考核，难以有效发挥监督和考核机制的作用。虽然各地大都规定了社会稳定风险评估的监督和问责机制，但却存在两个问题：一是监督主体的范围较窄，难以对社会稳定风险评估的全过程乃至重大事项的实施过程进行监督；二是事后问责具有滞后性，难以有效发挥监督和考核机制的作用。

（二）进一步完善我国的社会稳定风险评估机制

针对以上所反映出的问题，可以从以下六个方面进一步完善我国的社会稳定风险评估机制。

（1）进一步提高对社会稳定风险评估制度的思想认识，加强组织领导，认真贯彻落实。各级政府应充分认识建立社会稳定风险评估制度的现实意义，摆脱传统的发展观、政绩观和传统维稳模式的束缚，高度重视社会稳定风险评估工作。各地应按照中央和地方的要求，因地制宜地制定和完善社会稳定风险评估工作的实施办法，进一步完善维稳工作机制，把社会稳定风险评估工作作为落实科学发展观和加强群众工作的重要抓手，认真贯彻落实社会稳定风险评估机制，充分发挥评估制度的作用。

（2）加强社会稳定风险评估机制的法制化，为社会稳定风险评估提供法制保障。社会稳定风险评估机制要由文件指示、办法规定落实到实际工作中，不仅需要主要领导的推动，更应该依靠法制的力量。目前，中央有关文件已经从指导思想、评估主体、评估程序等方面对社会稳定评估机制进行了规范，增强了社会稳定风险评估工作的规范性和权威性。同时，也应注意社会稳定风险评估与现行法律法规相衔接的问题。

（3）把独立第三方作为社会稳定风险分析评估的主体，提高社会稳定风险评估的客观性和公信力。为了避免出现评估责任主体既是运动员又是裁判员的现象，应建立第三方评估机制，由受委托的独立第三方进行社会稳定风险评估。由独立的第三方机构开展社会评价，是社会评价遵循的基本原则。第三方机构由于其中立的身份和专业素养、业务能力，能够最大限度地减少各个利益相关方的影响，全面了解真实情况及相关群体的态度、意见及建议，从而对重大事项面临的社会风险等级做出准确评估，并提高评估结果的公信力。

（4）尊重群众的知情权和参与权，建立适当的信息公开机制和群众参与机制，强化重大事项社会稳定风险评估中的群众参与。评估前要以适当形式公开拟定的重大事项的基本方案、实施主体、风险评估机构、评审机构等信息，并在评估后以适当形式反馈评估结果。评估过程中不仅要把社会调查、民意测验等纳入社会稳定风险评估的工作程序，还应注意群众通过信访、请愿等参与方式所反映的意见和问题。强化重大事项社会稳定风险评估中的群众参与，能够增强公众对重大事项决策的认同度，降低重大事项决策的社会稳定风险。

（5）完善社会稳定风险评估的指标体系，改进评估技术，提高社会稳定风险评估的科学性。社会稳定风险评估的核心就是评估重大事项的社会稳定风险，需要深入分析风险源并尽可能地进行量化测算。这就需要进一步完善社会稳定风险评估的指标体系，量化评估内容。同时，要注意完善评估方法，可以借鉴国外社会评价所采用的较为成熟的方法和技术，如利益群体分析、机构分析、有无对比分析、逻辑框架分析等。

（6）加强对稳定风险评估工作的监督与考核，使各项监督形成合力，坚决实行问责机制。在监督主体方面，除了群众的参与和监督之外，还可以特别注意发挥人大代表的作用。人大代表具备不同于行政权力的民间视角与信息渠道，比行政机关更能敏锐地探察社会稳定风险；而与普通群众相比，人大代表的权力监督作用往往更为明显。在问责机制方面，要建立完善的责任追究机制，促使评估的责任主体自觉地依法实施社会稳定风险评估工作。

第九讲

价值观与社会规范机制

- ⊙价值信仰重建在社会管理中的重要作用
- ⊙政府诚信与社会规范
- ⊙社会规范的主要内容
- ⊙社会规范的形式与实现途径

夫诚者，君子之所守也，而政事之本也。

——（战国）荀子：《荀子·不苟》

勿持功能而失信。

——（三国）诸葛亮：《出师表》

社会规范是历史形成或规定的行为与活动的标准，它对人们的社会行为起着调节、选择、系统、评价、稳定与过滤作用，并限定着人与人之间的关系。

——［加］麦吉尔：《教育心理学》

“不了解、不理解、不支持”导致“什邡事件”

2012年夏天，四川省一个不大的县级市——什邡市发生了官民严重对立的突发事件，被称为“什邡事件”，引起了中外媒体的广泛关注。起因是当地政府于6月29日在什邡市经济开发区举行的宣布一起涉及环保的钼铜项目建设开工仪式。由于当地部分群众对该项目“不了解、不理解、不支持”，担心污染环境，危及身体健康，于是借助微博、论坛等互动平台，发出了质疑和反对的声音。

6月30日，部分学生和市民就钼铜项目到什邡市委集中上访。7月1日晚（这一天是建党日，官方一度怀疑有人在这个特殊的日子里煽动闹事），数百名学生和市民分别聚集在什邡市委门口和宏达广场两地上访示威，要求停建项目。

7月2日上午9时左右，群众采取连续上访并示威的方式，再次到什邡市委、市政府聚集。什邡市官方作出回应：一是即日起停止施工，如大多数群众不理解、不支持，项目建设就不开工；二是组织工作组，听取广大市民的意见和建议。当地有关领导立即与群众对话，作宣传解释。客观上看，政府的应对措施不可谓不积极。遗憾的是，这些措施并没有打消市民的顾虑，少数市民情绪激动，强行冲破警戒线，进入市委机关，砸毁一楼大厅八扇橱窗玻璃、三个宣传栏、四个宣传展板。警民之间爆发严重冲突，并迅速向周边公共场所扩散，近十辆公务用车不同程度受损，机关大门被推倒、毁损，机关无法正常办公。特警遂采用种种激烈措施，甚至动用催泪瓦斯和震爆弹来驱散情绪激动的人群。冲突中，部分群众、民警、机关工作人员受伤。下午2时许，公安机关实施交通管制和封控隔离措施，强制带离少数“违法人员”。

7月3日9时，什邡市公安局发布关于严禁非法集会、游行、示威活动的通告，对煽动、策划、组织非法集会、游行、示威者将依法处理。12时，什邡市新闻办发信息澄清“事件中有人员死亡”传言。到了下午18时左右，什邡市委、市政府迅速作出“坚决维护人民群众合法权益、坚决维护社会大局稳定”和“停止宏达钼铜项目建设，今后不再建设这一项目”的决定，从而使事态得以平息。

至此，这起严重的突发事件进入善后处理阶段。7月4日凌晨1时，什邡市新闻办发布信息：宏达钼铜项目群体事件中所有受伤人员均得到及时、有效的治疗。凌晨2时左右，什邡市政府新闻办发布消息：公安机关带离的27人中，3人被刑事拘留，3人被行政拘留，其余21人全部释放。21时，什邡官方对“封城”消息进行辟谣。7月5日，什邡召开全市干部大会，宣布：中共德阳市委常委、副市长左正同志兼任中共什邡市委第一书记；中共什邡市委书记李成金同志协助左正同志工作。什邡市委、市政府对事件中受伤人员进行了积极医治，同时看望、慰问受伤人员及家庭。①

一、价值信仰重建在社会管理中的重要作用

“什邡事件”造成的社会影响是严重的。通过媒体与网络手段，大量有关警民冲突的照片被发送到网络，市民被打伤的鲜血淋淋的场面令人触目惊心。这样的结果，给社会管理以深刻的启示。

首先来看当地政府应对这起突发事件的态度，可谓一波三折，颇值得思考。

事件是由“钼铜多金属资源深加工综合利用项目”的开工引起的。这个重大项目无论从什么角度来看，都是无懈可击的“硬项目”，既受到国家产业政策的鼓励，又经四川省发改委备案获准，同时也是该省“十二五”规划优势特色产业重点项目，在环保和技术方面也达到了标准。据政府公告称，钼铜项目核心技术和关键设备从国外引进，“总体技术水平达到国际先进，国内一流”；项目环境评价严格按照国家现行相关法规及最新标准编制和评审，已经通过国家级技术评估和行政审批。冲突发生后，当地政府网站立即发表了专家的意见，保证对环境和人体没有危害。另外，它还是什邡历史上首个百亿级投资项目，一旦建

① 新观察：什邡事件全解构．新浪网：2012-07-09.

成投产，不仅年销售收入将超过500亿元，利税超过40亿元，而且能够解决当地约3 000人就业，带动相关产业发展超过400亿元，提供辅助就业机会近1.5万个。然而，就是这个为当地人民带来如此美好福祉的绝好的项目，却由于有可能造成环境生态污染，从而引起了当地社会公众的警觉。

什邡市属德阳市管辖，是“5·12”地震重灾区，当年抗震救灾时曾经出现过政府、军队和群众齐心协力抗震救灾、共建家园的感人场面，然而仅仅才过去三四年时间，政府和社会公众的对立就在一夜之间爆发出来，并且达到如此水火不相容的地步，这不得不让我们感到困惑与惊讶！难道政府的所作所为都失效了？

项目规划出来的一切都显得是这么美好，它将使什邡朝着“千亿产值，百亿财政，全国百强”的宏伟蓝图迈出坚实的一步。然而，“什邡事件”没有赢家，最终换来的却是当地百姓的“不了解、不理解、不支持”，换来了特警的催泪弹、震爆弹、警棍。官民双方都在事件中“流血”，为项目前期投入了大量资金的企业方也在“流血”。

7月3日，项目承接方——四川宏达公司接到什邡政府通知：“你公司举行钼铜项目开工典礼后，我市部分群众对项目环境影响不了解、不理解、不支持，反应强烈。为维护我市社会大局稳定，经市政府研究决定，你公司钼铜项目从即日起停止建设。”当地政府同时还宣布永久停止这个项目。实施钼铜项目的决策过程无疑存在着重大的缺陷：既没有对这个百亿元项目进行市民听证，也没有充分宣传该项目的意义，更没有有效化解市民对可能造成污染的担心。[①]

“什邡事件”给我们一个很大的启示，就是当地群众对政府重大措施的“不了解、不理解、不支持”。为什么会造成这样的结果呢？

第一，当地政府的诚信一定出了问题。“什邡事件”发生后，许多媒体和专家给出了解读，但是很少从政府诚信的角度进行分析。在社会管理方面，建立诚信政府有着极为重要的意义，一个取信于民的政府在

① 从什邡事件中吸取什么教训．齐鲁晚报，2012-07-05.

施政方面能够轻松地得到民众的支持，而一个失信的政府无论怎样解释和宣传，都难以让社会公众相信政策。早在春秋战国时期，中国人就知道政府诚信的重要意义。当时，秦国处于战乱不断、人心不定之际，商鞅为了实施变法改革，必须获得民心的支持，于是下令在都城南门外竖起一根三丈长的木桩，当着百姓的面许下诺言：谁能把这根木头搬到北门，政府赏金十两。围观的百姓不相信如此轻松地就能得到这样高的奖励，没人愿意出来一试。这说明政府的诚信确实还没有在群众中建立起来。当商鞅将赏金提高到50两以后，终于有人站了出来，把木桩扛到了北门，并且得到了政府的五十金重赏。[①] 商鞅通过这个举动，让政府在市民当中树立起了威信，并使秦国的改革措施很快获得了民众的支持。商鞅变法使秦国走向强盛，最终统一了中国，而“立木为信”的故事也流传至今，成为政府必须要在民众中树立诚信的典型案例。

“什邡事件”的导火索是几乎无懈可击的钼铜项目，但政府推出的再好的项目，施政者出于再好的出发点，如果政府在市民当中已经缺乏了诚信，也还是难以取信于民的。事件发生之初，政府领导亲自出面向群众解释，并且做出了可以退后一步的温和表态，但是群众的态度仍然是不相信政府的说法，这足以说明政府平时没有注意在诚信上做文章，失信于民的结果就是难以推行“良政”，在群众“不了解、不理解、不支持”的情况下，政府只得被迫放弃钼铜重大项目的实施。

第二，当地政府的价值判断出了问题。我们相信什邡政府决定实施这个项目，一定是为了当地经济社会快速发展，最终受益的也是当地的老百姓，出发点一定是很好的。可是在价值判断上，首先，也许更多的是看到了投资效益、经济发展，轻视了这个项目潜在的污染危险有可能对当地生态环境带来的负面影响，忽略了人民群众的生命安全才是最应当重视的价值所在，因此，在价值判断上，把实现“千亿产值，百亿财政，全国百强”重大政绩放在价值利益上的首位。其次，也许较多考虑的是投资该项目的企业的利益。

---

① 《史记·商鞅列传》。

无论多么优秀的项目，如果和人民的生命安全发生冲突，其结果早晚会出问题，就像有些地方矿难不止一样，只是为了获得GDP的增长而忽视了环境保护及人的生命的价值。如果当地政府把人民生命安全放在第一位，在项目进入决策以前及实施阶段，尽可能地采用市民听证会、政府信息公开披露及媒体正面宣传等手段，让社会各方全面了解这个项目的情况，尽可能提早解除群众的疑虑和后顾之忧，就不会出现到了开工的时候还出现群众“不了解、不理解、不支持”的尴尬局面，以至于动用催泪弹、震爆弹、警棍来对付情绪失控的学生和群众。

1. 价值信仰决定社会心理和社会行为

社会心理学的大量研究表明，社会互动是人的社会行为的主要表现形式。人们在社会互动中形成种种群众行为、大众行为、集群行为，即所谓自发的、无组织的群体行为方式，也就是聚群行为。社会价值观、信仰在社会化过程中，往往会促使社会人群形成社会价值观和信仰认知评价系统。积极的社会价值信仰观念容易产生积极的认知评价系统，从而导致积极的社会心理和社会行为，而消极的价值信仰观念则相反，容易导致出现偏颇的社会心理和偏激的社会行为。①

西方国家倡导的民主、自由、人权等核心价值理念，在一定的社会发展阶段有着积极的意义，但是发展到另一个极端，就容易出现滥用民主、崇尚个人主义、人权高于国家主权的社会认知，从而影响到社会大众的社会心理和社会行为，甚至会出现过激的街头革命或者暴力行为。滥用宗教的信仰来影响人们的价值评判和认知，也会导致过激的社会心理和社会行为，甚至制造社会动乱，这是值得社会管理工作者高度警惕的。

人们痛恨贪污腐败。一些公务人员当中流行着“有权不用，过期作废”“不会贪就是无能”等认知，就是消极的价值观念和信仰导致公务人员的心理失衡、道德失范，这必然影响其社会行为，因此，在社会上大力倡导正确的价值信仰的同时，还有必要在公务人员中大力倡导积极

---

① ［美］戴维·迈尔斯．社会心理学，侯玉波、乐国安、张智勇等译．北京：人民邮电出版社，2006.

的价值观。

2. 公务人员的价值信仰影响政府形象

各级公务人员是社会管理的直接体现者，其社会管理能力关系到管理效果，影响到公众对政府形象的认可与满意度。20 世纪六七十年代，联合国、世界银行等国际组织在发展中国家实施了“核心能力建设”（Core Capacity-Building）框架项目，其中，公务人员的伦理能力、职业能力和行为能力的塑造是重要的关注点。①

拥有正确的价值观，是体现公务人员能力和水平的先决条件。应当从塑造公务人员的伦理道德方面着手，在价值信仰方面加强公务人员“服务性”“公共性”的观念。

现代社会管理的目标之一，就是要调整社会阶层或各个集团的利益关系，为社会公众提供公平、均等、普惠的基本公共服务。公务人员是实现这个目标的执行者，其手中掌握着政府资源和公共权力。在公务人员的价值观念中，自己的职责是什么、公共服务的对象孰轻孰重、如何向社会各方提供合理服务、首先应当有一个清醒的认识。政府为社会提供服务的对象有着多元的利益格局，公务人员的内心应当有一个标尺，坚持正确的利益导向，应该优先向谁提供服务，在各阶层利益发生冲突的时候怎样来安排利益的导向，这些问题都决定着公务人员的基本价值取向。

以“什邡事件”为例，当地政府决定钼铜项目时，出发点无疑是为了加快发展地方社会经济，但在价值观念上，是否把政府获得政绩放在高于一切的位置，是否把项目实施方宏达企业的利益看得重了一些，是否轻视了这个项目有可能对人的生命安全长期造成危害？

3. 公务人员不当行为产生严重社会后果

损害政府诚信形象的另一个重要原因，就是在政府的社会管理行为方面，受到公务人员不当行为方式的直接影响，使得政府很容易受到社会公众舆论的批评。在网络时代，社会公众往往通过微博、论坛等工具

① 余芳东．国际上关于统计能力的测评及其建设进程．统计教育，2010（11）．

发出批评的声音，或者揭露政务的失当，或者发泄对公务人员的不满，最终的结果就是造成对政府的负面影响。公务人员的行为失当主要表现为以下几方面。

（1）高高在上，官气十足。比如，平时不深入群众，不尊重群众的意见，不了解群众的真实想法，不重视群众的心声。重大决策问题上不倾听群众意见，或者假装听证一下，走走过场。这些年来许多地方政府搞的价格听证会，凡听证后水、电等价格必涨，这种流于形式的做法已经引起了广大市民的反感。有些地方为了解决资金的短缺，采用强制手段迫使职工拿出自己的积蓄参与政府工程的集资。这些现象都是违背了执政党和政府一贯倡导的优良作风，没有和人民群众打成一片，因此，出现官民对立的场面也是必然。

（2）惧怕麻烦，推卸责任。一些地方在社会管理事务中，有些公务人员没有树立服务意识，遇到社会法人或公民前来办事时，总是惧怕麻烦，互相推诿责任，更谈不上办事效率；或者对群众的要求反应冷漠，行动迟缓；或者对前来办事的弱势群众态度生硬，缺乏人性关怀；或者应对危机的措施不力，消极防御。多年来，不少地区城管执法过程中与商贩之间发生激烈冲突，许多都是粗暴执法所致。这些都是造成群众对政府不良印象的重要原因。

（3）虚假信息，虚华形式。政府部门发布的信息真实性不强，对社会公众有误导作用；或者搞一些花架子工程，领导面前走走过场。一些地方为迎接领导的检查和考察，竟不惜安排中小学生夹道欢迎，或让工作人员延长工作时间等待“光临指导”，甚至采用发红包等形式邀集群众摆出热烈欢迎的样子……

上述现象在许多地方都有程度不同的表现，直接影响到公众对政府及其公务人员的基本信任，加剧了官民之间的矛盾。在社会矛盾急剧增加的今天，公务人员的一举一动、一言一行，都对政府的诚信带来直接影响，影响着官民关系。公务人员的行为方式一旦有所失误，很容易导致社会公众把怨气发泄到官员或者政府身上，甚至上升为激烈的官民冲突、警民冲突，给社会管理带来严重阻碍。因此，从公务人员的伦理道德方面着手，对其行为方式进行必要的社会规范，提升其社会管理水平，是迫在眉睫的事情。

二、政府诚信与社会规范

政府诚信关系到政府的信用问题。中国先秦时期的大思想家荀子说过："夫诚者，君子之所守也，而政事之本也。"[①]即诚信是君子应当遵守的伦理道德，也是政府管理的根本要素。荀子的这段话，充分说明了公务人员应当成为伦理道德的楷模，这样才能治理好社会。

（一）政府诚信是社会管理的生命线

"什邡事件"生动地告诉我们，诚信是政府施政的根本，也是社会管理的生命线，一个失信的政府在社会公众心目中是没有信用可言的。信则立，信则行，一个讲诚信的政府，对社会公众的承诺"字字千金"，必然会受到人民的拥戴；一个失去信用的政府，对老百姓的承诺犹如一张废纸，无论是市领导亲自出面和群众对话，还是发布公告做出保证，都难以取信于民。

得不到民众信任的政府，无疑会造成信任危机，因此，欧美等发达国家的公务体系中，极为强调政府公务人员的诚信问题，甚至把个人诚信作为能否进入公务人员队伍的重要标准。当年美国总统尼克松因"水门事件"而被迫辞职，就是因为涉及了诚信问题而无法继续执政。[②]

政府信用的缺失，不仅和公务人员的伦理道德思想、行为表现有着直接的联系，也和政府部门的管理方式、办事作风有关。政府的失信主要有如下表现。

（1）虚报瞒报，弄虚作假。近年来，有的地方重视本地 GDP 的增长，并把经济发展作为取得政绩的主要方式，不惜对经济数据虚报瞒报，弄虚作假。每年国家统计部门公布的全国经济数据，几乎都和各地

---

① 《荀子·不苟》。

② 刘田玉．中西权力监督模式的演化和特征．中国改革论坛网：2007-01-09.

政府自己公布的数据难以吻合，地方省市的数据之和往往高于国家统计部门公布的数据。这其中有没有弄虚作假之嫌？长期以来，各级政府的财政开支细目都没有公开，其中有没有虚报瞒报的情况？尽管中央早就要求各级地方政府实行阳光政务，但在一片欲语还休的扭捏中，政府财政支出始终是“犹抱琵琶半遮面”，表现出“欲说还休”的扭捏姿态，仿佛成了不能述说的秘密。这样的局面直到2011年两会期间决定中央“三公”经费公开之后，才开始得到改观。

（2）投机取巧，形式主义。投机取巧，形式主义，其实也是一种弄虚作假的风气，严重损害了地方政府的信用。好大喜功，乐意搞政绩工程，是典型的投机取巧。一些地方政府不顾当地实际情况，超出本地财力物力和实际需求，大搞政绩工程，既劳民伤财又没有给老百姓带来实惠。有些地方为了发展文化产业，上演了多少争夺历史名人故乡、故里的闹剧。李白故里争夺战是其中的一个典型。[①] 根据郭沫若先生的考证，李白出生在唐代中亚的碎叶城（今吉尔吉斯斯坦国境内），但李白也长期在四川江油生活过，因此，江油市早就认定自己是全国“唯一一个”李白故里，并于2003年就在国家工商总局注册了“李白故里”的商标，邓小平提写的“李白故里”几个字也被醒目地挂在该市政府网站上。江油还在全国打出了“李白故里、华夏诗城”的城市旅游形象定位，为此启动了涉及李白故里的八大项目建设，总投资在7亿元以上。然而，2009年8月中旬，湖北省安陆市在央视四套播出城市宣传片，宣称安陆是“李白故里，银杏之乡”。8月21日，四川江油市委宣传部致函中央电视台、湖北省安陆市委宣传部，认为江油才是李白的故里，安陆已经涉嫌“侵权”，要求央视停播该宣传片。

从这以后，央视暂停播出该条广告，而江油和安陆两地政府却为此闹翻了脸，双方文攻笔伐，争执达到白热化程度。一个历史名人故里之争，竟上升到政府层面的公开争斗，这在全国都属于极为罕见的案例。从安陆举动的背后可以看出端倪，当地已经把“初步建设成李白文化展

① 网友不满江油安陆再争李白故里 模仿李白作批判．四川新闻网 2009－10－22.

示传播基地”纳入“十一五”规划中，规划的背后还有一座李白“酒隐安陆、蹉跎十年”的白兆山，政府在这里已经启动了一个更大的项目“白兆山旅游风景区”，预计建成后，年接待游客达到20万人次，年接待收入2 000万元，四年即可收回投资。

无独有偶，邻国吉尔吉斯斯坦也来凑热闹。2009年10月29日，吉尔吉斯斯坦驻中国大使馆商务参赞朱萨耶夫·古邦访问安陆市，称中国唐朝最伟大的诗人李白的出生地是在该国的托克马克市，表示要为李白塑造雕像，希望托克马克与安陆两个城市能够以李白为纽带，共同担负起弘扬李白文化的责任，并进一步拓展经济、贸易等方面的合作。2010年3月，甘肃籍学者雷达撰文，又提出李白故里是在甘肃天水秦安，当地还举行了网友签名等活动。①

至此，李白故里之争变成了两国四方的博弈局面。从这场谁也“输不起”的战斗中，从社会管理的视野，我们看到了投机取巧的风气在一些地方政府蔓延。

形式主义同样可以让政府诚信造成负面影响。接待摆样子，考察看面子，会议走形式，形式主义害人不浅。一些地方政府提出了建立“学习型政府”的口号，给公务人员布置了许多学习任务，规定每个人必须要学够多少时间，读完多少本书，做够多少字的学习笔记，参加多少场学习指导报告，这样才算完成学习任务。年终考核时，从记录上看人人都是“达标”的，单位都能“及格”，其结果往往是学习走过场，与“学习型政府”的目标风马牛不相及。

（3）政策多变，朝令夕改。政策多变，朝令夕改，是政府失信的一个突出表现。早在两千年前的西汉时期，政府“急政暴虐”，不断改变收赋政策，老百姓无所适从，晁错在《论贵粟疏》中批评说：“赋敛不时，朝令而暮改。”②两千年后的今天，保持政策的长期稳定依然是政府诚信的重要内容。改革开放初期，中国共产党就向全国人民做出基本路

① 雷达．李白故里在甘肃秦安．甘肃日报，2010-03-26.

② 《汉书·食货志》。

线"一百年不动摇"的重大承诺，对一系列重大政策也做出了保证，例如，多次向农民承诺土地承包责任的政策长期保持不变，向香港人作出保证其社会制度五十年不变的承诺。但是还有没有朝令夕改的现象呢？当然有，而且在地方上还比较普遍。

这是一起发生在海南昌江的案例。[①] 2001 年 5 月 31 日，经昌江黎族自治县政府同意，昌化镇政府以书面协议将棋子湾旅游项目交给琼昌公司开发，期限五十年。琼昌公司开发还不到两年时间，县政府又形成了一个会议纪要，单方面决定中止棋子湾开发协议，并要求琼昌公司停止经营活动。当地政府立即通知琼昌公司，解除与该公司的协议，并限期撤出棋子湾。琼昌公司收到通知后未撤出棋子湾，继续经营项目，当地政府遂组织有关人员对该公司经营设施进行了强制清理。

2004 年 6 月，琼昌公司对昌江县、昌化镇两级政府一并提起行政诉讼。次年 4 月，省高院作出终审判决：认为昌江县、昌化镇两级政府单方解除其与琼昌公司的行政合同的行为没有法律依据，属违法行政，应予撤销。琼昌公司遂向昌江县、昌化镇两级政府提出行政赔偿申请，在未得到答复后即向海南中院提起行政赔偿诉讼，要求赔偿损失 1 429 188 元。2006 年 10 月，省高院终审判令昌江县、昌化镇两级政府赔偿琼昌公司 73 万元。然而，昌江县、昌化镇两级政府对于法院的判决及后来要求强制执行的措施竟然置之不理。一个好端端的景点，全因一个不负责任的会议纪要，竟使开发合同变成废纸一张。政府在输了官司近半年时间里，始终不履行判决。在企业合法经营的情况下，政府部门仅仅因为单方面的考虑，就剥夺某行业从业者的经营权，这无疑会影响市场主体对政府的信任感。这种朝令夕改，甚至视法律为无物的政府，如何能够取信于民？又如何能够搞好当地的社会管理？

近年来，不少这类的案例被媒体曝光。在行政管理和市场经济之间，政府职能如果定位不准，缺乏服务意识，行政干预过多，为了眼前的利益势必很容易轻率地做出政策改变，这将严重影响政府的公

---

① 昌江政府行政败诉赔偿琼昌公司 73 万元．海南日报，2006－08－09.

信力。

（二）人民群众是评判政府诚信与否的唯一标准

对于政府是否做到了公平、公正，是否对社会承诺了诚信，衡量的标准不是由政府说了算，不是政府认为自己诚信了就能够“达标”，社会组织和人民群众才是评判的主体，只有他们才能够对政府履行承诺的能力进行主观评价或价值判断，只有社会公众才是判断政府是否诚信的唯一标准。

“诚信”是中华民族的优秀传统，也是新时代的呼唤。进入新的世纪，无论是执政党还是政府，都非常强调公务人员的“诚信”问题。早在2002年的中共十六大报告中，在论及“以德治国”的时候，执政党就向全社会提出了“诚实守信”的道德规范。2004年3月召开的十届全国人大二次会议上，温家宝在《政府工作报告》中要求国家公务员“遵守纪律和职业道德，诚信廉明，公道正派，甘于奉献”，其实这就是要求公务人员应当遵守的道德规范标准。

“诚信”是重塑政府形象的关键，也是社会管理实践的需要。政府的形象是建立在法治之上的，只有法治政府才可能成为一个诚信的政府。构建诚信政府要求政务活动必须遵循国家的宪法和法律，保证公共决策的严肃性、科学性、持续性。公务人员在依法行政时，依据的是法律法规，而不是揣摩领导人心思，根据亲朋好友的利益来定。

诚信政府应该是一个公开透明的政府，随时沐浴在“阳光”下接受人民的监督。在利益的考量上，应当体现出“人民最大”的原则，一切以人民的切身利益作为决策的根本，必须体现人民的意志。只有真正实现了“阳光政府”的目标，才能给人民应有的知情权、参与权和决定权，随时接受社会的监督，才能有效防止权力寻租、遏制腐败。

“一个民族不能缺乏信用观念，一个国家不能缺乏信用制度，一个社会不能缺乏信用体系，一个企业不能忽视信用管理。”这是几年前在北京举办的一个论坛上喊出的口号。世贸组织总干事穆尔曾尖锐地指出，中国加入世贸组织后，最缺乏的不是资金、技术和人才，而是信用以及建立和完善信用体系的机制。[①] 面对着信用的缺失，人们对包括政府在内的诚信的要求越来越高。总体上讲，我国政府有着良好的诚信形象，2008年四川汶川大地震发生时、北京奥运举办期间，都出现了众志成城的感人场面。这充分说明在危难时刻和重大危机来临的时候，人民总是给予执政党和政府以极大的信任。在社会管理实践中，只有让人民满意，只有让人民感觉到政府的诚意，才能树立起政府的良好信用，才能在灾难降临或遇到突发事件时，能够官民同心、同舟共济、共渡难关。

（三）政府诚信制约社会规范

温家宝在与网友对话时表示："现在影响我们整个社会进步的，我以为最大的是两个方面。一是社会的诚信，一是政府的公信力。"[②]在制约人们社会规范的因素当中，政府的诚信有着至关重要的作用。近年来，各级政府都大力倡导诚信建设，但在政府诚信的制度建设方面仍然相对滞后。例如，在执法上力度不够、执法不严、执法不到位、惩治腐败不力、司法不公等风气仍然在蔓延，导致政令不通，政府信用下降，许多地区甚至出现与政府对抗的群体性事件。在社会管理实践中，个别地方政府和部门在处理突发事件时遮遮掩掩，想通过"捂盖子"的方式大事化小，小事化了，结果适得其反，丧失了舆论主动权，造成政府公信力受损。

俗话说：村看村，户看户，群众看干部。而干部代表的就是政府行为，受影响的就是政府的诚信。少数政府官员滥用职权，大搞权钱、权色交易，或者为了个人升迁而瞎指挥，大搞花架子"政绩工程"，损害的就是政府的诚信，其结果是官员的行为难以"服众"，只能起到错误的社会规范作用。

政府的权力来自民众，政府要有所作为就必须取信于民，否则，就

① 刘克谦．打造诚信中国．国际融资，2003（21）．

② 温家宝总理第三次与网民在线交流．中国新闻网：2011－02－28．

会造成政府与民众的猜忌，影响施政效果。在向市场经济转型的过程中，由于市场发育不规范，社会管理体制的严重滞后，一些政府行为严重失信于民。例如，一些地方的所谓价格听证会，在公众眼里已经成为变相的“涨价会”，逢会必涨，听证走过场；个别官员决策时绕开规定程序，造成决策与实际相背离；一些本该公开的政务信息却不让群众知道，例如，“什邡事件”发生之前，如此重大的化工项目的危害性却没有让群众充分了解。这类行为不仅影响群众对政府的信心，而且还会对社会规范产生消极影响。

（四）建立一个诚信的政府

政府本身是一个诚信系统，所有公务人员都是这个系统的一分子。政府的诚信系统又深受整个社会道德风尚的直接影响。在实现政府诚信建设问题上，从制度上、法律上规范政府的行为，加强公务人员的伦理道德建设，是加强社会管理的重要措施。

首先，应当从制度建设入手，制定并颁布专门的法规，尽快填补法律法规的空白，以确保基本的政府信用。在这个基础上，对政府的诚信逐步制定科学而又客观的考察标准，形成对政府信用的评价、监督、调控的机制，从制度化、规范化、法制化、程序化来实现诚信施政，确保社会管理的正常进行。

其次，加强政府廉政建设，是规范公务人员伦理道德，减少其失信行为的重要措施。一个廉洁的政府形象，有助于社会管理的正常开展；一个腐败的政府形象，将是推进社会管理的障碍。廉政建设应当强调对公务人员的诚信行为的约束、追究，对严重的失信行为甚至对政府形象造成损害的不良行为，要有相应的惩罚机制。

最后，从推进政府行为科学化着手，对政府的诚信失当进行约束。政府制定各项政策来加强社会管理的过程，应当按照科学化的行为准则来规范其职能，对公务人员的行为加以约束。面对市场经济环境，政府的职能主要是服务型的，政府的角色主要是掌握市场经济发展方向的“舵手”，维护社会管理秩序的裁判者，而不是包揽天下大事的“万能者”。对政府的社会管理职能要予以科学定位，避免其扮演的角色发生错位、缺位和越位，有意识地调动社会各阶层力量共同推动社会管理良性发展。因此，政策出台必须有科学性、稳定性和连续性，而不是政策多变、朝令夕改。政策一旦出台，政府就必须要遵守这个约定，才能建立起社会信用，才能在社会管理问题上取信于民。

三、社会规范的主要内容

（一）什么是社会规范

良性的社会管理目标的实现，涉及政府诚信问题，涉及对公务人员伦理道德的约束和规范，这些内容都可以归入社会规范的范畴。

什么叫社会规范？通俗些讲，就是用相同的道德标准规范出来的人们的社会行为。《论语·为政》说：“温故而知新，可以为师矣。”这是学习已发生的历史教训，可以成为指导我们现在活动必须要遵守的法则。《战国策·赵策一》说：“前事不忘，后事之师。”[①]即不忘以前的历史教训，并把这些教训作为今天社会行为的一种规范。中国古代儒家强调“礼仪”，这个“礼”就是一种社会规范，人们有了“礼”，就有别于其他动物；贤能的人倡导良好的品德行为，使民众返回正道。礼，就是一种社会行为规范，人们只有使用相同的社会行为规范，才有可能建立良好的人际关系，保持良好的社会秩序。在儒家的倡导下，中国自古以来就被誉为“礼仪之邦”，儒家学说成为两千年来中国最重要的社会规范。

从社会学的角度来看，社会规范是“人们共同认可及遵守的行为标准”的一个普遍现象，其本质是反映出人与人之间的社会关系。简单说来，社会规范就是指人们社会行为的规矩、社会活动的准则。人类社会在互相交往的过程中，为了共同生活的需要，养成了一些约定俗成的规矩，这些规矩常常最后固化为一种全社会共同遵守的行为准则。

① 《战国策·赵策一》。

如果从约束力的强弱程度来看，社会规范又可分为常规、原则、惯例和律令等种类。

（二）解读不同类别的社会规范

尽管不同地区的民族和不同的国家有着各自不同的社会规范，但这些规范都可以归纳为风俗、道德、法律、宗教四个类别。

首先，我们来看风俗习惯，它是人类社会出现最早、最普遍的一种社会规范。从原始社会开始，部落人群就有着自发的行为规范，这些因长期累积的生活经验自然而然形成的惯例被众多的人接受，并长期不断地重复着、遵循着，久而久之便成为一种风俗。汉朝应劭所写的《风俗通义》，记载了先秦至秦汉时期中国人的风俗。风俗习惯一般都是长期存在的传统，是在没有外部压力的情况下实现的。例如，一些少数民族地区至今保持着独特的习俗，这些习俗都是当地百姓共同认可并在生活中自觉遵守的习惯：中国人过年都要回家吃年夜饭，清明节扫墓祭祖，一些地方到了冬至的时候要吃羊肉；西方人把圣诞节看成是一年当中最重要的节日；毛利人互相碰鼻表示打招呼，通过吐舌头来表示恐吓对方。但是，风俗习惯这种社会规范最容易发生变化，往往随着时代的变迁而出现移风易俗的变化，或者随着接受外来文化的影响后而有所改变。

其次，社会规范是伦理道德规范，它比风俗习惯高一个层次。对于人物、事件的是非曲直、善恶恩仇、公平正义、公正偏私的评价、褒贬，会成为长期以来全社会普遍遵守的道德标准。如果有谁违背这些道德标准，谁就会被社会所唾弃，就会遭到社会舆论及良心的谴责。伦理道德规范是一种内化的行为规则，人们往往自觉接受并遵守着一定的道德标准。例如，诚信和失信、贞节与放纵、忠诚与背叛……这些都形成了完全不同的伦理道德观念，社会倡导的就是人们应当遵守的道德规范。一个国家、地区或民族，有着若干共同的道德标准，这些标准不因社会形态的变化而中断，一般是可以继承的。但在不同地区，同时也存在着不同的道德规范。儒家学说堪称古代中国最重要的伦理道德规范，并成为两千年来影响人们思想观念、行为方式的准绳，历史上的“三纲五常”“礼义廉耻”等，就是儒家崇尚的最高伦理道德标准之一。改革开放之初，中国社会倡导的是对“西方资本主义腐朽文化思想”的批判，尤其对西方社会的性开放持批判态度，保持传统的婚姻关系是绝大多数中国人遵守的道德标准。而在今天的许多年轻人当中，对待婚前性关系的随意态度，“二奶”“小三”“试婚”“非婚同居”等现象，已经让当今社会见惯不惊，这充分说明我国社会有关两性关系的道德观念已经发生了很大的变化。

再次，社会规范是法律规范，它通过法律法规来约束人们的社会行为，具有强制性，在不同程度上反映了社会全体成员的共同愿望，具有普遍性和继承性。如果你在马路上拾到一个装着钱的皮包，并偷偷地将其据为己有，这种行为是个人的品德问题，属于道德规范的范畴，将会受到自己良心的谴责或者社会舆论的批评。可是如果你在银行的柜员机发现别人没有取走的银行卡，而你又从中把钱取出来归为己有，这种行为就触犯了法律，由国家制定或认可的法律进行规范，由国家机构保证其实施。近年来发生的“盗窃”银行卡存款的“许霆案”① 等，就是突破道德规范底线而转变为盗窃罪的典型的案例。法律是对人们行为的一系列强制性的规范，通常有一套制度来执行并完成。法律规范带有外在的强制性，强迫每一个社会成员依法行事，否则，一旦违反法律法规，将会受到国家强制力的制裁和惩处。参与社会管理的公务人员如果发生腐败问题，仅仅靠职业道德教育、廉政教育等手段已经远远不够了，还必须采用行政问责制、法律追究等手段进行法律规范。每个国家或地区的法律都有所不同，例如，在我国的台湾地区，行人如果未按照交通信号灯所规定的指示而穿越马路，警察可以依照相关条例处以新台币 300 元的罚款；在新加坡这个法律最严格的国家，还保留着肉体刑罚——鞭刑，就连外国人也不能豁免。当然，法律也会随着社会的发展被修订，新的法律将会取代陈旧的规定。在法律规范的内容当中，值得我们重视的是行政性规范。在依法行政的时代，行政管理行为都必须有法可依，

① 许霆案：银行成高危地带，法律遭遇信任危机．凤凰网 2012－01－20.

政府制定的各种行政法律法规构成了相应的法律体系。

最后，社会规范是宗教规范，这是一种神化了的社会行为标准。宗教规范往往采取超自然、超人间的神秘形式，具有极强的自制性。北京市门头沟区马鞍山上，有一座颇有名气的寺院名叫戒台寺，辽代高僧法均曾在此建立戒坛，当年四方僧众多来受戒，只有接受佛教的戒规，才能成为皈依佛门的出家弟子。而接受洗礼则是成为基督徒必须履行的仪式，因为基督教徒相信，只有经过洗礼才能成为“上帝的孩子”。在人们普遍相信基督教的西方社会中，人们还在襁褓之中就由父母抱着接受洗礼而成了基督教徒。宗教信仰不仅成为慰藉信徒心灵的良药，有时还利用超自然的精神力量来约束信徒的日常生活，大多数宗教都强调人的内心的净化及劝人为善，因此也起到稳定社会秩序的作用。

上述四个类型的行为规范互相配合，组成了整个社会规范体系，调整着人们各个方面的社会行为，使社会活动得到一定的控制，从而在一定程度上起着维护社会秩序和社会稳定的作用。许多社会规范都包含着某种道德的意味，被社会大众普遍认为是“对的”、是“应当”加以遵守的标准，而不论它们是否有用或有效。如果有谁想打破社会规范，往往会受到不成文的惩罚，或者背上恶名而在社会群体中受到孤立。社会规范是社会成员所共享的，可以是明文或不明文的规条，部分社会规范慢慢会上升为法律规范。

（三）社会规范在社会管理中的作用

社会规范是人类社会发展的产物，它不仅对于社会的存在和发展至关重要，而且对于人的个体的存在和发展也是必不可少的。早在先秦时期，人们就认识到社会规范的重要意义，荀子认为，“人生而有欲，欲而不得则不能无求，求而无度量分界则不能不争。争则乱，乱则穷矣”[①]。这是说，人们有了需求和欲望就应当有节制，这样才能避免纷争，一旦出现争斗就会发生社会混乱，最终会使人们变得穷困。他提倡

① 《荀子·礼论》。

人与人、群体与群体之间和睦相处，最大限度地满足每一个个体的需要。荀子所说的“度量分界”，就是指人的行为要有社会规范进行节制；有了满足个体物质与精神需要的社会规范，就能使人与人之间正常相处，由此来维护社会稳定。

形成并制定完善的社会规范标准，是人类社会文明进步的一个重要标志。从社会管理的角度来看，社会规范越完善、越充分，就越有利于消除乱象，维护社会秩序，促进社会发展。善于利用社会规范对政府和公务人员的行为进行约束，同样是十分必要的。因此，如今社会规范的重要作用已经越来越得到政府的重视。

社会规范反映了一个社会群体的共同意见，即一种共同的价值观念。人们在社会交往过程中，往往以社会群体联合的方式来弥补个人自身能力的不足，从而最大程度满足自己的需求。这种联合就是在社会规范的引导下结成的一定的社会关系，并且按社会规范的要求来统一人们的观念和行动。社会的个体要在群体中生活下去，就必须掌握这种共同的价值信仰和道德标准，并用以调节与他人的交往活动，自觉约束自己的社会行为，这样才能为社会群体所接纳。因此，社会管理需要正确引导人们去适应社会系统的价值标准，提倡正确的价值信仰。当绝大多数社会成员接受了主流意识形态所提倡的社会规范，并且不断去适应这个社会规范，社会管理工作就能够在社会各阶层中比较顺利地推进。

社会规范还给人们提供了精神上的需求，即使是宗教信仰，大多数合法存在的宗教组织所倡导的人性的善良、博爱的精神，都是有益于社会稳定的内容。正确的价值观念能够充实大众的精神生活，促使人们奋发向上、开拓进取，有助于树立良好社会正气，抑制不良风气，树立法制观念，减少违法活动，有助于形成一个整体的社会需要的互动，而社会管理的进步正是社会需要互动的结果。

我们以最近发生在四川的“什邡事件”为例，如果政府和公务人员及广大市民都接受了相同的社会规范标准，官民双方的价值信仰就会比较接近。在这样的前提下，政府在考虑施政目标的时候，就会把人民群众的健康需求和生命安全放在第一位，在作出任何涉及民生的重大决策的时候都要考虑到这个问题，并提前向社会各阶层做好解释和宣传工作，争取广大群众对政府行为的信任和支持。对于当地的学生和百姓而言，如果接受了相应的社会规范标准，即使认为政府的决策有问题，也会在道德规范的影响下，采取温和的态度提出质疑，或与政府进行有效沟通，同时也会遵从法律规范的约束，不至于采取强烈的示威手段。

当社会规范对官民双方都产生约束作用的时候，就不会发生如此激烈的社会冲突，也就难以出现荀子所说的“争则乱，乱则穷矣”的社会乱象。因此，如何发挥社会规范的重要作用，是值得社会管理工作者重视的重要问题。

四、社会规范的形式与实现途径

社会管理的重要目标是实现社会的和谐与稳定。美国学者埃德加·博登海默在《法理学：法律哲学和方法》一书中提出，人类建立了政治或社会组织单位的地方，他们都曾力图防止出现不可控制的混乱现象，也曾试图确立某种适于生存的秩序形式。① 社会规范既然对于社会管理有着如此重要的意义，我们就有必要关注它的形式和实现的途径。以有无文字作为标准，社会规范有着成文和不成文这两种具体形式。成文的规范包括法规、法令、条例、规章和大部分法律、重要的教规，不成文的习俗包括各地不同的风俗习惯、部分道德规范及部分法律规范和宗教规范。② 但从社会规范的四大类别上来看，社会管理需要重视的是道德规范和法律规范这两种形式和途径，后者又可以分为契约性规范和行政性规范。

（一）道德规范形成自律

我们常常说，“精神的力量是无穷的”，人的精神总是受到他本人所接受的伦理道德观念的影响，因此，我们当然也可以认为“道德的力量

① ［美］博登海默．法理学：法律哲学和方法．张智仁译．上海：上海人民出版社，1992：16.

② 童星，罗军．社会规范的三种形式及其相互关系．江海学刊，2001（3）.

也是无穷的”。有鉴于此，政府组织可以充分发挥社会舆论的作用，在社会公众中倡导正确的道德观念、道德楷模，宣扬积极向上的价值信仰和良好的风俗习惯，通过伦理道德来规范人的行为，适当调节人与人、人与群体、群体与群体之间的社会关系。

道德规范强调的是人的行为的自觉性，即人的内在约束力和自律性，要求每个人进行自我约束，在没有外在力量的强制下知道自己应当干什么和不干什么。在我国，各级政府为实现道德规范，必须加强关于道德的宣传，重点宣传社会主义精神文明建设、社会主义核心价值观、公民基本道德规范、国家公务员的职业道德规范等内容。

在我国，社会主义核心价值观是道德规范的灵魂。在 2011 年 10 月召开的中共十七届六中全会上，就把道德规范上升到很高的位置，提出了“社会主义核心价值体系是兴国之魂”，是“社会主义先进文化的精髓”，要求必须把社会主义核心价值体系融入国民教育、精神文明建设和党的建设全过程，“坚持用社会主义核心价值体系引领社会思潮”，在全社会形成统一的指导思想、共同的理想信念、强大的精神力量、基本的道德规范，树立和践行社会主义荣辱观。

社会管理工作者首先应当熟悉什么是“社会主义荣辱观”，即坚持以热爱祖国为荣、以危害祖国为耻，以服务人民为荣、以背离人民为耻，以崇尚科学为荣、以愚昧无知为耻，以辛勤劳动为荣、以好逸恶劳为耻，以团结互助为荣、以损人利己为耻，以诚实守信为荣、以见利忘义为耻，以遵纪守法为荣、以违法乱纪为耻，以艰苦奋斗为荣、以骄奢淫逸为耻。这“八荣八耻”规定了我们社会在八个重要伦理价值评判上的是非、善恶、美丑的道德界限，是新时代道德规范的重要标准。

社会管理工作者首先也是一个公民，应当熟悉并遵守《公民道德建设实施纲要》① 中所规定的五个道德规范标准：“爱国守法”，强调公民应培养高尚的爱国主义精神，自觉地学法、懂法、用法、守法和护法；“明礼诚信”，强调公民应文明礼貌、诚实守信、诚恳待人；“团结友

① 中共中央印发《公民道德建设实施纲要》(2001 年 9 月 20 日).

善”，强调公民之间应和睦友好、互相帮助、与人友善；“勤俭自强”，强调公民应努力工作、勤俭节约、积极进取；“敬业奉献”，强调公民应忠于职守、克己为公、服务社会。这五个方面的标准，接近“八荣八耻”的内容。

作为各级政府的公务人员，更应当遵守有关公务员职业道德规范。在公务员的任用方面，《中华人民共和国公务员法》强调坚持“任人唯贤、德才兼备”的原则，“贤”和“德”被放到了很高的地位。按照这个法律要求公务员应当履行的九个义务中，就包括了认真履职、全心全意为人民服务、接受人民监督、遵守纪律、恪守职业道德、模范遵守社会公德、清正廉洁、公道正派等具体内容，这些内容都是对公务人员的道德规范，不带有强制性。

应当强调的是，“忠诚”是公务人员道德规范中有别于其他社会人群的重要内容，这是由政府社会管理工作的自身属性所决定的。公务人员和其他行业最根本的区别，就是他们的工作是行使国家行政权力、履行国家社会管理职能的一种公共权力活动，具有鲜明的政治性，因而在社会管理职能中要体现与服从国家意志，维护与实现广大社会公众共同的利益需求。忠于国家、忠于人民、勤政为民、全心全意为人民服务，是对公务人员道德规范最基本的要求。

道德规范的实现还包括了其他一些积极进步的社会思想，甚至包括风俗习惯和宗教训诫。例如，道德的楷模“雷锋精神”中，就要求人们具有利他的思想，强调我为人人；尊老爱幼，和谐相处，也来自于中华民族几千年来优秀的传统文化内涵。除了各种宣传媒体成为传播道德规范的重要途径以外，家庭、学校也都是传播道德规范的良好地方。

（二）契约性规范实现他律

契约性规范这种形式和途径超越了纯粹道德规范的范畴，基本上带有强烈的法律规范的色彩，即人们在社会交往过程中自愿达成的一系列规则，如双方签订的契约、协议、合同、保证等文件，达成契约性规范的双方按照这种协议好的规则进行交往和互动。

契约性规范不是一种简单的自律，而是必须要通过一些承诺或约定的形式，对自己行为进行自我约束，彼此共同遵守相互达成的义务和责任。在社会生活中，契约性规范主要表现为带有经济交往性质的市场规范，它所形成的各种约定和文件，往往成为法律规范的重要依据。

在市场经济发达的西方国家，契约精神成为社会的主流精神。人们在商品经济交往过程中形成了契约自由的理念，并由此派生出契约关系与内在的原则，强调人与人之间的交往应当具有自由平等守信的原则。而在中国社会，更多的是讲究人情世故、和谐宽容。人们在其他非经济交往当中，在一定程度上也带有契约性。俗话说："你敬我一尺，我敬你一丈。"中国人逢年过节时人们之间的礼尚往来，就是一种约定俗成的行为，带有契约性规范的色彩。在西方国家，亲戚朋友相聚吃饭时流行 AA 制，吃完后各买各的单，也是一种不成文的契约性规范。

宪法与法律是公民与国家之间形成的最大的"契约关系"。在社会管理中，契约性规范为法治社会创造了经济基础。当公民的私权益受到公权力的侵害时，或者当缔约方因对方的违约行为而遭受损害时，可以通过法律途径提起诉讼，通过"民告官"的形式得到帮助和救济，从而使自己的利益得到保护。前面所提到的海南昌江政府违背协议的案例，就是契约性规范发生作用，受害的企业运用契约规范来维护自己的权益的一个典型。因此，契约性规范对于遏制滥用公权力，保护人们的基本权利方面具有重要意义。

诚信本身既是道德的范畴，也是契约性规范所要求的内容。政府的诚信形象是非常重要的，既涉及对政府、公务人员的道德规范，严重的诚信问题又可能让政府官司缠身，处于被动的地位。当广大社会公众认定自己的政府是诚信的、遵守诺言的，群众往往也会自觉地成为守信的公民，遵守各种社会规范；而面对一个失去信用的政府，老百姓也可以不守承诺，甚至采用暴力的形式向政府施压。这种官民双方形成的不成文的"默契"，就是契约性规范在发挥作用。

（三）行政性规范强制约束社会管理行为

从一般意义上讲，行政性规范是法律规范的一种形式，它包括运用法律、法规来维护自身的权利，涉及各种法律法规制度。行政性规范以国家的强制力量作为后盾，是由国家或政府制定出来的一系列规则，用以调节人与人、人与组织、组织与组织之间的行为与关系。政府通过强制力量来禁止人们某些行为的发生，从而保证社会秩序的稳定。

2007年夏天，在香港维多利亚港这个闻名全球的胜景地，发生了一桩当地极为罕见的官民冲突事件。为了配合发展中环填海计划，香港特区政府计划把皇后码头拆迁新址。得此消息20多名彼此素不相识的年轻人通过网络串联，组成名为“本土行动”的组织聚集在皇后码头前，并且连续静坐露宿3个多月，其中3人到后期采取了更加激烈的绝食行动。他们的目标是阻止政府清拆这个拥有53年历史的坐标性建筑。

官民之间持续三个多月的对峙过程，吸引了媒体和社会公众的强烈关注。最终，特区政府经过精心的安排，于8月初高调地采取公开清场行动，在媒体直播的情况下出动数百名警员、登山队员、消防人员、医务人员及工程人员，在长达十多个小时的和平清场行动中，一切都按照法规程序进行，甚至是“细致地”将示威者一一抬走，最终按计划实现了清拆工程。此后，官民双方的争执还打到了法院，“本土行动”成员希望通过司法途径，挑战特区政府决定拆迁皇后码头的决策过程。①

围绕香港皇后码头拆迁工程的那段历史虽然已经过去五年了，可是许多经验仍然值得社会管理工作者总结，许多精彩的瞬间仍然值得我们回味。政府和民间“草根”人士进行的斗智斗勇般的对峙和博弈，最后的结果虽然是以皇后码头的清拆而告结束，政府取得了最终的胜利，可是，这座代表着香港殖民历史的建筑曾经牵动着多少香港人的情怀！

从政府与示威群众的价值信仰来看，双方对拆迁工程的价值判断无疑发生了很大差异：官方是想通过这起拆迁工程造福于市民，而部分市民却对这个拥有半个世纪以上的殖民地码头有着无法割舍的情怀，认为原汁原味地保留下来更有历史文化的价值。当双方的价值理念发生不可调和的碰撞的时候，当部分市民感到自己的诉求难以得到满足的时候，

① 陈竞新．香港皇后码头拆迁幕后．南风窗，2007（17）．

激烈的官民冲突就发生了。但是，双方长时间的对峙中并没有发生流血暴力冲突，道德规范和行政性规范明显对双方的行为都起到了约束作用。

从社会管理的角度来看，香港皇后码头拆迁事件无疑是一起激烈的官民冲突，但是充分体现出行政性规范对官民双方都起着重要的约束作用。在与特区政府的对峙中，尽管参与的市民采取了彻夜集会、静坐示威、展示标语、书写血书，甚至绝食抗议等行动，但警方在示威者静坐期间并没有采用过分的激烈手段加以制止，更没有出现催泪瓦斯和震爆弹的镇压情况。2007 年 8 月 1 日，百余名警察跑步进入示威区清场，有一连串的执法镜头值得关注：警察封锁码头，政府工作人员通过话筒向示威者发出“逐客令”；3 名绝食者彼此用铁链互锁着拒绝离场，20 名“本土行动”成员手挽手围成一个圆圈躺下，拱卫着绝食者；警方喊话无效约半小时后，一名经验丰富的警员头戴保护眼罩、手持特制大钳去剪锁链；为了避免使情绪激动的示威者受伤，警员出手前用布裹住示威者被链条锁住的身体部分，然后才“小心翼翼”地剪开铁链，当每一根链条被剪断后，现场的医务工作者都立即上前仔细检视示威者有无受伤，并将其抬上救护车；“人链”被逐一拆开后，20 名示威者也被逐一抬离现场。

在整个清场过程中，官民双方没有冲突，无人受伤。随即，警方目标转向救助已绝食超过 110 小时的 3 名“本土行动”成员。继而在下午发生的第二波清场行动中，同样在多次喊话无效的情况下，警方运用了安全气垫和消防云梯，几名配备登山装置的警察爬上码头屋顶开始行动，把 8 名示威人士安全送返地面。在有惊无险地完成清场后，官民双方公开的对峙宣告结束。

行政性规范是针对人的行为而形成的一种外在约束力，任何人只要违反了行政性规范，必然会受到相应的惩罚。行政性规范针对的不仅仅是社会公众，而且包括了政府的公务人员。公务人员胡乱执法、不依法行政，在各个国家和地区都是不允许的。值得注意的是，在香港皇后码头拆迁事件中，无论是政府和警察，还是民间示威的学生等人，虽然双方处于极为对立的状态，民间的一方甚至情绪激动，用绝食等激烈方式表达诉求，代表双方对立观点的媒体也参与其中，但是双方都表示出某种克制，最后把争执打到了法庭。从许多行为细节可以看出，官民双方采取的每一个重要行动都尽可能符合特区的法律和行政法规：示威者的静坐和绝食的行为有一定的限度，警方清场时更是依法执行、按照行政法规办事。结论是：行政性规范无疑起到了重要的作用。

任何一种公权力如果不受到适当的约束与限制，就会变成“绝对的权力”，从而容易导致绝对的腐败。政府社会管理的权力作为一种公共权力，必须受到必要的限制与约束。在社会管理过程中，对公务人员强调的就是依法行政，按行政法规办事，而行政性规范就是提供这种约束与限制的“硬性”标准。

（四）政务公开是发挥社会规范作用的重要途径

对实现社会和谐与稳定这一目标而言，社会规范发挥着综合作用，道德性规范、契约性规范和行政性规范这三种形式和途径都是不可或缺的。社会管理过程中不能只强调其中一种途径而忽略其他的途径；在管理不同社会人群和社会事件时，要让各种社会规范的形式和途径都发挥作用，用以调节官民双方的行为，从而达到社会的和谐与稳定。

在现代社会，建立实现社会规范作用的机制十分重要。政府是社会规范的主要倡导者，也是社会规范机制最重要的建立者。各级政府只有重视社会规范的作用，才能运用社会规范标准来加强社会管理，调节各种社会人群的利益诉求，当然也包括对公务人员的价值信仰和管理行为进行控制和调节。

政府为了有效应对社会管理问题，在道德规范方面要促使公务人员建立正确的伦理道德价值观念，这样才能促使政府在社会中树立诚信形象。公务人员能否胜任自己的岗位，能否有效提升自己的能力，这和公务人员自身具有的价值观、动机、态度、知识、技能、经验、人格特质等综合因素有着密切联系。其中，价值观是最重要的因素，它直接影响着公务人员的内在人生信仰和精神动力，体现为一定的职业道德水平。

然而，公务人员的价值观和整个社会的价值观体系建设关系密切，和我国的责任政府、服务型政府建设关系密切。改革开放三十多年来，中国社会面貌发生了很大变化，各种社会价值观形成多元综合因素，深刻影响着公务人员的伦理道德观念。在政府各个部门，随着行政体制改革的推进，各单位公开竞聘上岗、绩效管理、危机管理与行政问责等制度逐步实施，虽然促进了公务人员社会管理能力的提升，但也对其形成相当大的竞争压力，这就需要公务人员具有很高的职业道德水平，以便在社会管理的具体操作中能够把握住道德的底线，能够负责任地代表政府的形象，增加政府的公信力。

在社会管理实践中做到公平和公正，是对公务人员行为的首要要求，是建立政府公信力的重要目标，而政务信息公开化则是建立政府信用的前提条件。建立行政执法的公开运行机制，实行公开行政，是行政性规范的重要手段。香港皇后码头事件处理过程中，政府和警方的清场工作通过媒体的现场报道实现了对社会的完全公开，促使双方都必须遵循着行政性规范的途径采取行动，这对我们的社会管理有很大的启发意义，同时也让我们重视政务的“公开性”问题。

“公开性”是社会管理过程中实现公平和公正的重要手段，它主要通过政务公开推进政府行为的公平与公开化，建立行政执法的公开运行机制，是行政性规范的重要内容。近年来，各地政府提出了建立“阳光政府”的目标，旨在树立责任政府、廉洁奉公、执政为民的亲民形象，让广大社会公众感受到一个清新透明、温暖亲切和满意可信赖的政府形象。建立“阳光政府”的目标，对公开性有着很高的要求。

“阳光政府”以建立四项制度为核心，这就是重大决策听证制、重要事项公示制、重点工作通报制、政务信息查询制。例如，地方政府对于本地区重大事情的重要决策，可以采取公开听证会的手段，经过一定法定程序，召集社会各方面的专家和群众代表，听取他们的意见；向社会公布政策依据，干部考核要进行公示，听取各方意见；重要工作要进行通报，针对群众的不同诉求进行宣传和解释，打消不必要的疑虑；依法公开政务信息，让老百姓能够查询相关的政策和可公开的文件。从

2008年5月开始，我国实施了《中华人民共和国政府信息公开条例》，以保障公民、法人和其他组织依法获取政府信息的权利，提高政府工作的透明度，促进依法行政，这就是政务公开、建立“阳光政府”的一项具体措施。

重大决策听证制是为了进一步完善科学、民主、依法决策机制，规范重大决策行为，提高政府的透明度和公众参与度，使政府决策充分体现人民群众的意志和利益。但是，有些地方的听证会、公开招标等机制却流于形式，这就是社会规范的机制不健全，对一些政务人员没有起到应有的约束作用，因此，如何建立健全政务公开的机制，尽可能消除“暗箱操作”的弊端，让社会规范真正发挥作用，还有很长的路要走。

政务公开有助于建设诚信政府。在社会管理过程中，具有正确伦理道德水平的政府公务人员身上，首先应当体现出“公共性”原则。因为“公共性”决定着公务人员对社会公正的认知及其行动取向，它要求公务人员在作出裁决和执行管理时超越自身的及个别部门的私利，超越一些集团的特殊利益，以社会的公共利益为考量，谋求公共利益的公正与公平。

“公共性”贯穿于政府及公务人员活动的各个方面，它包括依法行政、行政决策过程的公平价值观、公共财政资源分配的公平导向、公务人员恪守的伦理观念等。这就要求公务人员要具有“以民为本”的精神，在执行社会管理任务时要一视同仁，体现出对公众的尊重与包容，体现出对弱势群体的人性关怀。

在社会管理实践中，“公共性”是判断公务人员内心良知和行动的标准，这意味着道德规范要起到一定的作用。公共性要求公务人员具有多重能力和素养，即具有尊重公民基本权利的能力、恪守对公民尊严的守护、为公民的基本权利提供服务的素养。当公民对社会管理的能力和水平提出质疑和不满时，公务人员要虚心接受公众质询，积极对待社会监督。

在社会管理实践中，“公共性”还要求公务人员拥有公正裁决和依法执行的能力，这意味着行政性规范要起到重要的作用。无论是处理日常管理事务，或者在处置纠纷、平息矛盾的时候，都能够依照保障公民的基本权利、包容弱势群体、竭诚为人民服务的原则来行事，重视公民提出的诉求，关心弱势群体的生活处境并为他们提供基本福利，尊重少数民族的风俗习惯及宗教信仰。公务人员更要清醒地了解社会各阶层的利益诉求，敏锐地察觉社会深层次矛盾和存在的复杂问题，对突发事件具有快速的应急反应和行动能力，对存在的问题具有解决的能力，这些都要让行政性规范发挥作用。

2010年初，四川省大巴山上的白庙乡政府向村民公布了详细的公务支出账单，大到公款招待，小至购买纸杯，全都在阳光下曝光。3月12日，一张账单被转发至天涯论坛，并取名为《中国第一个全裸的乡政府》，点击率一周内竟超过32万。面对部分网友是“假公示”的质疑，当地领导回应说：“既然决定公开了，就从来没考虑作假，也绝不是作秀。”并坚决地表示：“一切都是真的。”此后，社会众多目光开始聚焦到这个偏远的山村——中国第一“裸奔政府”。3月19日，巴中市巴州区召开动员大会，要求区辖所有乡镇普及白庙模式。

其实，白庙乡的做法只不过是为我们的社会管理提供了新鲜的样本，同时也寄托着人们对政务公开的渴望。白庙乡公开账本的做法，在其他地方也不同程度地存在，它促进着中国政府在政务公开的道路上进行改革，并最终导致了中央“三公”经费的公开。“三公”经费主要指的是政府部门的公车私用、公款吃喝和公费出国的花销。长期以来，中央部门“三公”经费的花销情况一直没有公开，一些部门“三公”经费的不当支出成为一种特权，损害着政府的形象。这种情况一直延续到2011年的两会期间，才终于决定向社会公开。从这以后，中央要求中央部门“三公”经费公开，就是通过政务公开，打造“阳光政府”、建立政府诚信的重要举措，在广大社会公众中引起了良好反响。

第十讲

社会管理与政府能力建设

⊙社会管理对政府能力提出的挑战
⊙政府能力建设的重要意义
⊙政府社会管理的职能与角色
⊙政府社会管理三个层面的能力发展

盖天下之治乱，不在一姓之兴亡，而在万民之忧乐。

——（明）黄宗羲：《明夷待访录校释》

政府不作某种改变也就无法保存。

——［爱尔兰］埃德蒙·伯克：《埃德蒙·伯克语录》

国家是为人而建立，但人不是为国家而生存。

——［德］爱因斯坦：《爱因斯坦自述》

国家之间的最重要差异在于政府的有效程度，而非政府形式；一个低效的政府不仅是无能的政府，而且是一个坏政府。

——［美］亨廷顿：《变化社会中的政治秩序》

自由之需要并不是为了实现一种好的公共管理，而是为了保证对市民社会和个人生活最高目标的追求。

——［英］阿克顿：《自由史论》

加强党的执政能力建设，是时代的要求、人民的要求，也是社会发展的必然要求。

——《中共中央关于加强党的执政能力建设的决定》

万人大奔逃，考验政府能力

2011 年 2 月 10 日凌晨，江苏响水县陈家港化工园区有人传言“附近化工厂将发生爆炸”，引发附近 4 个乡镇 30 多个村万余名群众连夜冒雪大规模逃亡事件，并造成 4 人死亡多人受伤。事件发生后，当地警方立即立案侦查。12 日，当地很快启动了追责机制，4 人因爆炸谣言被拘。一个空穴来风的谣言，为何能迅速演绎成万人出走的群体性事件，还酿成 4 人死亡、多人受伤的悲剧？谣言只是引子，恐慌背后有原委。发生爆炸谣言的陈家港化工园是江苏省级化工园，2002 年投入使用，规划面积约 10 平方公里，分布着 40 多个化工厂，主要从事医药、农药、生物化工制品、石油化工等。园区周边群众普遍反映，平时也能闻到一些刺鼻的气味，有时甚至连窗户都不敢开。2007 年 11 月 27 日，园区内的江苏联化科技有限公司发生爆炸，官方通报 8 人死亡、数十人受伤；2010 年 11 月 23 日，园区内的江苏大和氯碱化工有限公司发生氯气泄漏，导致处于下风向的江苏之江化工有限公司 30 多名员工中毒。当地居民长期和化工园区比邻而居，早已成惊弓之鸟，也就不难理解当地居民选择雪夜奔逃的原因了。当地政府为发展经济，出台优惠政策，引来的却是危及当地生态环境的高污染化工企业，也许才是引发此次万人大奔逃事件的根源。响水谣言事件，可以说是对政府能力的一次大考。表面上是一次谣言事件，却更暴露出政府在公共安全、危机处理、公关能力、应急能力等方面的不足，从深层次上说，更反映了政府处理发展经济和百姓安居乐业之间关系的能力，是对政府多个层面能力的一次综合考验。

一、社会管理对政府能力提出的挑战

（一）什么是政府能力

什么样的政府是好的政府？政府需要哪些能力？自政府产生以来，

人们便在不断关注和探究这些问题。两千多年前，柏拉图以“善之理念”来设计理想国的公共秩序，力图从规范角度阐释统治一个善之国家所需要的能力条件。[①] 一百多年前，恩格斯考察国家的起源及其本质，揭示了政府为维持公共权力，依靠捐税、公债手段实现统治的社会抽取能力；[②] 之后，马克斯·韦伯进一步将政府能力理解为实现合法性统治和管理而独占性地实施权力并垄断所需外在物质手段的能力，从政治统治与管理的角度阐释了国家与社会关系中的国家行动能力。[③] 十五年前，世界银行研究报告《变革世界中的政府》称，在变革的世界里，一个有效的政府是事关发展成败的决定性因素，重新认识政府的作用及其能力所在是国家必须面对的问题，从治理发展的立场力陈了政府职能界定、管理方式转变及相适应的制度、机构能力建设的重要性。[④] 显然，人们对于政府能力的探讨将是一个永恒的主题，在充满变化的环境中，这一思索历久弥新。

政府能力是一个不断发展、包容丰富的概念，有着复杂的内涵与外延。由于研究的角度和目的不同，侧重点也不同，因此人们对政府能力的含义还没有形成统一的认定。阿尔蒙德认为，政府能力是政府能否成功地适应环境的挑战，拥有制定和执行政策并维持公共秩序的能力。世界银行在1997年世界发展报告中认为，政府的能力是指政府以最小的社会代价采取集体行动的能力。一般意义上讲，我们将政府能力定义为政府为实现一定目标和任务所必需的综合主体素质条件，包括管理知识、技能、动机、特质、自我概念等多个要素或特征，是政府达成事业的主观基础，以保证政府能够采取行动并取得卓越的行动绩效。

政府能力所包含的内容极其广泛，人们对它的研究也是有选择性

---

① ［美］乔治·萨拜因著，托马斯·索尔森修订．政治学说史（上卷）．邓正来译，上海：世纪出版社、上海人民出版社，2008：79.

② ［德］马克思，恩格斯．马克思恩格斯选集．（第四卷）．北京：人民出版社，1995：171.

③ ［德］马克斯·韦伯．经济与社会（下卷）．林荣远译．北京：商务印书馆，1997：230—232.

④ 1997年世界银行报告．变革世界中的政府．蔡秋生等译．北京：中国财经出版社，1997：39.

的。例如，如果从结构功能主义来看，从国家统治和政治管理角度出发，可以将政府能力归纳为社会强制能力、社会抽取能力、社会规范能力、社会控制动员能力和社会适应能力；[①] 如果从政府与社会多元互动关系看，政府能力又包含政府合法性能力、自主性能力、回应性能力、代表性能力、公共服务能力等；如果以政府介入的管理领域为视点，政府能力又可划分为政治管理能力、经济管理能力、社会管理能力和文化管理能力；如果按照政府能力的层次构成区分，政府管理能力则由制度能力、组织管理能力和公职人员行为能力组成；如果依照政府内部管理运行的流程来看，政府能力又可分解为战略规划能力，公共政策决策能力，协调与执行能力，监控、评估与反馈能力，组织激励能力。当然，政府能力还可分为外显能力和潜在能力，等等。本文从三个层面讨论社会管理中的政府能力建设，分别为制度能力——聚焦于政府的基本制度建设及其保障能力；组织管理能力——聚焦于政府致力于目标实现的组织执行与运营能力；行为能力——聚焦于公职人员个体的行为方式改进能力。

（二）社会管理对政府能力提出的挑战

政府能力随着社会变迁不断地发展、演进，在社会发展的不同阶段，政府能力的重点和形式也不同。今天，中国正处在多重的社会转型之中。市场化、工业化、城市化、信息化、全球化冲击着政府传统的统治模式，[②] 社会转型带来了各种风险和负面影响因素，考验着政府的施政能力。国家、市场、公民社会三者关系的调整也要求政府角色和职能随之调整。在这样的背景下，政府该如何重塑管理与服务能力，对于适应转型期经济、政治、社会发展需要是极为重要的。

“十二五”时期是我国政治、经济、社会发展重要的战略机遇期，

① 时和兴．关系、限度、制度：政治发展过程中的国家与社会．北京：北京大学出版社，1996：161—167.

② 何增科．中国社会管理体制改革总论．//何增科．中国社会管理体制改革路线图．北京：国家行政学院出版社，2009.

也是加速经济、社会管理全面转型的时期。面对国内外严峻形势的挑战，我国需要进一步深化改革开放，加速经济、社会发展方式的转型。在这个时期，不仅要进行更加深入的经济发展方式转型，更要进行有深度、广度的社会转型，回应现实的社会、政治问题，建立人本、公平、和谐的社会。政府在社会管理中应当发挥怎样的作用，并应发展怎样的政府能力，以适应社会管理体制、机制创新的要求，解决发展中遇到的新问题，是当前社会管理对政府能力提出的新挑战。主要表现在以下方面。

首先，社会管理要求政府能力的不断提升。随着经济的增长和社会的发展，改革开放以来，我国政府的能力在总体上不断提升。但同时也要看到，当前政府能力的提升速度与社会管理的需求还不相符。在我国社会从大政府小社会逐渐向小政府大社会发展的过程中，社会管理中出现的问题越来越突出，社会问题和社会矛盾多样多发，公共安全问题频繁发生，流动人口与特殊人群问题增多，这些问题都需要政府不断增强能力，有效地提供公共服务，维护社会和谐稳定，保障社会持续发展。这对强化政府能力提出了更高要求，迫切需要政府进一步提升自身能力。

其次，社会管理要求政府能力结构不断调整。传统计划经济时代，政府能力在政治领域得到了强化，管制能力较强而服务能力不足，促进发展经济能力较强而促进发展社会的能力不足。随着政府治理理念的不断变革，政府作为治理主体之一，其角色也在不断发生变化，如何调动其他主体参与社会管理和服务，提高社会管理和服务水平，促进社会全面发展，需要政府进一步调整和优化能力结构，构建科学合理的能力结构体系，以适应社会管理对政府角色和职能变化的要求。

最后，社会管理要求政府管理能力不断创新。创新发展是一个政府乃至一个国家、一个民族的生命力的主要标志之一。成功的政府无不将创新发展奉为政府基本的精神，强调创新发展的重大意义。当今社会处于信息革命的时代，科学技术发展日新月异，信息化、科技化带来了人们生活方式的巨大转变，思想、行为方式及社会服务需求也在不断变化，与之相适应的政府管理方式与管理手段也需要不断创新。如互联网的发展使信息传播的方式和速度发生了巨大变化，在给社会发展带来便利的同时，也要求政府提升信息化能力，利用新的信息技术手段发展电子政府，提升政府管理效率，为解决社会问题、提供社会服务提供更加便捷高效的方式和手段。

案例 10-1

微博政务发展

近年来，政务微博发展呈现燎原之势。《2011 年新浪政务微博报告》显示，通过新浪微博认证的各领域政府机构及官员微博近 2 万家，其中政府机构微博超过 1 万家，个人官员微博近 9 000 个。政务微博蓬勃发展的同时，成功的运营模式不断涌现。“北京微博发布厅”从上线伊始便为全国各地树立了政务微博集群化发展的标杆。2011 年 11 月 17 日开始上线运行的“北京微博发布厅”，通过先后 3 批加入，16 个区县和市 54 个政府部门集体入驻。2012 年发布的《北京微博发布厅评估报告》通过对活跃度、传播力和覆盖度三个综合指标进行计算，显示“平安北京”“北京发布”“交通北京”“绿色北京”“安居北京”等微博影响力位居前十名。作为政务微博应用的一次突破性创新，“北京微博发布厅”不仅搭建了城市职能部门发布信息和提供服务的聚合平台，也成为广大群众反映诉求、表达意见的重要渠道。

二、政府能力建设的重要意义

（一）理论意义：政府能力建设的发展方向

纵观政府发展的历程，无论在深度还是广度上，政府管理的职能在不断扩大，权力在不断扩张。在这个过程中，政府的能力呈现不断增长，且向复杂化、精细化和积极化方向发展。这意味着，政府能力所涉及和覆盖的范围在放大，辐射到的公共管理事务日趋增加；政府能力的强度在加强，表现为政府对社会强制、资源动员、控制的管理程度总体上在不断强化；政府的管理方式与策略手段日益丰富，管理能力创新的要求在不断提升。加强政府能力建设，是政府属性的内在要求，也是政府治理目标的选择，更是当今政府变革的主题。

1. 加强政府能力建设，是政府内在属性的必然要求

政府具有两个内在属性，即回应性和自主性。正是这两个属性促使政府能力的不断提升。一方面，政府具有回应性，这是一个开放的政府系统的本质特征，它要求政府适应外部环境的变迁及挑战，政府的公共政策能够反映社会的需求并解决公共问题，以维持社会稳定与均衡地发展。正是由于政府的这种回应性要求，面对不确定性和风险性加剧的社会环境，面对日益多元和复杂的公共问题，在制度、机构、资源管理方面，政府需要持续地进行能力创新，以提升管理有效性，满足社会良性运行的需求。另一方面，政府具有自主性，即政府能够超越特定的社会集团利益，动员、使用各种资源实现各种目标。这意味着，政府能够不屈从于特殊的集团利益，提升“公共性”，为制度化建设奠定了基础；但同时，政府也存在着独占性和垄断性，政府也存在着随意性和偏私性的可能，使政府变成“利维坦”式的。因此，政府能力发展需要正确的价值导向，平衡政府回应性和自主性两方面的属性，在这两方面的属性推动下，不断发展政府的正当能力。

2. 加强政府能力建设，是实现国家治理目标的内在要求

在社会的不断发展变迁中，政府能力总体上是不断提升的。但在国家发展的不同时期，政府能力发展的结构和重点却存在着很大差异。除了前面讲到的政府回应社会需要的因素之外，国家的性质、国家治理目的，以及国家在某一个时期的目标，对于政府能力具有先导性作用。换句话说，政府能力建设和发展的方向，必须依据一个阶段国家的治理目标，依据国家所代表的立场、理念以及利益导向。例如，如果一个政府强调国家统御的性质，那么，这个政府无疑会明显地强化权力集中、社会强制、社会动员和财政抽取等能力，扩张政府的职能，倾向于强势、技术、官僚精英集团；如果一个政府强调有效的社会管制和公共服务，那么，这个政府会更多地主张开放与调适、需求回应，关注普遍利益及吸纳、整合、民主治理等能力，在管理方式上也倡导分权、应变、协调、沟通、公共参与、合作等途径。政府能力受制于国家治理目标选择，这表示，政府能力的建设在不同社会发展或转型阶段，所强调的重点和结构会存在不同。当今社会，关注长期可持续发展，立足于公民权利的需要，回应社会环境变化状况，平衡多元价值，建立理性、科学、规范的政府能力体系，已成为政府能力成长的内在要求。

3. 政府管理与服务能力提升受到高度重视，成为政府变革主题之一

20 世纪 70 年代末以来，政府改革成为世界性的浪潮。无论发达国家还是发展中国家，都采取了职能重理、权力划分与配置、机构重组、人力资源、绩效发展等改革措施。改革目标集中在两个方面：一是重新认识政府与市场、公民社会的关系，重塑政府角色；二是力求提升政府整体管理与公共服务能力，调整政府管理的行动方式，以回应社会及公众对政府的期望和诉求的提高。[①] 在发展中国家，有关政府管理能力的提升更是被普遍关注的主题，与国家稳定、政治发展、政府清明、社会文明、公民权利等重要问题联系在一起。围绕政府能力建设，发展中国家在国家法律、政府制度、组织机构、战略管理和人力资源等层面逐步地推进了改革议程，强化整体性能力开发的诉求。20 世纪 80 年代以后，联合国、世界银行等国际组织也将开发、促进发展中国家政府能力作为技术援助项目的主旨，以改善单纯经济援助项目绩效不彰的状况，建立以能力为中心的政府管理制度平台。此外，发展中国家还面临着可持续发展的挑战，依托政府的战略规划和有效执行能力，来推动国家、社会的可持续发展。

（二）现实意义：以能力建设提升政府管理绩效

1. 当前政府能力建设中存在的问题

改革开放以来，国家与市场、社会的关系经历了较大的调整，原有

① ［美］戴维·奥斯本、特德·盖布勒．改革政府：企业家精神如何改革着公共部门．周敦仁等译．上海：上海译文出版社，2006.

计划经济体制下的管理方式已不能适应市场经济条件下的社会管理需求，与之相应，政府能力建设也必须加强和调整。然而，我国政府能力建设还存在一些问题，突出表现在与社会管理需求的不相适应，造成了政府管理绩效偏低。

（1）政府能力存在弱化问题。改革开放以来，政府通过简政放权，转变政府职能，政府与个人、企业、非政府组织主体之间的关系发生了变化，中央政府与地方政府之间的关系也得到了较大的调整，各种社会组织的独立性与自主性得到了加强，相对而言，政府对社会资源的控制力一定程度上降低了，政府的宏观调控能力、社会管制能力、市场监管等能力受到很大影响。

（2）政府能力建设的适应性不强。由于政府组织存在着相对惰性，仍然受计划经济体制的一定影响，政府能力建设不能主动适应社会发展变化，往往是在社会管理出现一定问题、人民群众反应强烈、矛盾问题比较突出时，才被迫仓促作出调整和转变，而政府能力建设的滞后，使政府的权威和公信力受到了极大的损害。

（3）政府能力背离了公共利益要求。政府能力建设必须坚持公共性原则，而当前一些地方和政府部门却出现了利益集团化的倾向，政府能力没有用于公共利益，而是成为满足私利的工具，政府部门的公共服务职能弱化，人民群众的一些基本公共服务需求得不到满足，甚至损害了一部分群体的正当利益，造成了恶劣的影响。

2. 能力建设是提升政府管理绩效的重要手段

政府绩效是指政府的工作成就或管理活动所产生的积极效果，政府管理绩效的高低对于经济和社会的发展至关重要。随着政府改革的不断深入，我国各级政府日益重视政府施政的绩效问题。加强政府能力建设，是提升政府管理绩效的重要手段。政府能力建设对政府绩效的提升主要表现在以下几个方面。

在制度层面，加强政府能力建设，能够提升制度运行的有效性。制度建设为政府社会管理提供了前提条件，是政府提升管理绩效的基本保障。当前，我国社会法制化建设比较薄弱，制度、法规的建设还很不完善，社会管理领域的地方性法规、行政规章，社会事业发展的政策、行业规范、技术服务标准等还不完善，部分法规滞后，社会管理工作带有随意性和盲目性，不能适应新形势、新任务和新情况的需要。加强政府在制度方面的能力建设，能够从根本上建立社会管理的基本制度和规范，明确政府职责，明确社会管理各参与主体的关系和责任，保证社会管理在制度化的层面有效运行。

在管理层面，加强政府能力建设，能够提升政府组织管理的效率。造成当前政府管理效率低下的原因，主要是管理观念、管理体制及管理手段方法的落后。加强政府能力建设，能够使政府引入先进的管理理念，改变僵化落后的管理体制，建立适应社会发展需求的新型组织形式，改变粗放的经验式管理，运用系统化的、精细化的现代管理手段，从而提高政府的执行能力，降低管理成本，提升政府组织管理效率。

在个体层面，加强政府能力建设，能够提升公职人员的胜任能力。在任何社会体系中，人都是最积极、最活跃、最富创造力的因素。政府公职人员是政府能力的主体，是构成政府能力的重要基础。政府公职人员主观能动性的发挥直接影响到政府工作的效率和效益。根据国外的统计，在政府机关中，增加一个必要的工作人员，效率只提高 1.5 倍，增加一个科技人员，效率也只提高 2.5 倍，而增加一个优秀的有较强行政能力的领导者，效率则可提高 11 倍。[①] 因此，通过政府能力建设，提高公职人员的综合素质和行政能力，使公职人员群体的整体能力不断增强，政府的管理绩效也会得到显著提升。

三、政府社会管理的职能与角色

（一）政府能力与政府职能角色的关系

政府职能与政府能力是一个问题的两个方面，两者相互联系，互为条件。政府职能，指的是政府在一定时期内，根据国家和社会发展的需

① 胡岚．论转型时期政府能力的提升．怀化学院学报，2007（5）．

要所应承担的职责和功能，指的是“政府需要干什么”和“政府应该干什么”的问题。而政府能力则是要解决政府“能够干什么”“怎样干”和“干得怎样”的问题。职能限定了能力作用的范围、程度和方式，能力则保证政府职能的顺利履行和实现。因此，对于政府能力建设而言，政府职能具有导向性，规定了政府能力的基本内容和发展方向。这意味着政府在社会管理中的职能定位是社会管理能力建设的前提。

政府的能力及其发展不是无限度的，更不是任意妄为的。政府能力发展存在着一定的边界，而这个边界便是由政府功能角色所界定的。首先，当下公共问题日趋复杂，波及领域和范围也日趋广泛，政府不能无所不包地统揽和管控社会生活的方方面面，须得将重点放在最关键的角色能力上。其次，政府能力的物质基础源自对国民收入的提取和分配，政府所能获得的资源是有限的，因此，政府作为的空间也是有限的，也就是说，在政府能力发挥的同时，还必须保证民间社会能力不遭到过度损害。再次，“政府失灵”揭示了政府组织构造并不是完美的，政府存在着资源配置不当、公共政策低效等缺陷，无限放大政府行动能力是有害无益的。最后，政府并非是治理公共事务的唯一主体。当今多元参与的治理结构，要求政府与市场组织、公民组织的博弈合作，在多方的互动关系中发挥政府能力。

（二）政府社会管理的职能目标

人类社会是一个生活共同体，它由社会成员的行为及其交往互动关系组成。社会管理是人类共同体生活的一项重要内容。社会管理包括两个部分：一是政府作为公权力的持有者和公共利益的维护者，对关系安全、秩序、权利保障的社会公共事务进行管理，通过法律法规、公共政策和价值引导实现，实质上就是政府的公共事务治理；二是社会作为社会成员共同生活的空间，社会成员、社会群体及其组织对行为与关系做出的自主管理与协调，是社会的自我调整和规范。在人类社会发展的不同阶段，或者不同历史文化传统的国家，政府管理与社会自我管理的比重不同，着力点也不同，有的是政府强大，深度介入，社会力量疲弱；

有的是社会强盛，政府统合不足；有的则是政府强大，社会强盛，富有活力。

社会管理的理想状态或终极目标，是建立和形成社会自主管理的良性运行系统，能够自我调整利益关系，纠正社会失范行为。而政府需要承担的是底线责任，即保护国家主权、人民基本权利和维护社会秩序，政府与国家力量均衡发展。但是，在朝向这个目标的具体发展阶段中，针对不同的形势和问题，社会管理的现实目标会有所侧重。在当下，政府在社会管理中充当主导和负责的角色。目前社会处在经济增长与多重社会转型过程中，出现的权利诉求上升、行为失范、冲突凸显、利益多发、矛盾交错、秩序威胁等社会问题，需要通过政府社会管理体制完善和管理方式改进来解决。在这一背景下，政府社会管理的目标是营造安居乐业、人本公正、富有活力、安全有序、包容与和谐的社会生活环境与社会运行体系，而这一目标也是政府调整国家与社会关系的改革与创新的基本动力。

（三）政府社会管理的职能定位

社会管理对象是共同体的公共事务，具有“公共性”的性质，政府的社会管理是以“公共性”为价值基准。当前社会发展中存在的许多问题，如经济快速增长带来的结构失衡、环境退化，市场化过程带来的质量监管、两极分化、利益冲突和不公平问题，工业化与城镇化过程带来拆迁、流动人口、失业、贫困、特殊人群保障、犯罪，以及我国社会现代化进程中出现的社会排斥、分层固化、精英刚性、信仰真空、价值流失等社会问题，需要通过政府管理来回应和解决，政府管理承担着为社会发展创造良好环境与秩序的责任。

政府作为宪法精神的捍卫者和公共利益的回应者，承担维护秩序和实现权利的基本责任，而这两方面的责任是不可分割、相辅相成的。前者基于国家法律和行政的强制能力，通过运用生产、交换、分配制度，来规范个体、群体和组织的交往关系，管理争端与冲突，维持社会稳定的秩序，保障社会生存和发展的基本环境；后者通过公共服务与社会保障，保证全体国民的基本生活权利，致力于消除市场失灵和灾害风险给公民带来的威胁，弥补弱势群体的权利缺损，谋求公平的生存与发展环境。

政府社会管理的职能范围具体表现为四个方面。第一，协调利益关系，即以维护公民基本社会权利、保障民生和促进社会公平为起点，通过利益表达和社会协商机制，调整、平衡社会中的利益格局和利益差距，保护社会中的弱势群体福利，化解社会矛盾和冲突。第二，规范社会行为，即以塑造理性、宽容、友善、关爱的价值取向和社会互动规则为导向，形成激励与制约个人、群体、组织的行为规制。第三，培育、发展社会组织，即以促进富有活力的社会为目标，通过系统、规范的法规与社会政策，培育、规范和促进社会组织的发展，充分发挥社会组织在公益事业和公共服务中的作用。第四，控制社会失范，即基于维护社会秩序的目标，对失范的行为及其可能带来的风险进行监测和控制，建立社会公共安全体系。

（四）政府社会管理的正当角色

社会管理错综复杂，涉及千家万户百姓的福祉，是政府、市场和社会共同的事业。党的十七大确立了“党委领导、政府负责、社会协同、公民参与”的社会管理格局，反映了我国现阶段社会管理的客观要求。

在传统计划经济体系下，政府是独自的管理主体，社会管理模式以单位制度为载体，以行政方法为手段，以单一的控制为管理目标，而在社会主义市场经济体系下，社会管理模式发生了转变，以公民社会权利实现为导向，以社区和单位管理体制相结合，以行政管理与社会自我调节、居民自主管理相交融，多种手段综合运用，兼顾管理与服务。管理体制与结构的转换意味着政府与社会之间的关系不再是居高临下的控制，而是走向管理与平等的关系，从单向的自上而下动员，转变为自上而下吸纳与自下而上表达、参与的良性互动。政府管理工作的方向、重点及管理者行动的角色都将有所变化。

一个致力于回应社会需求、反映民意的政府与社会互动关系的方向发生变化，势必会促使政府内部职能关系进行调整，组织运作机制发生变革，以及管理行为方式不断改进，以适应外部环境的要求，降低组织效率误差，从而维系组织的存在与发展。这也是提高政府社会管理的目标所指、归宿所在。

在当前的发展阶段，我国政府担当着履行秩序维护、权利保障、利益协调、公共服务任务，谋求实现社会和谐发展的目标，这一使命凸显了政府“公共性”的价值，强化了政府作为公共利益代表者和维护者的角色要求，体现在六个方面：宪法秩序的捍卫者，即遵照宪法和法律的意志，建立法治的制度，维护宪法的权利，规范政府遵守法制的要求行事；基本公共服务的供给者，即回应民生要求，维护公民的社会权利，提供公民普惠的基本公共服务；利益关系的斡旋协调者，即遏制损害公众权益的不正当利益，通过利益分配制度，化解社会矛盾，解决社会冲突；社会自治的培育者，即发展公共空间，推动公民社会建设，培育社会组织，促进公民参与；危机防范和监控者，即维护稳定、持续发展的社会秩序，防范或降低风险概率，快速回应突发性事件；改革创新的推动者，即推进政府自身的制度、行为方式变革，发展积极回应社会诉求的能力，保证国家长治久安。

四、政府社会管理三个层面的能力发展

（一）制度能力：完善政府社会管理的制度基础

1. 制度能力的含义与重要性

政府制度能力是指政府适应外在的环境变迁，依照职能与角色的要求，创设、供给、运用法律、经济、政治等管理制度的能力，其目的在于确立以上领域的行为和互动规则基础，界定关系人对称的权利、义务关系，维持以上领域的基本运行秩序。政府制度能力对于政府管理绩效具有根本的意义。社会管理转型的核心是社会利益关系的调整及社会行为规范的重建，因而，人们对社会管理体制改革与创新最为关注的话题，是如何建构社会管理的制度规范，确立社会管理各个主体参与行动

的“游戏规则”，它总体上由两个部分组成，一是政府管理社会的制度，二是为实现管理目标所需的政府组织制度及其运行制度。

国家存在的价值及其地位重要性就在于它的制度能力。国家通过法律、制度、意识形态等一套制度化的工具，实施资源的权威性分配，创建激励或约束行为的规则，调整各类社会冲突关系。诺思在讨论经济制度的历史演进中指出国家制度建立的重要性，国家的基本职能在于界定和明晰产权制度，以此为人类活动的合作与竞争形式提供组织化的规则，从而降低交易成本，以使统治者的租金最大化。① 波兰尼对欧洲史的研究发现，“脱嵌”的、完全自发调节的市场经济是乌托邦的建构，根本就不存在。社会“嵌入”在市场关系中，市场力量的扩张导致社会反制的自我保护运动以反抗市场带来的困境，在这个“双向运动”中，需要国家管理制度积极介入，重建国家治理结构。② 希克斯也得出了国家制度建设与市场经济发展如影随形的结论。③ 可见，政府制度能力对于国家政治、经济、社会发展的贡献力是不言而喻的。

中国经济、社会、政治发展与变革的过程也是国家制度重建的过程，确立后发展的民族国家的基本制度规范成为改革的根本任务。④⑤ 改革开放三十多年来，组织改革坚持以行政管理制度建设与完善为主线，在既定的政治制度结构下，以政府为主导，以职能转换为中心，理顺职能关系，改进职能实现方式，逐步剥离责权，分散管理权限，重建政府职能部门之间、中央与地方之间、政企之间、政事之间和政社之间的关系。建造有限、法治、责任、服务政府的理念已经渗透到行政管理制度的改革之中。时至今日，在更加开放、更加多元的社会情境下，社会管

① [美] 诺思．经济史中的结构与变迁．陈郁等译．上海：上海人民出版社，1992：24.

② [美] 卡尔·波兰尼．大转型：我们时代的政治与经济起源．冯钢、刘阳译．杭州：浙江人民出版社，2007.

③ 希克斯针对哈耶克的“自然秩序”思想指出，自然秩序在两个国家制度建构的前提下才有可能，一是法律制度，二是货币制度。他的结论是市场经济发展进程中自始至终都无法离开国家制度的安排。[英] 希克斯：《经济史理论》，厉以平译，北京：商务印书馆，1999.

④ 胡鞍钢、王绍光、周建明．第二次转型：国家制度建设（增订版）．北京：清华大学出版社，2009.

⑤ 郑永年．政治改革与中国国家建设．战略与管理，2001（2）.

理更需要透过制度创新，不断张扬政府治理的法制、民主、公共性、责任、公开、包容、共治的内在精神与价值导向。

2. 加强政府法制建设及运行

政府社会管理的制度能力首先体现为政府的法制建设及运行。法制是秩序的保证，也是政府社会管理行动的前提条件。社会管理的顺利推进，需要一定的基本条件和行动顺序，这使得法制建设具有制度建设上的优先地位。

（1）要以法制确立公民的基本社会权利。社会管理涉及人们在经济、社会生活中的权利和利益关系调整，终极目标是要保护和实现基于社会正义和平等的公民社会权利，因此，对于公民享有的基本社会权利，包括这些权利的属性、类型、内容、形式、限定、实现途径等，都需要宪法和法律加以规范与明示，并确立公民社会权利实现的基本规则。改革开放三十多年后，中国社会进入了利益博弈时代。政府治理的一个重要内容，是调整各种利益关系，维护最广大人民的根本利益。利益博弈须有规则，法律则是重要手段。通过对公共利益的界定、谈判能力的平衡、程序正义的维护，为合法行政权力的实施提供制度支撑，为正当民众权益的保护打造法律之盾。①

（2）要以法制规范社会管理参与主体的关系。社会管理过程涉及多元行动主体的参与，形成政府、市场、社会组织组成的共同治理结构。管理是一个运用相关权力和资源，按照一定目标，组织和控制人和物的过程，其参与者必须经过授权，从而获得法定的处置权力。因而，在涉及多重主体互动的社会管理过程中，一项基础性工作便是要明确各类组织管理的合法性来源，规定其应有的法律地位与角色，明确其间的委托与授权关系，界定各类组织的法定责任与权利、义务关系，规范其行动的方向和范围。对于我国各类社会组织的法律身份认定及其认同，更是当务之急。因为，在社会管理中，社会组织一方面是管理的主体部分，

① 人民日报评论部．人民时评．（人民日报评论年编 2011）．北京：人民日报出版社，2012：410.

充当着大量公益、公共服务事务的供给，协同政府发挥积极的作用；另一方面，它们又是接受政府监管的对象，承担着自主管理与问责的义务。在社会管理中，社会组织与政府、与公众的关系需要法律界定和规范。

（3）要以法律确立政府社会管理作为的基本规则。法律规定了政府行使社会管理权力和承担其义务的范围，限定了政府合法行动的边界，设定了政府行动的程序。在现代民主社会，法律制度设计的最基本功能是约束和控制公权力的恣意妄为，保证政府及其官员在法律的限度内行事，保障公民基本权利免受强权的侵害，提供政府权力与责任平衡的底线基础。社会管理本质上是对人的服务与管理，调整各方利益关系，化解矛盾与冲突，实现公民基本社会权利。在社会管理中，政府在不同场合下充当着服务者、管制者、调停斡旋者、危机处置者的角色。无论出任哪种身份和角色，政府及其官员都必须尊重法治的原则，遵照法律规定的条款和程序来执行公务管理，依法提供基本服务，保护合法利益，惩治犯罪，抑恶扬善。如果政府的强制行为违背宪法和法律规则，政府及其官员管理行为违反法律，势必加剧官民矛盾和社会冲突，造成更大的敌对。因此，借助法律制度对权利与义务关系的调整，是达成政府社会管理权力与责任平衡的基本途径。

（4）要以法律制度调整社会管理中的公民权责。社会管理的对象是管理和调整公民社会事务与公民利益关系。在社会管理中，公民及代表其利益的社会组织既是参与社会管理的主体，又是获取服务、接受管理的对象，这赋予公民及其组织双重的、冲突的角色。作为社会管理的主体，重在获得合法性地位与权利；而作为接受管理的对象，重在遵纪守法、维护社会秩序的义务和公民责任，两者无法割裂，共同构成公民资格的要件。无论扮演哪种角色，法律制度的规范都不可或缺。作为社会共同治理的主体，公民社会参与行动的前提在于拥有法定的地位和权利，获得法律对于合法公民权的认同。这需要法律赋予公民及其组织从事某些活动法定的范围、主张的权利、履行的义务、实施的手段与规定的程序，保障公民权利的顺利实现；作为被管理的对象，公民及其组织有着遵守法定秩序的义务，履行公民的责任。尽管公民责任不仅仅是法律调整的范围，还需要公民的道德来约束，但是，法律确立了公民行为的最基本规范，明确了公民与政府之间、公民与公民之间的重要关系。

3. 发展社会参与政府整合均衡的利益调整制度体系

在社会转型过程中，发展中国家的社会与政治发展往往面对着多重压力。社会转型打破了原有的利益格局，利益分化导致大量新的和多元的利益出现，向既有利益秩序提出了挑战。利益纷争和冲突导致原有社会失序与失衡，社会生活出现一些乱象，使国家稳定面临挑战。面对这种情况，各种利益均想施加影响力，影响公共政策的制定，从而获得并维护自身利益，一时间出现各种民意呼声、利益诉求的“管涌”，不同形式的社会运动增长。政府迫于压力，必须回应多样的要求，以体现对民主价值的关注。而在全球化的场景下，外来的力量更增加了民族国家的压力。面对如此之多的利益诉求和各色各样的势力，政府是否有能力进行利益的吸纳、调整、整合、转换，是对政府的严峻考验。

在这种情况下，政府面临艰难的抉择：一方面，政府要让多元利益得以表达，尤其是显示社会底层的诉求，并在公共政策中体现出来，凸显自由、民主、包容、开放的治理理念；而另一方面，政府是否能够承载不断增加的利益诉求，是否有能力吸收、消化这些利益，保留强大的权威性来应对变化与危机。因此，国家如果没有建立相应的制度，各式各样的、分散的利益无法被有效地代表和整合，不仅民主化无法实现，就连基本的社会秩序也无法保证，国家政权难以维系，政府能力更是无从谈起。由此可见，国家制度建设具有优先地位，要通过制度吸纳与整合各方利益，使社会有序参与，从而将利益纳入政策过程，得以表达和实现。

当前，中国社会正处于从国家全面统御、自上而下控制向社会力量不断释放、民众要求大幅上升的时期，面对社会利益结构日趋分化、分散、多样、高期望的变化，需要通过治理结构的改革来应对。其中，运用制度化的利益表达与吸纳方式，加强政府与民众的互动，促进民众在人事推选、预算公开、政务监督，以及关乎民生政策安排等重大决策问题中的影响力，是疏通社会利益阻滞、底层民意传导困难的基础，也是政府社会管理致力于协调利益、化解利益冲突的突破口。

利益表达与利益吸纳涉及国家多项顶层政治与行政制度设计。它涵盖了政党组织、代议组织、行政组织、司法、社会组织等不同主体和不同平台的制度安排，包括了执政党、人民代表大会、人民政治协商会议、人民团体、社会组织等多方面利益表达和吸纳的机制。通过公众需求导向的管理与服务制度，政府发挥洞察公民利益需求、识别利益需求、实现利益需求的重要功能。主要体现在以下两方面。

（1）提供、创造公民利益表达条件，保证公民的诉求得以显示并获得政府的重视。公民利益表达是政府知情和建立政策导向的前提，保障与促进公民利益表达，政府有不可推卸的责任。政府制度建设的侧重点应放在三个方面。一是通过立法，健全社会组织登记、注册等准入制度，完善社会组织的分类管理制度。一方面，授予公益类、服务类、慈善类、民意代表类组织以法律地位，在法定的范围内开展活动，扶助社会组织发展；另一方面，强化对社会组织的年报、年检、审计、问责等制度，杜绝其违法违纪行为的发生。二是引导社会组织积极代表弱势群体的利益，建立特定利益问题的相关人网络，通过协商对话、集体谈判与第三方斡旋，使得利益争执能够被表达、认识、讨论并解决。三是开放更多的公共服务空间由社会组织来参与治理，共同生产一部分公共物品，在政府与社会组织的互动过程中显示利益诉求。

（2）把握公民利益需求导向，以多样化、人性化的管理与服务制度对接。从本质上说，利益表达是公民未被满足的需求期望的体现，是政府需要进行管理的事务。透过回应和实现公民需求，政府体现民本、服务的价值。在计划体制和以经济增长为中心的市场体制中，受制于国家发展目标的选择，政府行政管理多以“替民做主”的角色出现，往往以自身的意志决定提供什么管理和服务、提供多少管理和服务、由谁来提供管理和服务等。在很多情况下，政府的偏好选择和供给并不符合民众的基本需求，更有甚者是剥夺、牺牲某些群体的利益，尤其是社会弱势群体的利益。这样，长期的问题积累势必导致公众对政府的不满，信任度降低，造成社会矛盾的加剧。在我国，社会利益整合的使命主要由政党履行和完成。政府在管理和服务与公民的交往中，需要运用多种方式发现、知晓公民的需求取向，并以公民需求为导向进行制度创新，如流程再造、供给模式改进等，建立政府回应需求，提供多样化、人性化的管理与服务的体制机制。

4. 加强政府基本制度能力建设

社会管理面对错综复杂的利益调整和矛盾冲突，任务艰巨，需要政府整体能力提升加以回应，而政府的基本制度建设是关键。只有建立完备的基本制度，行动才有支撑，能力才得以发挥。影响政府社会管理能力的基本管理制度很多，从基本组织结构到运行机制到行为惯例方方面面，不一而足。其中最为重要的当属一些决定公共资源分配的制度领域，包括政府的公共决策、权力划分及其集分散程度、公共财政、公职人员的任用与开发等。这些制度建设何去何从，依循怎样的精神才能促成政府的能力提升呢?

（1）坚持社会公正与包容性发展的价值先导。在社会管理中，政府基本制度建设及其能力发展围绕什么核心展开，是一个关乎发展方向的问题。当今中国社会面对的最深刻的社会矛盾是分配不公、社会排斥及由此导致的利益失衡，威胁到社会稳定。因此，当务之急是要改变仅重视经济增长、忽视社会协调发展的做法，建立兼顾经济与社会发展、调整利益分配结构、关注民生诉求、促进社会公平的发展思路。以“和谐社会”的理念指导政府未来日趋复杂环境中的改革实践，成为政府制度能力建设的价值导引与方向选择。

政府基本制度的构建必须以促进社会公平与包容发展为目标，意味着制度设计应体现以下能力导向。一是超越自利性与被特殊利益集团绑架的能力。在社会管理中，推进社会公平和包容性首先要求政府不能也不应陷于特殊利益、屈从于强势利益集团的压力，更不能陷于自我利益的驱动。政府必须具备为普惠的公共利益服务的价值观。二是公共服务能力。公共服务是政府透过公共资源的分配，保证公众获得均等、普惠的基本社会权利的一个手段，是解决民生问题、调整利益、赋予平等机会的重要途径。政府公共服务能力为社会管理的成效提供坚实的基础。

政府的基本制度建设应与这些导向相适应，凸显公共性价值。例如，在公共财政制度方面，公共预算的支出安排应该倾向于基本公共服务项目，突出建立和完善社会保障与安全网络，向弱势群体的基本福利保障倾斜，向农村地区及农村人口的社会保障倾斜。在调整税收结构方面，保证中低收入人群在二次分配中收入水平增长。在人事制度方面，政府应注重公职人员公正性与公共服务的能力，在人事选拔任用、伦理价值、动机引导、能力建设、综合素养训练等层面进行制度建设，形成与现代政府治理结构相匹配的公共人事管理制度。另外，政府在中央与地方关系、组织机构设置等领域也必须进行制度创新，建立合理的集分权体系，进行管理事务的权责细分，将中央权威性与地方灵活性有机统一起来。

（2）坚持开放性的制度设计原则，加强政府勇于面对问题、处理矛盾、自我改进的能力。政府是社会中的一个有机体，政府的存在必须与社会发展的总体要求相适应。政府超越于特殊利益而实现公共利益的公共性法则，使得政府肩负着为公共利益而战的责任。开放性是政府承载这一使命的基本能力要求，只有一个开放性的政府，才有勇气面对公共问题、回应问题并有魄力解决问题。从某种意义上说，开放性表现着政府的无私、坦然和坦荡。

建设政府开放性的制度能力，需要做出以下努力：一是塑造透明与知情的政府制度，促进公务信息披露，保证公众知情，完善社会监督，使权力在阳光下运行；二是塑造公开性的政府制度，促使公共问题能够公开讨论，利益冲突能够协商对话，公共决策能够公民参与，实现共享共治的管理；三是塑造回应性政府制度，政府前瞻性地判断形势，掌控风险，积极地回应问题、处置矛盾，实现政府的管理责任；四是塑造自我改进、自我修正制度，政府在应对社会问题的过程中能够自主性地修正局限性，发现突破口，积聚变革动力，不断完善自我。这是政府具有进取性、获得持续发展能力的源泉。

（3）建立弹性的政府组织制度体系，适应外部环境快速变化的状态。当今的社会风云变幻，复杂与不确定程度大大提高。在高度变动的环境中，以稳定为导向的科层式政府组织体系越来越不尽如人意，难以回应快速变迁的要求。社会管理事务涉及方方面面利益，具有冲突性、异质性等特征，复杂程度可想而知，僵化的政府官僚体制如何应对成为一个关键问题。

提升政府管理能力的一条关键途径是增强政府组织体制的活力，通过组织变革，使其更有弹性和韧性，从而具有组织资源、快速反应、积极应对、解决问题的能力。弹性化政府组织设计的重点放在以下方面。

一是"选择性集权"[①] 与地方分权。制度化分权框架涉及管理职权的归属涉及，是政府组织建构的支点。在土地资源规划、标准、环境、质量监管、安全、审计等方面，地方政府因自利性驱动而容易造成混乱，不能实现可持续发展，在这些方面需要进行选择性集权，建立有力的垂直监管组织系统。与此同时，地方政府则要承担面向公众提供的公共服务事务的责任，负责地方经济发展事务。

二是运用多样化的组织结构。基于权威性、整体性、统一性原则，政府组织建构往往采取模式单一、上下对口、职责同构的方式，导致组织设置与管理需求脱节。[②] 当前政府组织日趋开放，组织功能界定和评估日渐科学，现代电子信息技术应用越来越广泛，使政府运用多样化组织结构成为可能。根据管理事务的要求和外部环境的变化，可以采用事业型组织、扁平化组织、矩阵式组织、学习型团队、独立管制组织、网络组织等多种结构形式，加强政府组织应对特定问题的灵活性。

三是以特定政策议程或解决特定公共问题为核心，建立跨部门、跨地域的政府间联动治理的政策网络。在社会转型中，以利益为纽带的社会群体或阶层聚集往往引发特定的社会问题，谋求特定的利益诉求，如农民工问题。这些问题是跨部门、跨地区的，如流域治理、社会保障等。随着社会的发展，越来越多的公共事务超越了原有职能部门管理设定的边界，需

① 郑永年．国家权力的"中央性"和"人民性"：中国的中央地方关系．战略与管理，2001 (3).

② 朱光磊、张志红．"职责同构"批判．北京大学学报（哲学社会科学版），2005 (1).

要实施跨部门、跨地区的联合治理。这就必须突破传统组织的设计模式，建立政府间合作治理的组织机制，建立制度化的联动治理网络。

案例 10-2

基层政府体制变革

2010 年 7 月，安徽铜陵铜官山区开始实行“区直管社区”改革，撤销原有的 6 个街道办事处，将办事处和原有的 49 个社区整合为 18 个新社区，实行“区直管社区”。探索将原来的“区—街道—社区”三级管理调整为“区—社区”二级服务新模式。新社区建立社区公共服务中心，承担公共管理和服务职能。调整区直部门和社区职能，将街道办事处的经济发展、城管执法等职能收归区相关职能部门，将计划生育、民政、社保等服务职能下放到社区。这一改革整合人才、资金和物质资源，充实了社区工作力量，促进社区自治能力。目前，民政部已将铜官山区列为首个“全国社区管理和服务创新实验区”。铜官山区委书记王纲根说，随着城镇化进程加快，社区人口越来越多，社会管理任务越来越重，而街道办事处和社区职责、功能大多雷同，街道办事处成了多余的“夹心层”，不仅增加了社会管理成本，也影响了办事效率。取消街道这一层级后，社区不仅是居民自治机构，也履行着原街道的社会管理和公共服务的部分职能，群众办事更加便捷。人、财、物等资源配置向社区倾斜，是这项改革的着力点。

（二）组织管理能力：提升政府社会管理执行力的保障

1. 政府组织管理能力的重要性

组织管理能力体现了政府社会管理的运行能力与执行能力，是政府将创新的管理理念成功“落地”，精神化为行动的关键，为政府工作的本质属性。从政府管理的流程看，政府的能力体现在管理活动的各个环节，从前端的规划、决策、预警，到中端的组织动员、资源配置、协调沟通，再到后端的标准监控、风险控制、问题反馈，构成了一个全程管理闭路循环，促使政府追求“做正确的事和正确地做事”。政府组织管理的每一个环节都有侧重的关键点，对政府能力有不同的要求。同时，管理的每一个环节都非常重要，某一环节管理细节的疏漏，都可能导致难以预料的管理问题出现。

2. 当前政府组织管理中存在的问题

从管理的角度看，目前我国政府社会管理存在着一些缺陷，表现为重事后控制和处置，轻前端的前瞻性思考，“关口”后置，“救火队”与“消防员”的功能强，往往是出现问题时急于匆忙补救，而忽视问题在萌芽阶段的预防和提早解决；重眼前和短期事务处理，轻长期性事务以及问题的预判，管理短视，缺乏动态、长远的观念；重本位的管理事项，轻综合、协同管理目标；重对管理的检查、评估与责任的追究，轻问题的改进与体制的革新，阻碍了政府的创新与进步；管理过程中重强制和刚性的控制，轻柔性的疏导与斡旋。因此，面对复杂的社会管理环境，只有增长政府的组织管理能力，才能解决社会管理形势带来的压力。

案例 10－3

拷问政府社会管理作为

2011 年 12 月，陕西西安渣土车连续发生事故，造成 3 人死亡。据西安警方统计，在不到一年时间里，已有 51 人葬身渣土车轮下。渣土车成为“马路杀手”，司机应承担直接责任。仅 2011 年 7 月，西安渣土车闯红灯、超速等违章行为，就达到令人咋舌的 12 000 多次。渣土车司机们哪来的胆量如此明知故犯、铤而走险？

这背后是个人和企业的逐利冲动。有徐州的运输企业曾在媒体面前算账，渣土车超载的赢利是不超载的两三倍甚至更多。而拉的趟数，决定着司机和企业的收益。一些司机“拉土‘冒尖’才有生意”“怕罚款开得更快”的坦白，也让人们看到司机的生存压力。同时，建筑垃圾清理行业准入监管不严，无资质运输企业混杂其间，用不正当竞争手段将运输价格压到极低。这使得整个行业劣币驱逐良币，演变成恶性竞争。生存压力与逐利冲动，成为推动渣土车多拉快跑的汽缸。超载、超速成了必选项，违规、违章成了潜规则，表现在道路上，就是渣土车的“集体疯狂”。

行业的无序，指向相关部门管理的粗放。针对频发的渣土车事故，西安2010年就设立了“建筑渣土清运市场整治办公室”，包括市容园林局、城管执法局、交警支队等部门的人员。但从效果看，作用还没有发挥好。的确，渣土车管理有难度。比如，渣土车司机组成“同盟”，一车受罚，众车绕道；比如，渣土处理涉及多部门，责权难免“打架”。但这些都可用更精细的管理、更优化的流程和更先进的技术来解决。正如西安市副市长所言，事故的背后是“整治工作不到位、相关部门责任心不强、手段不硬、管理上漏洞较多”。某种程度上可以说，渣土车、建筑垃圾清运业的管理困境，拷问的是社会管理者从根本上解决问题的水平和能力。

3. 提升政府组织管理能力

（1）发展战略管理能力，形成前瞻性思维及管理方式。社会管理的“关口”前移是党中央、国务院部署的重要方针。“关口”前移，就是要改革政府短视、被动的管理模式，变消极被动为积极主动，在全局意义上实现政府掌控形势、把握重点、防范风险、立足谋划、积极应对的管理水准。这更进一步体现了前瞻性思维和战略规划、战略评估的重要性。

组织战略管理的优势在于倡导前瞻思考和整体性管理设计。从检测外部环境状况，了解外部需求开始，通过布局组织管理优先排序、区分工作重点安排、选择组织资源的分配方式等管理环节，以实现调整组织政策，适应外部环境要求的目标。一系列高端、前瞻、缜密的思维与设计程序，使组织具有系统而理性的分析、判断能力。政府在社会管理过程中运用战略规划，具有以下作用。

首先，战略管理使政府能够统揽社会管理的基本形势，把握与管理事务密切关联的关键点。战略管理是一个开放的系统，着眼点在组织的外部。在社会管理中，战略管理聚焦于社会管理的环境评价，探求影响管理环境的关键要素，并系统地加以分析和评估。战略管理力求回答一系列问题，诸如，政府面对的需求是什么？这包括：政府面对的社会问题的性质是什么？涉及社会问题的类型、导致社会问题的原因、社会问题的关键利益相关人、社会问题解决的优先排序等。对环境的分析在于解决对谁管理、管理什么、谁管理及管理什么等基本问题，在此基础上，合理定位政府社会管理的方向、角色与行为。战略规划为政府各项管理行动提供了依据。通过战略管理明确基本社会需求，找准关键问题是管理的前提。其中，通过需求评估来明确政府需要解决的管理问题，政府需要为哪些目标群体服务，目标群体的规模、需求类型、需求水平，并由此评价社会问题之间的关联性与权重顺序。

其次，战略管理能够明确政府选择行动的价值导向，体现政府社会管理的价值目标。战略管理在评估外部环境、界定各类需求的基础上，对资源投入和管理行动进行排序，这迫使政府做出优先次序的价值选择。而这一选择恰恰显示了政府的立场，表明政府所做“正确事情”的抉择标准。不难看到，战略管理的过程也是政府周密思考、深思熟虑、审慎选择的过程。

再次，战略管理的目标是战略实施，通过组织各项政策的执行，将解决问题的预期化为现实的行动。解决复杂的社会管理问题，需要体制、机制，以及人力、物力和财力资源的支撑。将战略目标的设计转化为组织现实的操作能力，依赖于两方面的战略规划：一方面，掌握可以动员和运用的组织资源，包括政府内部纵向的层级组织资源、横向跨部门资源及外部的民间组织资源，即解决由谁来实现战略目标的问题；另一方面，将内外部的各种资源聚合起来，形成联动、合力解决问题的能力，即解决这些可以调动的资源如何完成目标，如何调整现有体制和政策来支撑资源的运用，并按照既定的理念实现目标。

最后，战略管理对政府行动方向保持即时和持续的监控。整个战略管理系统不仅关注前端的需求，也重视对政府行动结果的控制。战略管理从两个维度进行监测：一方面，通过绩效评价，了解政策的实施结果，真正落实目标预期；另一方面，对先前的目标进行调整，纠正偏差或者适应新的要求，使管理能够有效地反映需求预期。

总之，社会管理实施战略管理方法，意在提升政府如下行动能力：前瞻性，全局统筹，将政府面对的问题了然于胸；系统性，统领资源并依循合法化与合理化的道路；回应性，适应需求，承担责任。以此，政府寻找到顺势而为的方式，毕其功效。正可谓《周易》所云，“合于利而动，不合于利而止”。

（2）创造政府联动、协同的工作机制，提高政府快速、有效解决社会问题的能力。

近年来，社会对于政府突破现有组织设计程式，建设整体性政府的要求不绝于耳，协同、联动、网络化等词汇出现的频率越来越高，呼吁创造新型的政府管理模式。原有的政府组织是以功能划分的，利益部门化的不良反应越来越明显，日益精细的组织分化、叠床架屋、不断复制，导致协调和协作越来越困难，阻碍了政府对复杂的社会问题的有效回应。政府对社会问题处置多采用点对点的管理，而不是综合式、整体式的，结果往往是“按下葫芦浮起瓢”，使得政府在处理社会问题时显得力不从心。

对整体性政府体制改革的要求，客观上还来自于两个方面的原因。一是社会问题本身的复杂和连带的性质。复杂性是指社会问题的产生原因错综复杂，往往是多要素共同作用的结果；连带性则表现为一个问题可能连锁地引发或衍生其他问题。二是百姓提出的各项需求不可能提前切割成为若干不同的功能，分散到不同的管理部门。这样，以职能划分方式组建的政府组织面临运作的困境，这意味着，任何一个问题或服务都不可能由一个部门来独自解决，需要政府跨层级、跨部门的协力。围绕社会问题或公众要求，多个政府相关部门的协同联动就在所难免。戈德史密斯和埃格斯举例美国政府应对反恐问题时说：“管理机构需要一个跨政府部门和层级的法律执行网络予以协助，因为他们需要各种沟通系统，以过去根本不可能的速度、成本、水平跨越各种公共和私人组织进行情报的收集、分析、转换和行动……这推动了网络化政府的发展，也就是说，协同政府的不同层级和机构共同提供更为整体化的服务。这在英国和其他地方经常被称为‘协同政府’。这项改革拆除了等级制度政府中非常盛行的条块壁垒，使各机构之间能够更好地分享信息，协同作战。”①

与此同时，就管理主体而言，社会管理事务往往牵涉多个管理者和相关利益人，在纵向涉及不同层级政府乃至国际组织，在横向关系上则涉及政府、企业和非政府、非营利组织。实际上，社会管理已经是多个主体整合与协同治理的问题了。这客观上需要聚焦于关键的需要解决的社会问题，建立将解决问题的各种资源有机地联动起来的管理体制、机制。因此，整体性政府组织必须超越传统官僚制以常态惯例、单兵作战、按部就班、资源孤立的工作方式，进行组织创新。建设整体性政府，需要在以下方面加以努力。

首先，运用政策倡导联盟工具，聚焦受到普遍关注的社会管理问题，梳理一致性和冲突性的观点，谋求解决问题的共识能力。在社会管理中，利益分化与纷争已经是一个不争的事实。在某些社会管理问题的解决上人们有一致的目标，但对于更多的社会管理问题，利益相关人的需求和期望存在很大的差异。期望的差异不仅来自于政府外部的各个利益相关人，同时，也来自于具有不同管理责任的政府部门和层级。为此，围绕着特定的社会管理问题，聚合利益相关群体，聚焦于社会管理问题的认知共识，应是解决问题的前提。

倡导联盟框架是由美国政策学者萨巴蒂尔和简金斯·史密斯在20世纪80年代提出来的政策过程理论。所谓倡导联盟是指具有某种共同信念体系的政策行动者群体或政策共同体。由于他们共享一套基本价值观、因果假设及由此形成的对问题的认知体系，因而，他们能够进行长期的深度协调和合作。②

---

① ［美］斯蒂芬·戈德史密斯、威廉·埃格斯．网络化治理：公共部门的新形态．孙迎春译．北京：北京大学出版社，2008：7、13.

② 余章宝．政策科学中的倡导联盟框架及其哲学基础．马克思主义与现实（双月刊），2008（4）.

政策倡导联盟工具在共同治理中发挥着多方面的作用。一是提高政府对一些尖锐的社会管理问题的关注度。不管对问题持有相对的一致性还是对抗性的态度，对问题的讨论、争议和意见互补都有助于政府识别问题的性质和利益的取向，从而选择行动的立场。二是把握社会问题的核心利益相关人，确定各个利益相关人在社会问题解决过程中的角色和制度规范，并在参与制度的框架下，将利益相关人吸纳为解决问题的协作者。正可谓“政府往往会将解决问题的各种网络编制在一起，然后将服务供应推向各个社会组织”。[①] 三是将社会问题解决的诉求转换为有针对性的政府管理项目，以项目为依托，提出管理目标，达成共识，组织资源和社会力量，建立合作机制，塑造协同、联动治理的结构。

其次，寻求协同治理的动力，加强政府与民间社会组织的伙伴关系，增强合作治理的能力。传统的管理模式是单中心、自上而下的、垂直命令式，与之相比，协同、联动治理是一种更为复杂的治理结构，需要以倡议发动、弹性设计、资源组织、信息分享、权责匹配、互动沟通作为基本条件和平台。无论从政府的角色认定还是政府具有的组织与资源地位，都注定了政府是社会管理的主导者。在整体的协同、联动治理结构中，政府实际上承担了更为重要的作用，只是发挥作用的方式与传统有了明显的不同，更加注重选择目标、建立共识、授权管理、斡旋关系、寻求合作、发展信任等。

发展协同、联动的治理网络，考验着政府聚合资源、实现治理目标的能力。政府要使不同目标的群体共同工作，既需要勇气和智慧，也需要管理的策略。首先，建立风险认知和基本共识的观念，明确共同努力的方向，这要求政府具备信任合作方、分享信息、引导期望、充分沟通的能力，说服、斡旋、协调各方利益。其次，以平等的身份和态度谋求合作。政府是网络治理的主导者，其主导地位是通过发展平等的关系、资源的分享、诚恳地接纳与有力地说服等策略而获得的，政府在冲突过

① ［美］斯蒂芬·戈德史密斯、威廉·埃格斯．网络化治理：公共部门的新形态．孙迎春译．北京：北京大学出版社，2008：17.

程中的对话、协商及做出必要的妥协是建立合作的必要能力。再次，确立向合作伙伴授权的原则，谋求相关主体协同治理的通道。权力基础、资源分享、功能定位是多方协同治理的根基，是合作的基本动力来源，决定着合作各方达成共同治理的可能性。如果缺乏法定权力、信息分享、资金配置、政策激励，合作是难以达成的。因而，在政府主导的多主体社会管理体系中，政府授权无疑具有先行意义。显然，权力分享围绕着信息、人事、资金、决策参与等几项重要权力，至于授什么权及授权的程度，可以在根据社会管理事务的性质对社会管理事务进行分类的基础上予以确定。例如，具有公共服务属性的社会事务，可给予合作伙伴更多的授权，运用外包和购买服务等；而针对管制性社会事务，可以开放监督的权力，政府应持有社会监管的权力。

再次，建立政府部门间和层级间的联动机制，明确集分权关系，发展政府跨部门的协同治理能力。要解决复杂的社会管理问题，必须形成政府部门间与层级间的联动机制。这不仅关系到政府组织效率的高低，更关系到社会问题能否得到妥善的解决。联动机制的本质在于聚集政府部门和各个层级的资源，以共同处置某些社会问题，通过联席会议、中央牵头、会商、信息分享、治理联盟、区域合作等形式，建立聚焦管理事务及其目标的团队，它反映了政府整合资源、回应问题、协同作战的综合能力。

建立政府部门间和层级间联动机制，需要具有认知共识和责任分担的观念。除此之外，还需要几个基本的条件。一是发挥中央和省级高层政府的牵头作用。高层政府在联动倡导、目标引导、宏观统筹规划和资源调配方面的影响力不可替代，是建立和运作联动机制的权威性、协调性的保证。二是划分社会管理事务的权责归属，明确部门间和层级间的集分权关系，形成统分结合的联动模式。根据社会管理事务的性质和行政权力的类型，在组织之间进行权力与责任分配，界定联动部门在规划、决策、执行、支付、监控等方面的权利与义务。三是梳理部门内和层级内政府职能设置，调整部门间和层级间政府职能关系，归并交叉、重叠的职能，将外部问题“内部化”，为组织间联动奠定职责分配的基础。四是以项目或政策为中心，建立常规化、制度化的沟通和联络方式，促进政府部门间与层级间的有效合作。

（三）胜任能力：改进公务人员社会管理行为方式

1. 政府社会管理能力与公职人员的能力发展密不可分

人是行政之本，人力资源及其开发是提升政府能力的基础。政府能力是否能够提升，很大程度上取决于政府能否吸纳和开发人力资源。各级公务人员承担着政府的社会管理事务，直接体现着政府社会管理各种角色，公务人员的社会管理的胜任能力直接关系到管理效果，直接影响着政府形象和公众满意度。早在20世纪六七十年代，联合国、世界银行等国际组织在发展中国家实施“核心能力建设”框架项目时，其初衷就是着眼于当地政府人力资源的能力开发与建设，关注公职人员的伦理能力、职业能力和行为能力的建设，运用大量的组织发展技术对公务人员进行角色认知、行为模式培训。公务人员的能力开发是整个政府能力建设的重要组成部分，是一项基础性的重要工作，将对政府能力建设带来良好的预期效果。

政府社会管理能力与公职人员的能力发展密不可分。一方面，当前政府公职人员的社会管理方式已成为了公众广为诟病的一个问题，公众丧失对政府的信任，很大程度上是因为公职人员的行为方式。高高在上、惧怕麻烦、推卸责任、反应冷漠、态度生硬、行动迟缓、简单粗暴、虚假信息、虚华形式、消极防御、缺乏人性，这些表现都是公众批评政府管理的焦点，反映了政府行为能力的缺陷。这些问题长期积累，往往导致公众对政府的信任危机，加剧官民之间的矛盾，因而亟须改进公职人员的管理方式，提升公职人员的行为能力。另一方面，政府要有效应对社会管理问题，就必须加强公职人员的胜任能力开发。加强公职人员胜任能力建设，不仅是为了提升政府组织的管理能力，同样也使公职人员认识到，政府组织关注员工的个人发展，能够将个人能力发展与组织发展有机联系起来，在组织发展的同时促进个人发展。所以，胜任能力建设的策略更容易为公职人员接受，在此基础上，政府管理行为方式也能够得到进一步改进。

2. **政府社会管理的加强对公职人员胜任能力要求的进一步上升**

公职人员的胜任能力高低，受到多种综合因素影响，如公职人员的价值观、动机、态度、知识、技能、经验、人格特质等。这些因素既包括内在信仰和精神，也包括外在技能工具，反映到管理、服务行为中，便体现为一定的职业水准。总体上讲，改革开放以来，伴随着我国行政管理改革的法深化，责任政府、服务型政府建设的法加强，公开竞聘上岗、绩效管理、危机管理与行政问责等制度的法逐步推进，公职人员面临的压力逐步加大，促使公职人员不断提高其职业胜任能力。而政府社会管理的加强，意味着转型时期政府管理重点、管理方式的调整，对公职人员胜任能力提出了进一步的要求，迫使政府持续加强公职人员的胜任能力建设，就当前而言，重点主要集中在以下方面。

（1）塑造公职人员的伦理精神，建立公职人员“公共性”的观念。价值观是胜任能力的先导，加强公职人员能力建设，必须遵循正确的价值导向。社会管理的使命是调整社会阶层或集团的利益关系，提供公平、均等、普惠的基本公共服务，而公职人员便是实现使命的执行人。这就意味着，公职人员在其观念中需要确立价值排序，在对有限的资源进行分配时，对优先性和倾向性做出基本的判断。他们需要回答：在多元的利益中，应该优先向谁提供服务，提供什么类型以及什么水准的服务，由谁来提供服务，怎样提供服务，以及在发生利益冲突的时候，依据什么样的标准进行裁决。这些问题均包含着公职人员的基本价值取向与立场，是左右公职人员管理行动的内心标尺。

“公共性”是政府公职人员应当恪守的基本伦理精神，它决定了公职人员对社会公正的认知和行动取向。“公共性”是一个历史的、抽象的词汇，人们对其有多种解释，在不同学科领域阐释的重点也不同。对于公共管理而言，公共性的最直接内涵，就是公职人员在做出裁决和执行管理时，需要超越自身、部门的偏私利益和集团的特殊利益，以公共利益为目标，遵循公共利益的精神与信仰。公共性意味着公职人员要以公民权利为本位，秉承对公众尊重、慈爱、包容、人性关怀、欢迎参与的态度，向公众提供一视同仁的服务，关照弱势群体的福利。公共性是社会公平、正义的保障，贯穿于政府及公职人员活动的方方面面，包括立法持有的精神、决策过程的价值观、财政资源分配的导向、公职人员恪守的伦理观念等。

实现社会管理的使命，对于公职人员的伦理精神是一个全面的考验，要求“公共性”成为公职人员内心的良知和行动的准绳。在政府社会管理过程中，“公共性”要求公职人员具有如下能力。一是尊重公民基本权利的能力，意味着公职人员需要维护公民的尊严，实现公民的基本权利。当遭遇公民质疑和不满时，公职人员需面对质疑，接受质询，以积极的态度对待监督。二是公正裁决和执行的能力。表现为公职人员在处理日常管理事务，尤其是在处置冲突、裁决矛盾的时候，能够依照保障权利、公民为先、包容弱势、竭诚服务的原则来行事，认真思考公民的诉求，关注底层民众的生活空间，满足其基本福利。三是回应能力。面对公众的利益要求和社会问题，公职人员必须保持敏锐和清醒的判断能力，面对紧急状态时，要具有快速的反应和行动能力，面对存在的问题，要具有解决和改进能力。总之，“公共性”精神为公职人员由内及外的多重能力素养提供了标准。

案例 10－4

因何出台公务员职业道德培训大纲？

2011 年 10 月 17 日，国家公务员局发布《公务员职业道德培训大纲》，要求“十二五”时期对全体公务员进行一次职业道德轮训，并将职业道德作为公务员选拔任用的重要标准、考核奖励的重要依据、监督约束的重要手段。此举旨在增强政府和公务员队伍的公信力、巩固执政党的执政基础。

近几年来，尤其是随着互联网新媒体的勃兴，官员职业道德失范的案例频频爆出。如郑州规划局副局长逯军的雷语“你是准备替党说话，还是准备替老百姓说话”；江西修水县城南派出所女警察对前来办事的市民发飙辱骂；河南鹿邑县一老妇为了办事对乡长下跪磕头而乡长仍无动于衷，漠不关心。这些事件刺痛了公众的神经，也折射出对公务员加强道德培训的紧迫性。国家此次出台《大纲》，也是充分体察到了这一点。此次培训的重点是担任领导职务的公务员，着力加强对基层一线、窗口部门等直接服务民众的公务员的教育培训。培训的基础知识包括十大方面，如公务员的责任、义务和纪律，中国古代如何加强“官德”修养，国外加强公务员职业道德建设的做法，等等，分成忠于国家、服务人民、恪尽职守、公正廉洁等四个专题。按照要求，在本次轮训中，每位公务员的培训时间不少于六学时，同时，并将建立公务员职业道德培训长效机制。

（2）提高公职人员的工作技能，改进社会管理的工作方式。“工欲善其事，必先利其器”。当今组织变革以及管理技术的演进令人眼花缭乱，促使管理方式发生了重要变化，也引领了公职人员行为模式的改变。公职人员的社会管理观念发生了变革，进而转化为现实的管理策略和方法，进一步提升了管理能力，寻求管理品质和水平的上升。

社会管理的目标要求政府改变传统管理方式和手段。从一个角度说，社会管理最大的任务是与公众打交道，服务公民，协调各种利益关系。况且，当今社会处在一个倡导民主、权利的时代，那些高高在上、替民做主、粗疏管理、单向控制、习惯封杀的工作方式已经背离潮流，与发展渐行渐远。从另一个角度说，当今的社会管理是多元治理的结构，政府、企业、社会组织都将参与管理，政府单打独斗的工作模式已经成为过去。公职人员作为管理的主导力量，必须适应这些新的变化，发展与其新角色相适应的能力。

在技能与方法层面上，公职人员社会管理的能力具体体现在：环境分析与判断能力，尤其是要把握和识别利益相关人的要求；探寻社会问题性质与把握趋势的能力，即能够对问题的状况、类型、引发原因等做出基本判断，为寻求解决办法提供客观依据；规划管理与明确步骤的能力，即明晰轻重缓急，妥善安排解决问题的顺序；获得、组织和运用资源的能力，即有效组织资源，执行管理事务，解决管理问题；改进管理流程的能力，即根据公众要求，调整业务流程，提供提高效率与便捷服务的新途径；斡旋、协商的能力，即在多方参与者之间协调利益关系，引导期望，促成共识，形成合作；对话和谈判的能力，即推进多方利益主体的沟通和互动，在坚持根本利益的同时能够进行必要的妥协。

（3）发展公职人员的持续学习的能力，实现管理中的自我完善。在瞬息万变的社会里，人们无法全知全能、料事如神，也不可能永远不犯错误，凡事尽善尽美。人们所能够做的就是提高自身的学习能力，通过持续地改进和修复，不断适应外界的变化。因而，在今天，只有不断提高学习能力，我们才能应对日益复杂的世界。学习能力就是生存能力，是解决各类问题的最基本的平台。社会管理与其说是公职人员的压力，不如说是政府公职人员的学习过程。在社会管理的过程中，公职人员要向国外和国内其他管理经验学习，从失误和挫折中汲取教训，在不断的学习中改进管理方式，提高胜任能力。学习与个人的职业生涯发展，与个人的成功紧密联系在一起。加强和创新社会管理，为公职人员提供了巨大的学习时机和空间，敦促公职人员去努力进取，打破阈限，开放思维，谋求创新。

参考文献

1.［法］阿历克西·D. 托克维尔．论美国的民主．董果良译．北京：商务印书馆，1988.

2.［印］阿玛蒂亚·森．正义的理念．王磊、李航译．北京：中国人民大学出版社，2012.

3.［美］埃德加·波登海默．法理学：法律哲学和方法．邓正来译．北京：中国政法大学出版社，1999.

4.［美］埃莉诺·奥斯特罗姆．公共事务的治理之道：集体行动制度的演进．余逊达等译．上海：上海三联书店，2000.

5.［美］埃里克·波斯纳．法律与社会规范．沈明译．北京：中国政法大学出版社，2004.

6.［英］安东尼·吉登斯．第三条道路：社会民主主义的复兴．郑戈译．北京：北京大学出版社，2000.

7.［美］B. 盖伊·彼得斯．政府未来的治理模式．吴爱明译．北京：中国人民大学出版社，2001（11）.

8. 白钢、赵寿星．选举与治理：中国村民自治研究．北京：中国社会科学出版社，2001.

9.［美］彼得·埃文斯、迪特里希·鲁施迈耶、西达·斯考克波编著．找回国家．方力维、莫宜端、黄琪轩等译．北京：生活·读书·新知三联书店，2009.

10.［美］C. W. 米尔斯．社会学的想象力．陈强、张永强译．北京：生活·读书·新知三联书店，2005.

11. 蔡定剑．全国人民代表大会制度．北京：中国法律出版社，1992.

12. 陈秋玲．社会风险预警研究．北京：经济管理出版社，2010.

13. 程启智．政府社会性管制理论及其应用研究．北京：经济科学出版社，2008.

14. ［美］大卫·科兹、弗雷德·威尔．来自上层的革命：苏联体制的终结．曹荣湘、孟鸣歧译．北京：中国人民大学出版社，2008.

15. ［美］戴维·奥斯本、特德·盖布勒．改革政府：企业精神如何改革着公营部门．周敦仁等译．上海：上海译文出版社，1996（6）.

16. ［美］戴维·伊斯顿．政治生活的系统分析．王浦幼译．北京：华夏出版社，1999.

17. 范愉．纠纷解决的理论与实践．北京：清华大学出版社，2007.

18. 冯晓英．北京社会服务管理创新．北京：社会科学文献出版社，2011（6）.

19. ［美］弗朗西斯·福山．大分裂：人类本性与社会秩序的重建．刘榜离等译．北京：中国社会科学出版社，2002.

20. 付翠莲．重大事项社会稳定风险评估机制研究．北京：中国社会科学出版社，2011.

21. ［意］G. 萨托利．政党与政党体制．王明进译．北京：商务印书馆，2006.

22. 公共服务蓝皮书《中国城市基本公共服务力评价（2010—2011）》．北京：社会科学文献出版社，2011（7）.

23. ［英］哈特里·迪安．社会政策学十讲．岳经纶、温卓毅等译．上海：格致出版社、上海人民出版社，2009（6）.

24. 何怀宏．契约伦理与社会正义：罗尔斯正义论中的历史与理性．北京：中国人民大学出版社，1993.

25. 何增科．公民社会与第三部门．北京：社会科学文献出版社，2000.

26. 何增科．社会管理与社会体制．北京：中国社会出版社，2008（1）．

27. 何增科．中国社会管理体制改革路线图．北京：国家行政学院出版社，2009.

28. 胡鞍钢、王绍光、周建明．第二次转型：国家制度建设（增订版）．北京：清华大学出版社，2009.

29. 胡建一、杨敏、黄玮．公共项目社会稳定风险分析与评估概论．上海：上海社会科学院出版社，2011.

30. 胡锦涛．坚定不移沿着中国特色社会主义道路前进，为全面建成小康社会而奋斗．2012.

31. 胡伟．政府过程．杭州：浙江人民出版社，1998.

32. ［美］加布里埃尔·A. 阿尔蒙德．比较政治学：体系、过程和政策．曹沛霖等译．上海：上海译文出版社，1987.

33. ［英］卡尔·波兰尼．大转型：我们时代的政治与经济起源．冯钢、刘阳译．杭州：浙江人民出版社，2007.

34. 康晓光．依附式发展的第三部门．北京：中国社会科学出版社，2011.

35. ［美］L. 科塞．社会冲突的功能．孙立平译．北京：华夏出版社，1989.

36. ［美］莱斯特·M. 萨拉蒙．公共服务中的伙伴．田凯译．北京：商务印书馆，2008（9）.

37. 李兵、张恺悌、何珊珊．社会服务．北京：知识产权出版社，2011（7）．

38. 李昌平．我向总理说实话．西安：陕西人民出版社，2009.

39. 李光德．经济转型期中国食品药品安全的社会性管制研究．北京：经济科学出版社，2008.

40. 李培林、张翼、赵延东、梁栋．社会冲突与阶级意识：当代中国社会矛盾问题研究．北京：社会科学文献出版社，2005.

41. 李强．社会分层与贫富差别．福州：鹭江出版社，2000.

42. 陆学艺．当代中国社会结构．北京：社会科学文献出版社，2010.

43. ［美］罗伯特·A. 达尔．民主及其批评者．曹海军等译．长春：吉林人民出版社，2006.

44. ［美］罗伯特·D. 帕特南．使民主运转起来．王列、赖海榕译. 南昌：江西人民出版社，2001.

45. ［美］迈克尔·桑德尔．公正：该如何做是好？．朱慧玲译．北京：中信出版社，2011.

46. 潘维、廉思．中国社会价值观变迁30年．北京：中国社会科学出版社，2008.

47. 彭明．中国现代政治思想史十讲．郑州：河南人民出版社，1986.

48. 沈千帆．北京市社区公共服务研究．北京：北京大学出版社，2011 (11).

49. 时和兴．关系、限度、制度：政治发展过程中的国家与社会．北京：北京大学出版社，1996.

50. 世界银行报告．变革世界中的政府（1997). 北京：中国财经出版社，1997.

51. 孙柏瑛．当代地方治理：面向21世纪的挑战．北京：中国人民大学出版社，2004 (4).

52. 孙柏瑛．基层政府社会管理的适应性变革．中国行政管理，2012 (5).

53. 孙柏瑛．社会管理与政府能力构建．南京社会科学，2012 (8).

54. 孙大雄．宪政体制下的第三种分权——利益集团对美国政府决策的影响．北京：中国社会科学出版社，2004.

55. 孙力．利益代表机制的政治分析．上海：学林出版社，2008.

56. 孙立平．失衡：断裂社会的运作逻辑．北京：社会科学文献出版社，2004.

57. 孙立平．守卫底线．北京：社会科学文献出版社，2007.

58. 唐晋、谈火生、袁贺．大国策．北京：人民日报出版社，2009.

59. 唐钧．政府形象与民意思维——社会稳定风险评估和新形势下群众工作 2010—2011. 北京：中国传媒大学出版社，2011.

60. 王名．中国民间组织 30 年——走向公民社会．北京：社会科学文献出版社，2008.

61. 王绍光．安邦之道：国家转型的目标与途径．北京：生活·读书·新知三联书店，2007.

62. 王锡锌．行政过程中公众参与的制度实践．北京：中国法制出版社，2008.

63. 魏礼群．社会管理创新案例选编（上中下）. 北京：人民出版社，2011.

64. ［美］文森特·奥斯特罗姆、埃莉诺·奥斯特罗姆．美国地方政府．井敏、陈幽泓译．北京：北京大学出版社，2004.

65. ［美］文森特·奥斯特罗姆．复合共和制的政治理论．毛寿龙译．上海：上海三联书店，1999.

66. ［美］乌尔里希·贝克．风险社会．何博闻译．上海：译林出版社，2004.

67. 吴志明、林华宾、吴军营．大调解——应对社会矛盾凸显的东方经验．北京：法律出版社，2010.

68. 萧公权．中国政治思想史．北京：新星出版社，2005.

69. 肖兴志、宋晶．政府监管理论与政策．大连：东北财经大学出版社，2006.

70. 徐大同．西方政治思想史．天津：天津教育出版社，2005.

71. 宣兆凯．中国社会价值观现状及演变趋势．北京：人民出版社，2011.

72. 薛澜．监管政府：节俭、优质与廉政体制设置．北京：生活·读书·新知三联书店，2009.

73. 杨光斌、李月军．当代中国政治制度导论．北京：中国人民大学出版社，2007.

74. 杨继绳．中国当代社会阶层分析．南昌：江西高校出版社，2011.

75. 于建嵘．抗争型政治：中国政治社会学基本问题．北京：人民出版社，2010.

76. 俞可平．治理与善治．北京：社会科学文献出版社，2000（9）.

77. 俞可平．中国治理评论（第1辑）．北京：中央编译出版社，2012.

78. ［美］约翰·克莱顿·托马斯．公共决策中的公民参与．孙柏瑛等译．北京：中国人民大学出版社，2010.

79. ［美］约翰·罗尔斯．正义论（修订版）．何怀宏、何包钢、廖申白译．北京：中国社会科学出版社，2009.

80. ［英］约翰·洛克．政府论（下卷）．叶启芳、瞿菊农译．北京：商务印书馆，1982.

81. 张成福、孙柏瑛．社会变迁与政府创新：中国政府改革30年．北京：中国人民大学出版社，2009.

82. 张静．法团主义——及其与多元主义的主要分歧．北京：中国社会科学出版社，1998（7）.

83. ［美］珍妮特·登哈特、罗伯特·登哈特．新公共服务：服务，而不是掌舵．丁煌译．北京：中国人民大学出版社，2010（8）.

84. ［日］植草益．微观规制经济学．朱绍文等译．北京：中国发展出版社，1992.

后记

作为改革开放以来，尤其是近10年来中国社会面对的各种社会矛盾和冲突的目击者，对本书涉及的研究问题已进行了较长时间的追问和思考。全书围绕的一个核心是在中国经济与社会转型的背景下，在权利诉求高涨、利益格局分化、利益关系调整、价值观念纷争、信仰缺失迷茫的环境中，如何通过社会治理的有效途径，重建中国社会的秩序，构建和谐的家园。党的十八届三中全会指出，“完善和发展中国特色社会主义制度，推进国家治理体系和治理能力现代化”。在社会改革和建设中，“促进社会公平正义，深化社会体制改革，改革收入分配制度，促进共同富裕，推进社会领域制度创新，推进基本公共服务均等化，加快形成科学有效的社会治理体制，确保社会既充满活力又和谐有序”。这些以造就国家治理能力现代化为核心目标的改革、发展、创新思路，也是本书致力于研究当今社会治理问题所努力探索的路径。

本书是国家社科基金重大项目的阶段成果。感谢国家社科规划办的支持和信任，不仅为我们提供了研究社会治理这一重要课题的机会，而且也给予了研究著作出版的资金支持。感谢出版社的各位编辑在马年到来前夕，还伏案辛劳，细致校对书中的文句，勘查疏漏之处。感谢我的工作单位——中国人民大学公共管理学院的领导和同事，张成福教授、蓝志勇教授、刘太刚教授、吴爱明副教授等，在论文观点讨论交流中给予我诸多的启发，使得我们将这些观点在书中展现。没有这些帮助，本书的完成是不可想象的。

本书的十讲内容是团队协作的结果，每一个参与写作者在社会管理的相关问题上已经具有相应的积累和成果。作者分别是：第一讲，孙柏瑛（中国人民大学）；第二讲，孙柏瑛；第三讲，吴芸（中国人民大学）；第四讲，祝军（中国青年政治学院）；第五讲，唐若丹、符丽丽（中国人民大学）；第六讲，刘晓川、王鲲鹏（中国人民大学）；第七讲，刘志勇（黑龙江大学）；第八讲，刘祥军（天津理工大学）；第九讲，刘文杰（成都行政学院）；第十讲，孙柏瑛、张婷（北京市社会工委）。

中国社会正处在快速的转型时期，这意味着伴随经济、政治和社会秩序的进一步调整，随着改革向“攻坚”的纵深方向发展，阶层变化、利益分化和社会异质性的特点将持续存在，在一段时间里，社会矛盾和冲突依然可能凸显，甚至更加激烈。社会治理可能遭遇到新问题，那么，社会治理的研究也会推陈出新，不断深入。作为一项阶段性成果，作品反映了一个时期的思考，试图与读者分享研究的治理观念与治理经验，但难免存在不够周详、不够完善之处，恳请广大读者批评指正。

孙柏瑛

2015年3月26日 于人大求是楼